法藏知津

六 編

杜潔祥 主編

第 16 冊

唐道宣所撰兩部圖經中寺院建築及其可能形象研究

楊 澍 著

花木蘭文化事業有限公司

國家圖書館出版品預行編目資料

唐道宣所撰兩部圖經中寺院建築及其可能形象研究／楊澍 著
— 初版 — 新北市：花木蘭文化事業有限公司，2019〔民 108〕
目 4+278 面；19×26 公分
（法藏知津六編 第 16 冊）
ISBN 978-986-485-755-5（精裝）
1. 廟宇建築 2. 唐代
618   108001554

ISBN-978-986-485-755-5

9 789864 857555

法藏知津六編
第十六冊   ISBN：978-986-485-755-5

唐道宣所撰兩部圖經中寺院建築及其可能形象研究

作　者	楊　澍	
主　編	杜潔祥	
副總編輯	楊嘉樂	
編　輯	許郁翎	
出　版	花木蘭文化事業有限公司	
社　長	高小娟	
聯絡地址	235 新北市中和區中安街七二號十三樓	
	電話：02-2923-1455／傳真：02-2923-1452	
網　址	http://www.huamulan.tw 信箱 hml810518@gmail.com	
印　刷	普羅文化出版廣告事業	
初　版	2019 年 3 月	
定　價	六編 17 冊（精裝）新台幣 36,000 元	版權所有‧請勿翻印

唐道宣所撰兩部圖經中寺院建築及其可能形象研究

楊澍　著

作者簡介

楊澍，女，1986 年 5 月出生於河南省鄭州市。先後於同濟大學和意大利米蘭理工大學獲得建築學學士、碩士學位。2012 年 9 月進入清華大學建築學院，師從王貴祥教授，2017 年 7 月獲工學博士學位。主要研究方向為中國古代建築法式制度、漢地佛教寺院與建築、鄉土建築保護、中西方建築交流，同時從事西方建築理論經典著作翻譯工作。

提　　要

《中天竺舍衛國祇洹寺圖經》和《關中創立戒壇圖經》是初唐僧人道宣以古印度舍衛城祇洹寺及寺中戒壇為主體創作的兩部作品。本書以《祇洹寺圖經》和《戒壇圖經》為研究對象，在其基礎上結合其他相關材料，對圖經的寫作背景、創作目的、流傳情況以及其中所蘊含的規劃思想等進行了全面分析。同時根據已知的唐代建築信息，對這兩部作品中用文字構建出的龐大寺院進行可能形象的推測，以進一步深化對隋、唐漢地佛教寺院的殿閣配置、空間格局與發展演變的認知。

全書分為兩大部分。第一部分是兩本圖經的基礎研究。在這一部分，本書首先回顧了道宣的生平與著作，對其駐錫地和作品中出現的寺院建築進行梳理，爬梳經文與傳記裏有關祇園的描寫，並考察真實世界中祇洹寺的考古發掘情況和「祇園」一詞在中國的流傳。接下來，本書從宗教環境和寺院建設兩方面對道宣所處時代進行分析，並結合道宣在經文中的自述對其寫作兩本圖經的真實目的做出闡釋，明確道宣的寫作目的在於通過對佛教建築空間、式樣及尺度的規定，使寺院建設有法可依，使其建築中的一磚一石都能彰顯佛法的精要。與此同時，本書亦從文獻角度整理兩本圖經的資料來源，對圖經成書之後的流傳情況進行了較為系統的考證。

第二部分是兩本圖經中建築及其可能形象研究。本書首先對《祇洹寺圖經》、《戒壇圖經》和《戒壇圖經》所附「祇洹寺圖」三份材料中寺院的基本格局和其中「中佛院」內各建築的形式與功能進行概述，並對比其與現存或史料中可考寺院建築的異同，確認了兩本圖經中的寺院乃基於現實寺院模式寫作而成，是道宣對南北朝以來漢地佛教寺院布局發展的一個總結。接著對唐代佛教寺院中的別院進行考察，根據功能和形式的不同將圖經中的別院進行分類，並探討了《祇洹寺圖經》裏幾個特殊的別院功能配置。同時本書詳細解析了兩本圖經中所描繪的戒壇並討論了圖經中體現出的寺院規劃思想及其對後世的影響。在上述研究的基礎上，本書從圖經中寺院的基址規模入手，將其置入唐長安城的尺度中進行比較，發現它的比例與規模同道宣曾經駐錫過的西明寺所在之延康坊及周圍七坊所圍合成的八坊之地非常接近。隨後統計出祇洹寺院落的數量與佔地面積，並將祇洹寺道路進行分級，繪製出《祇洹寺圖經》和《戒壇圖經》中寺院的總平面圖。最後對圖經中主要建築物進行了單體建築的可能形象研究。

目

次

第1章　緒　論 ……………………………………… 1

1.1　選題的背景和意義 ……………………………… 1

　　1.1.1　子課題 …………………………………… 1

　　1.1.2　選題的背景和意義 ……………………… 1

1.2　國內外研究狀況和進展 ………………………… 4

　　1.2.1　歷史學領域對道宣的研究 ……………… 4

　　1.2.2　歷史學領域對兩本圖經的研究 ………… 5

　　1.2.3　建築學領域對兩本圖經的研究 ………… 8

　　1.2.4　南北朝至隋唐漢地佛教寺院相關研究 … 15

1.3　研究方法 ………………………………………… 17

　　1.3.1　文獻資料法 ……………………………… 17

　　1.3.2　文獻考據法 ……………………………… 18

　　1.3.3　歷史比較法 ……………………………… 18

　　1.3.4　綜合分析法 ……………………………… 19

1.4　全書結構 ………………………………………… 20

第2章　兩部圖經的作者與創作原型 ……………… 23

2.1　圖經的作者：道宣 ……………………………… 23

　　2.1.1　道宣生平及著作 ………………………… 23

　　2.1.2　道宣之駐錫地 …………………………… 25

　　2.1.3　道宣著作中的寺院及建築 ……………… 41

2.2 圖經的創作原型‧祇園 ⋯⋯⋯⋯⋯⋯⋯⋯ 52
    2.2.1 經文中的祇園 ⋯⋯⋯⋯⋯⋯⋯⋯⋯ 52
    2.2.2 傳記中的祇園 ⋯⋯⋯⋯⋯⋯⋯⋯⋯ 56
    2.2.3 祇園的考古發掘 ⋯⋯⋯⋯⋯⋯⋯⋯ 60
    2.2.4 祇園在中國 ⋯⋯⋯⋯⋯⋯⋯⋯⋯⋯ 64
2.3 本章小結 ⋯⋯⋯⋯⋯⋯⋯⋯⋯⋯⋯⋯⋯ 66

第3章 兩部圖經的背景與流佈 ⋯⋯⋯⋯⋯⋯⋯ 69
3.1 圖經的寫作背景與寫作目的 ⋯⋯⋯⋯⋯⋯ 69
    3.1.1 道宣所處時代的宗教環境 ⋯⋯⋯⋯ 69
    3.1.2 道宣所處時代的寺院建設 ⋯⋯⋯⋯ 72
    3.1.3 圖經的寫作目的 ⋯⋯⋯⋯⋯⋯⋯⋯ 73
3.2 圖經寫作的可能來源及其日後之流佈 ⋯ 77
    3.2.1 兩部圖經寫作的可能來源 ⋯⋯⋯⋯ 77
    3.2.2 《祇洹寺圖經》之傳播與流佈 ⋯⋯ 82
    3.2.3 《戒壇圖經》之傳播與流佈 ⋯⋯⋯ 86
3.3 本章小結 ⋯⋯⋯⋯⋯⋯⋯⋯⋯⋯⋯⋯⋯ 90

第4章 兩部圖經的建築研究 ⋯⋯⋯⋯⋯⋯⋯⋯ 93
4.1 圖經中寺院的基本格局 ⋯⋯⋯⋯⋯⋯⋯⋯ 93
    4.1.1 《祇洹寺圖經》中寺院基本格局概述 ⋯ 93
    4.1.2 《戒壇圖經》中寺院基本格局概述 ⋯⋯ 98
    4.1.3 「祇洹寺圖」中寺院基本格局概述 ⋯ 102
    4.1.4 東晉至初唐佛教寺院布局概述及其
          與兩本圖經中寺院基本格局的比較 ⋯ 108
4.2 兩部圖經中「中佛院」建築布局比較 ⋯⋯ 143
    4.2.1 兩部圖經中「中佛院」各建築之形式
          與功能 ⋯⋯⋯⋯⋯⋯⋯⋯⋯⋯⋯ 144
    4.2.2 兩部圖經中的「中佛院」與現存或可
          考寺院之中心院落的比較 ⋯⋯⋯⋯ 148
4.3 兩部圖經中的別院設置 ⋯⋯⋯⋯⋯⋯⋯ 154
    4.3.1 唐代佛教寺院中的別院 ⋯⋯⋯⋯⋯ 154
    4.3.2 《祇洹寺圖經》中別院的功能類別 ⋯ 158
    4.3.3 《祇洹寺圖經》中別院的形式類別 ⋯ 165
    4.3.4 《祇洹寺圖經》中幾個特殊的別院功
          能配置 ⋯⋯⋯⋯⋯⋯⋯⋯⋯⋯⋯ 170

4.4　兩部圖經之戒壇研究 ……………………… 175
　　4.4.1　唐代漢地佛教戒壇概覽 …………… 175
　　4.4.2　兩部圖經中的戒壇 ………………… 181
4.5　圖經中的規劃思想 ………………………… 184
4.6　兩部圖經對後世的影響 …………………… 187
4.7　本章小結 …………………………………… 191

第5章　兩部圖經中寺院建築可能形象探討 …… 193
5.1　《祇洹寺圖經》中寺院總平面復原 ………… 193
　　5.1.1　《祇洹寺圖經》中寺院的基址規模 … 193
　　5.1.2　祇洹寺基址規模與長安城之比較 … 196
　　5.1.3　祇洹寺中院落的數量與佔地面積 … 202
　　5.1.4　祇洹寺中的道路 …………………… 213
　　5.1.5　《祇洹寺圖經》中寺院總平面的復原 · 216
5.2　《戒壇圖經》寺院建築總平面復原 ………… 226
5.3　《祇洹寺圖經》中單體建築可能形象研究 … 233
　　5.3.1　《祇洹寺圖經》門樓可能形象研究 … 235
　　5.3.2　《祇洹寺圖經》七重塔可能形象研究 · 241
　　5.3.3　《祇洹寺圖經》大佛殿及第二大複殿
　　　　　 可能形象研究 ……………………… 243
　　5.3.4　《祇洹寺圖經》三重高閣可能形象研究 257
　　5.3.5　《祇洹寺圖經》別院中主體殿堂及院
　　　　　 門可能形象研究 ……………………… 261
5.4　本章小結 …………………………………… 264

第6章　結　論 ………………………………… 267

參考文獻 ………………………………………… 269

第 1 章　緒　論

1.1　選題的背景和意義

1.1.1　子課題

　　本書爲清華大學建築學院王貴祥教授住持的國家自然科學基金項目「5-15世紀古代漢地佛教寺院內的殿閣配置、空間格局與發展演變」（項目批准號：51078220）以及「文字與繪畫史料中所見唐宋、遼金與元明木構建築的空間、結構、造型與裝飾研究」（項目批准號：51378276）的子課題。

1.1.2　選題的背景和意義

　　唐乾封二年（667）二月八日，七十二歲的大唐律師道宣在長安城南 35公里外的終南山淨業寺創立戒壇。季春終，他忽感幽靈，寫下《中天竺舍衛國祇洹寺圖經（後簡稱爲《祇洹寺圖經》）上下二卷。及至入秋，道宣自覺時日無多〔註 1〕，出《關中創立戒壇圖經》（後簡稱爲《戒壇圖經》）一卷作爲臨別之贈，後於唐乾封二年十月三日安坐而化，春秋七十二載，僧臘五十有二。

　　道宣一生精於律學，著作豐厚，他撰寫的《四分律刪繁補闕行事鈔》等五部論著被稱爲「南山五大部」。與此同時，道宣又是一位佛教歷史學家，著

〔註 1〕道宣在《關中創立戒壇圖經》後記中寫道：「今秋氣已清，客心飛舉，將事終天之別，必爽載面之期，力疾集之，用爲送終之贈也」。引自（唐）道宣，關中創立戒壇圖經//大正新修大藏經，第 45 卷，諸宗部，二，河北：河北省佛教協會，2009：819。

有彙編佛教史蹟的《釋迦方志》等作品。然而作爲一生筆耕不輟的律學大師臨終前的最後兩部著述，《祇洹寺圖經》和《戒壇圖經》卻與道宣另外五十餘部歷史及律學作品截然不同〔註2〕。它們不僅是道宣著作中，同時也是現存所有版本大藏經裏僅有的兩部「圖經」。《祇洹寺圖經》以古印度舍衛城祇洹寺爲敘述主體，記錄了這座佛寺千百年來的興衰歷史並詳細描繪了其建築格局。《戒壇圖經》以介紹創立戒壇之法爲主要內容，同時也對戒壇所在的祇洹寺進行了描寫。遺憾的是，由於在其撰出後不久道宣律師即圓寂西歸，這兩本圖經在漢地佛教歷史上並沒有得到應有的重視。《祇洹寺圖經》於北宋之際就已不再見行〔註3〕，《戒壇圖經》之名雖出現在明末清初的碑銘之中〔註4〕但其在歷朝歷代卻均未入藏。〔註5〕直至民國時期，這兩部經文才借由在日本保存的版本重新回傳漢地。近年來，《祇洹寺圖經》和《戒壇圖經》在建築史學界逐漸受到關注，圖經中描述的祇洹寺被研究者稱爲唐代早期理想寺院模式的藍本〔註6〕。

　　這兩部圖經，即是本書的主體研究對象。它們的作者道宣歷經隋唐兩代，這一時期的漢地佛教在隋文帝的全面復興下已經擺脫了南北朝末期周武帝滅法和楊廣平陳造成的衰敗景象，卻又因李唐代隋事老子爲祖先而發展頗爲滯頓。道宣一生遊歷中國南北，但從未到過印度，而這兩本圖經中的祇洹寺，

〔註2〕根據北宋僧人元照《芝園遺編》中收錄的《南山律師撰集錄》統計，道宣著作共計五十餘部。參見：（宋）元照，芝園遺編，南山律師撰集錄//續藏經，第105冊，中國撰述，戒律宗著述部，臺北：新文豐出版公司，1994：570～574。

〔註3〕元照寫於宋神宗元豐四年（1081）的《南山律師撰集錄》記載：「祇桓寺圖二卷，乾封二年製。未見。圖經一卷，乾封二年製。未見，舊連書於上，故省祇桓二字」。引自：（宋）元照，芝園遺編，南山律師撰集錄//續藏經，第105冊，中國撰述，戒律宗著述部，臺北：新文豐出版公司，1994：572～573，另見後文3.2.2中對《祇洹寺圖經》傳播情況的考證。

〔註4〕《勅建寶華山隆昌寺戒壇銘》記曰：「南山宣祖於唐高宗麟德二年在淨業寺建石戒壇……撰製《圖經》」引自：杜潔祥，中國佛寺史志匯刊，第1輯，第41冊，138寶華山志，臺北：明文書局，1980：224。

〔註5〕根據《歷代漢文大藏經目錄新考》一書檢索得出。參見：何梅，歷代漢文大藏經目錄新考，北京：社會科學文獻出版社，2014.02。

〔註6〕香港學者何培斌在《理想寺院：唐道宣描述的中天竺祇洹寺》一文中稱：「……道宣的最終目的並不是要精確描繪印度寺院甚或中國寺院建築，而是提出一個建築設計的藍圖——一個理想的寺院規劃……」參見：何培斌，理想寺院：唐道宣描述的中天竺祇洹寺，建築史論文集，2002（02）：288。

卻是佛教典籍中如來曾經居住二十餘年的地方。一位中國僧人爲什麼要在臨終前撰寫兩本「建築類」著作描繪一座印度寺院？他是如何得知這座寺院的具體情況的？圖經中的寺院究竟是什麼樣子？在歷史文獻和現存實例都無比缺乏的今天，唐代僧人筆下的寺院能給佛教寺院建築的研究帶來怎樣的意義？綜合以上問題，本書以《中天竺舍衛國祇洹寺圖經》和《關中創立戒壇圖經》爲研究對象，在這兩本圖經的基礎上結合其他史料，對圖經的寫作背景、創作目的、流傳情況以及其中所蘊含的規劃思想等進行全面分析。同時根據已知的唐代建築信息，對這兩部作品中用文字構建出的龐大寺院進行可能形象的推測，還原這兩部重要但不爲人所重視的圖經的眞實面貌，並進一步深化對隋、唐漢地佛教寺院的殿閣配置、空間格局與發展演變的認識和瞭解。

本研究選題的意義主要有以下三點。首先，作爲唐代最負盛名的律僧道宣圓寂當年的作品，《祇洹寺圖經》和《戒壇圖經》是道宣將其對佛教寺院規制的理解具體化、實踐化的產物，是道宣律學研究的重要組成部分。然而由於《祇洹寺圖經》十一世紀時在中國已經失傳〔註7〕，直至民國時期才從日本回傳漢地，這兩本圖經在中國佛教史研究領域並沒有得到其應有的重視。本書從建築史研究的角度對這兩本圖經進行較爲全面的探索，可被視作正視其歷史地位的初步嘗試。第二，作爲唐代早期理想寺院模式的藍本，《祇洹寺圖經》和《戒壇圖經》在中國建築史的敘述中多有提及。然而現有研究成果多局限於對其中所描繪的「中佛院」的布局研究以及寺院整體格局的初步復原，缺乏對圖經寫作背景、創作目的、傳播情況等的全面考察以及對文中寺院在總平面尺度上帶尺寸的復原和建築層面上可能形象的探討，本書的研究將試圖填補這一空白。第三，目前我國已經沒有唐代佛寺的整體遺存，考古工作中也尙未發現完整的唐代寺院遺址，史料中的相關記載亦極度缺乏，對這兩部圖經的研究能夠在一定程度上彌補現有認知的不足，從而對隋、唐漢地佛教寺院的殿閣配置、空間格局與發展演變有更進一步的認識和瞭解。

〔註7〕即上文腳註中提到的宋代僧人元照對道宣作品見行情況的著錄。另見後文3.2.2中對《祇洹寺圖經》傳播情況的考證。

1.2　國內外研究狀況和進展

　　本書的研究對象是《中天竺舍衛國祇洹寺圖經》和《關中創立戒壇圖經》，這兩部圖經在歷史學領域及建築學領域的研究中都曾被前輩學者簡要提及。同時爲了深入探究道宣寫作圖經的背景和目的，有關道宣本人的研究資料也是本書的關注對象。除此之外，考慮到佛教建築發展的連續性以及道宣經歷隋唐兩代的生活背景對其佛教及建築思想產生的影響，從南北朝到隋唐的漢地佛教寺院相關研究都是本書應重點關注的文獻資料，並且對這一部分知識的瞭解也有助於後續建築形象研究工作的順利開展。

1.2.1　歷史學領域對道宣的研究

　　現存最早關於道宣的著述是五代僧人景霄所著《四分律行事鈔簡正記》中「鈔主」〔註8〕道宣的介紹。該記稱道宣共有三生，第一生爲蕭齊僧人僧護，第二生爲蕭梁僧人僧祐，第三生有關道宣的內容從其母親懷胎開始，一直記錄到道宣圓寂及其後舍利塔建立和歷朝皇帝追贈的事蹟。〔註9〕但介紹中並未提到與兩本圖經有關的內容。

　　北宋僧人贊寧（919～1001）《宋高僧傳》中有《道宣傳》一篇。這篇傳記記錄了道宣的生平，同時特別提到了《祇洹寺圖經》，並記錄其寫作經過爲：「又有天人云，曾撰祇洹圖經，計人間紙帛一百許卷。宣苦告口占，一一抄記上下二卷」〔註10〕，然而贊寧對這本圖經持批判的態度，認爲其「寓言於鬼物」〔註11〕。之後出現的各個版本的道宣傳記多以贊寧的《宋高僧傳》爲寫作藍本。

　　南宋僧人宗鑒的《釋門正統》中也有道宣的傳記。這篇傳記在贊寧《道宣傳》的基礎上又增加了李邕、鎧庵等人對道宣和南山律學的評價，但沒有提到與《祇洹寺圖經》和《戒壇圖經》相關的內容〔註12〕。

〔註8〕　《四分律行事鈔簡正記》即《四分律刪繁補闕行事鈔》的注釋，因《四分律刪繁補闕行事鈔》爲道宣所著，故《簡正記》中稱道宣爲「鈔主」。

〔註9〕　（後唐）景霄，四分律行事鈔簡正記，卷第二，釋鈔題目一十一字//續藏經，第壹輯，第六十八套，第一冊，上海：涵芬樓，1923：82～83。

〔註10〕　（宋）贊寧，宋高僧傳，卷第十四，唐京兆西明寺道宣傳//大正新修大藏經，第50卷，史傳部，二，河北：河北省佛教協會，2009：791。

〔註11〕　（宋）贊寧，宋高僧傳，卷第十四，唐京兆西明寺道宣傳//大正新修大藏經，第50卷，史傳部，二，河北：河北省佛教協會，2009：791。

〔註12〕　參見：（宋）宗鑒，釋門正統，卷八，道宣//續藏經，第130冊，中國撰述，禮懺部‧史傳部，臺北：新文豐出版公司，1983：917～919。

近代弘一法師所著《南山道宣律祖年譜》記錄了道宣從出生到示寂歷年的經歷及所出著作，並附有弘一本人對史料的質疑及考證，具有較高的可信度。這份年譜記載道宣唐乾封二年二月出《戒壇圖經》一卷，「季春、感靈、出祇洹寺圖經二卷。唐季已逸、北宋中葉自日本將至」〔註13〕，與筆者所見其他史料較爲吻合。

現代學者中對道宣研究最全面的是日本史學家藤善眞澄，他於 1986、1991 和 1992 年發表了四篇關於道宣的論文，分別是《道宣の出自——吳興の錢氏》、《道宣の前半生》、《晚年の道宣》和《道宣の絕筆三種》。這些論文與藤善其他相關研究一起於 2002 年出版成一本專著《道宣伝の研究》。《道宣伝の研究》全書共十二章，另有附篇四章。其中第十章通過探討成爲絕筆的《律相感通傳》、《中天竺舍衛國祇洹寺圖經》、《關中創立戒壇圖經》等著作，刻畫了晚年的道宣。附錄的第四章圍繞中國的祇園精舍的譯詞問題，追溯了祇園精舍在中國傳播與變遷。並指出中國古典裏使用的種種譯詞之中，姚秦時代鳩摩羅什（334～413）的「祇樹給孤獨園」最受歡迎，而道宣編纂的《中天竺舍衛國祇洹寺圖經》對日本也產生了影響。〔註14〕

1.2.2 歷史學領域對兩本圖經的研究

歷史學領域對兩本圖經並未給予太多關注。最早提到《祇洹寺圖經》的是 Alexander Soper，他在 1956 年與 Laurence Sickman 合著的 The Art and Architecture of China 中簡要的提到了圖經的內容。之後是意大利學者富安敦（Antonino Forte）在他 1988 年出版的著作 Mingtang and Buddhist utopias in the history of the astronomical clock 裏討論了《祇洹寺圖經》，並將道宣在圖經中構想的祇洹寺稱爲「utopian architecture」〔註15〕。然而由於這本書的研究重點在於從天文時鐘看明堂和佛教烏托邦，所以書內有關圖經的探討僅限於其中的「知時之院」，並未涉及整本圖經的研究。

〔註13〕 弘一法師，南山道宣律祖年譜//弘一法師，李叔同全集 02，哈爾濱：哈爾濱出版社，2014.05：244。

〔註14〕 參見：（日）藤善眞澄，道宣伝の研究，京都：京都大學學術出版會，2002.5。

〔註15〕 Antonino Forte. Mingtang and Buddhist utopias in the history of the astronomical clock : the tower, statue, and armillary sphere constructed by Empress Wu [monograph]. Roma : Istituto Italiano per il Medio ed Estremo Oriente ; Paris : Ecole française d'Extrême-Orient, 1988.

　　筱原亨一在他 1993 年的一篇會議論文 Imaging the Jetavana in medieval China：an exploratory discussion of Daoxuan's Jetavana Diagram Scripture 裏將《祇洹寺圖經》、《戒壇圖經》以及道世的《法苑珠林》中有關天人感應的文字相互比對，認爲道宣構想的祇洹寺在精神意義層面上等同於曼陀羅〔註16〕。此外，他還在另一篇被收錄於 2007 年出版的 The Buddhist dead 中的文章 The moment of Death in Daoxuan's Vinaya Commentary 裏提到了《祇洹寺圖經》中的無常院〔註17〕。

　　Zhihui Tan 完成於 2002 年的博士論文 Daoxuan's vision of Jetavana：Imaging a utopian monastery in early Tang（The university of Arizona）可以被視爲第一個也是目前唯一一個對《祇洹寺圖經》進行系統性研究的學術著作。Tan 的論文分爲兩部分，第一部分討論了道宣的生平和他所處的時代、祇園的傳說、中國眼中的印度，最後以作者對整本圖經所作的一個概要性的分析作爲結束，論文的第二部分則是《祇洹寺圖經》的一個帶注釋的英文翻譯〔註18〕。作爲第一項關於《祇洹寺圖經》的針對性研究，Tan 的論文提供了相當可觀的基礎資料，是本研究的重要參考文獻之一。

　　John R. McRae 的文章 Daoxuan's vision of Jetavana: the ordination platform movement in medieval Chinese Buddhism 作爲 Going Forth：Visions of Buddhist Vinaya 一書的第三章於 2005 年出版。這篇文章探討了流行於唐代的律宗實踐活動——創立戒壇，並根據《戒壇圖經》中的描述對道宣的戒壇進行了一個意向性的復原〔註19〕（圖 1.1）。陳懷宇完成於同年的博士論文 The revival of Buddhist monasticism in medieval China （Princeton University）用了一章對戒壇進行討論，指出戒壇是大乘佛教中用來鞏固僧團秩序的重要手段〔註20〕。

〔註16〕 參見：Koichi Shinohara. (Unpublished a). "Imagining the Jetavana in Medieval China: An Exploratory Discussion of Daoxuan's Jetavana Diagram Scripture," pp. 1～58. Unpublished paper presented at the 34th International Congress of Asian and North African Studies, Hong Kong, August 1993.

〔註17〕 參見：Koichi Shinohara. The moment of Death in Daoxuan's Vinaya Commentary // BJ Cuevas, JI Stone, ed., The Buddhist dead: Practices, Discourses, Representations. Honolulu: University of Hawai'i Press, 2007: 105～133.

〔註18〕 參見：Tan Zhihui. Daoxuan's vision of Jetavana: Imagining a utopian monastery in early Tang. The University of Arizona. 2002.

〔註19〕 參見：J John R. McRae. Daoxuan's vision of Jetavana: the ordination platform movement in medieval Chinese Buddhism // William M. Bodiford, ed., Going Forth: Visions of Buddhist Vinaya. Honolulu: University of Hawai'i Press, 2005:68～100.

〔註20〕 參見：Chen Huaiyu. The revival of Buddhist monasticism in medieval China. Princeton University. 2005.

圖 1.1　John R，McRae 對《戒壇圖經》中戒壇的意向性復原

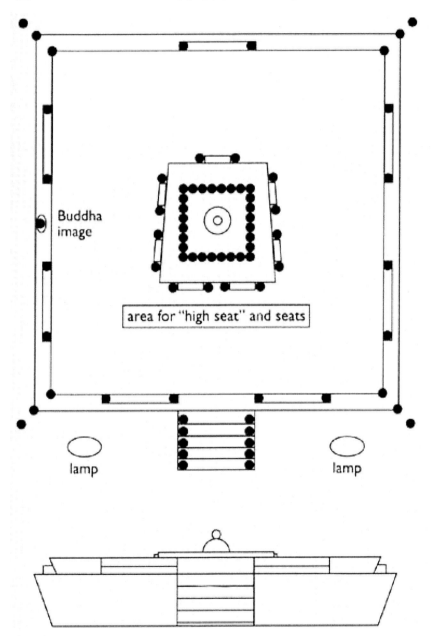

資料來源：John R, McRae, Daoxuan's vision of Jetavana : the ordination platform movement in medieval Chinese Buddhism // William M, Bodiford, ed., Going Forth : Visions of Buddhist Vinaya, Honolulu : University of Hawai'i Press, 2005 : 83.

　　最新的與兩本圖經相關的研究是王翔 2012 年的博士論文：Reconstructing Ximing monastery：history，imagination and scholarship in medieval Chinese Buddhism （Stanford University）。在這篇論文的第五章 A Tale of Three Monasteries：Jetavana，Ximingsi and Daianji 中，作者對《祇洹寺圖經》與作爲道宣住錫地的西明寺之間的關係做出了一些獨創性的分析〔註21〕。

1.2.3　建築學領域對兩本圖經的研究

　　何培斌 1995 年發表於 East Asian History 的文章 The Ideal Monastery：Daoxuan's Description of the Central Indian Jetavana Vihara （後以《理想寺院:唐道宣描述的中天竺祇洹寺》爲題刊登於 2002 年的《建築史論文集》）是建築學領域研究《祇洹寺圖經》的先驅。這篇文章簡要分析了道宣的寫作目的和資料來源，重構了圖經中祇洹寺的建築格局並將祇洹寺的整體平面與唐長安城的皇城相類比，同時指出了道宣祇洹寺建築的象徵意義〔註22〕（圖 1.2）。

圖 1.2　何培斌對《祇洹寺圖經》中祇洹寺格局的重構

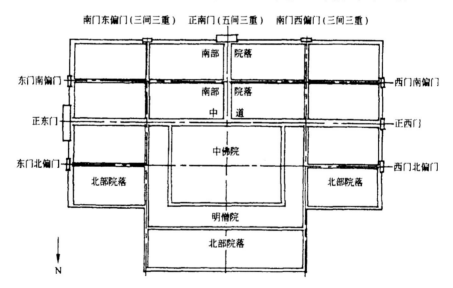

資料來源：何培斌，理想寺院：唐道宣描述的中天竺祇洹寺，建築史論文集，2002（02）：280。

〔註21〕Wang Xiang. Reconstructing Ximing monastery: history, imagination and scholarship in medieval Chinese Buddhism. Stanford University.2012.

〔註22〕參見：Ho Puay-peng. The Ideal Monastery: Daoxuan's Description of the Central Indian Jetavana Vihara. East Asian History. Number 10 . December 1995: 1～18.

　　鍾曉青 1998 年刊登於建築師第 83 期的論文《初唐佛教圖經中的佛寺布局構想》的主要研究對象即為道宣的《祇洹寺圖經》和《戒壇圖經》。這篇文章提取出兩部圖經中所有與建築相關的文字，根據其描述繪製佛寺平面示意圖，並將兩張平面布局圖進行比較〔註23〕（圖 1.3、圖 1.4）。這兩張圖是目前關於道宣祇洹寺寺院格局引用率最高的平面圖。

圖 1.3　鍾曉青《祇洹寺圖經》佛院平面示意圖

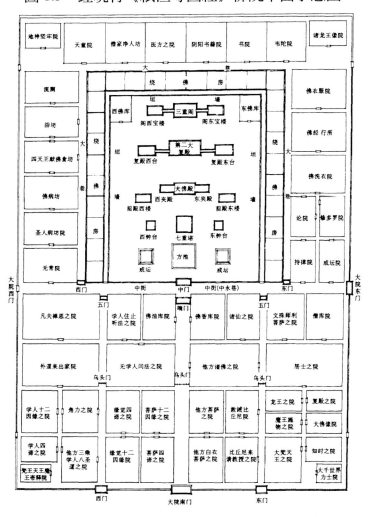

資料來源：鍾曉青，初唐佛教圖經中的佛寺布局構想，
建築師，第 83 期，1998：100。

〔註23〕 參見：鍾曉青，初唐佛教圖經中的佛寺布局構想，建築師，第 83 期，1998：
98～105。

圖 1.4　鍾曉青《戒壇圖經》佛院平面示意圖

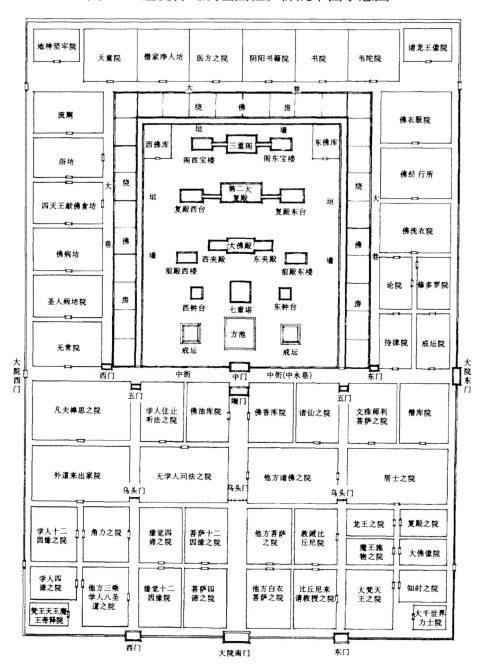

資料來源：鍾曉青，初唐佛教圖經中的佛寺布局構想，建築師，第 83 期，1998：
　　　　101。

　　Chen-shan Wang 2008 年的博士論文 Quanzhou Kaiyuan Monastery : Architecture, iconography and social contexts（University of Pennsylvania）第四章 The Ordination Hall 詳細研究了《戒壇圖經》的戒壇部分併進行了復原〔註24〕（圖 1.5）。同樣針對戒壇進行討論並作出復原的是敖仕恒 2013 年刊登在《中國建築史論匯刊‧第八輯》的文章《唐道宣關中戒壇建築形制及其歷史影響初考》〔註25〕（圖 1.6）。

圖 1.5　Chenshan-Wang《戒壇圖經》中戒壇復原

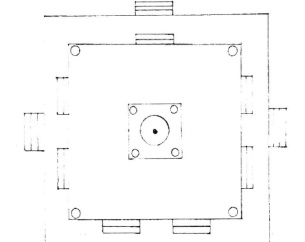

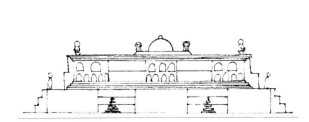

資料來源：Wang Chen-shan. Quanzhou Kaiyuan Monastery:
　　　　　Architecture, iconography and social contexts.
　　　　　University of Pennsylvania. 2008: 302.

〔註24〕　參見：Wang Chen-shan. Quanzhou Kaiyuan Monastery: Architecture, iconography and social contexts. University of Pennsylvania. 2008.
〔註25〕　參見：敖仕恒，唐道宣關中戒壇建築形制及其歷史影響初考//王貴祥，賀從容，中國建築史論匯刊‧第八輯，北京：中國建築工業出版社，2013：65～90。

圖1.6 敖仕恒《戒壇圖經》中戒壇參考性復原

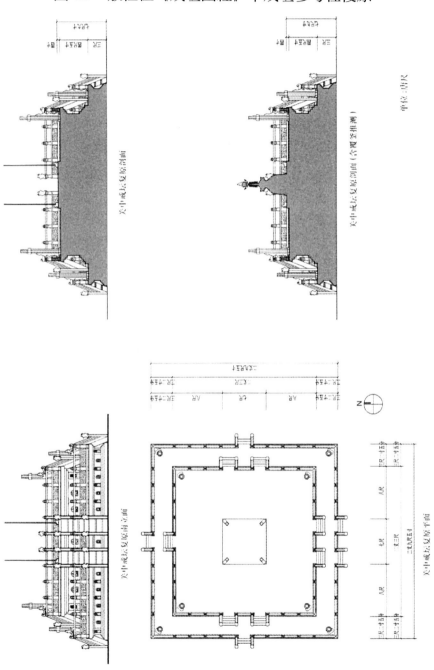

資料來源：敖仕恒，唐道宣關中戒壇建築形制及其歷史影響初考//王貴祥，賀從容，
中國建築史論匯刊·第八輯，北京：中國建築工業出版社，2013：79。

　　宿白先生發表於 2009 年《文物》雜誌的文章《試論唐代長安佛教寺院的等級問題》提及了《祇洹寺圖經》與西明寺、大安寺的關係，並對圖經中呈現出的寺院布局做了簡要的分析〔註 26〕。這篇文章還附有《戒壇圖經》附圖改繪圖一張（圖 1.7）。

圖 1.7　宿白《戒壇圖經》附圖改繪

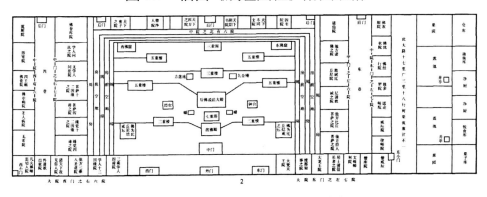

資料來源：宿白，試論唐代長安佛教寺院的等級問題〔J〕，文物，2009.01：35。

　　王貴祥教授中國漢地佛教建築系列研究中的《隋唐時期佛教寺院與建築概覽》發表於《中國建築史論匯刊·第八輯》，這篇研究將《祇洹寺圖經》與《戒壇圖經》中描述出的寺院稱爲唐代佛寺的標準圖式，提供了兩個與以往研究不同的復原平面（圖 1.8、圖 1.9），並結合史料對道宣祇洹寺的平面布局及其中出現的建築類型進行了解讀〔註 27〕。

圖 1.8　王貴祥《祇洹寺圖經》平面復原示意圖

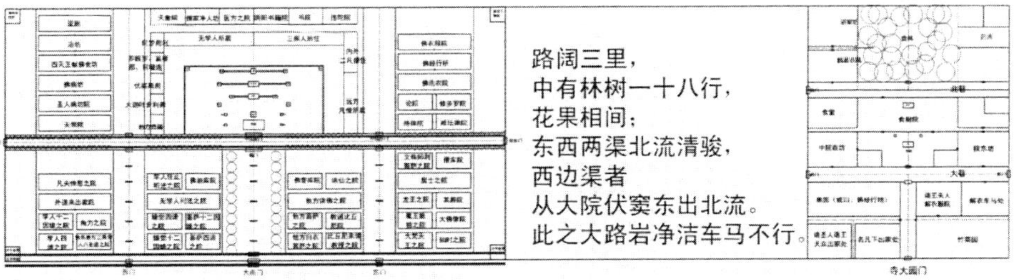

資料來源：王貴祥，隋唐時期佛教寺院與建築概覽//王貴祥，賀從容，中國建築史論匯刊·第八輯，北京：中國建築工業出版社，2013：34。

〔註 26〕　參見：宿白，試論唐代長安佛教寺院的等級問題〔J〕，文物，2009.01：27～40。
〔註 27〕　參見：王貴祥，隋唐時期佛教寺院與建築概覽//王貴祥，賀從容，中國建築史論匯刊·第八輯，北京：中國建築工業出版社，2013：3～64。

圖 1.9　王貴祥《戒壇圖經》平面復原示意

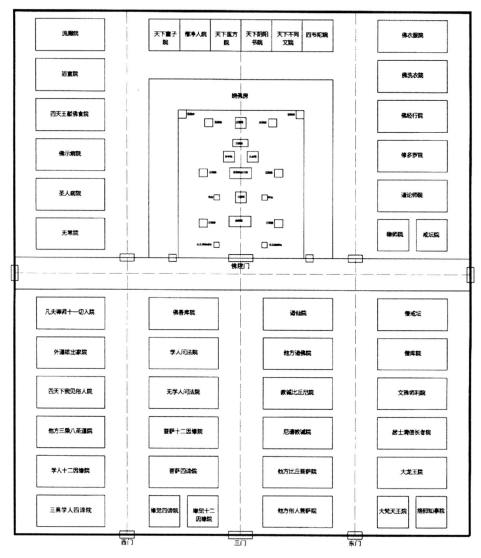

資料來源：王貴祥，隋唐時期佛教寺院與建築概覽//王貴祥，賀從容，中國建築史論匯刊‧第八輯，北京：中國建築工業出版社，2013：36。

　　根據以上論述不難看出，關於《祇洹寺圖經》和《戒壇圖經》的研究目前尚處於起步階段。史學界的研究多局限於用圖經說明及論證觀點，而非系統性的對兩本圖經進行分析。Tan 的博士論文是一個良好的開端，但比起其文章的內容，該論文第二部分的《祇洹寺圖經》英語譯文或許具有更大的學術價值。建築學界似乎對道宣的圖經更感興趣，然而相關論文的分析往往聚焦

於經文本身，缺乏對圖經背後的道宣及其所處的時代背景的深入考證，更沒有對圖經的傳播及影響做出跟蹤研究。與此同時，這些論文中所展現出的寺院建築可能形象的研究也並沒有達到令人滿意的程度。

1.2.4　南北朝至隋唐漢地佛教寺院相關研究

根據王貴祥教授在《佛教初傳至西晉末十六國時期佛寺建築概說》一文中所做的分期，南北朝時期經歷了佛教及其建築的大發展，形成了中國佛教及其建築發展的第一個高峰；而隋唐時期中國佛教發展達到了鼎盛階段，並漸漸呈現出由盛而衰的轉折迹象〔註 28〕。這段時期的建築遺存較少，但史料比較豐富，與之有關的研究成果也有相當可觀的數量。

傅熹年先生主編的《中國古代建築史‧第二卷‧兩晉、南北朝、隋唐、五代建築》一書中介紹了南北朝時期佛寺建築的流佈、佛寺形態的發展和演變、佛塔的形式，以及佛教石窟的發展概況、現存實例和總體規劃思想。同時對隋唐時期佛教寺院的發展、佛寺的總體布局和現存的佛寺建築及石窟寺實例給予了梳理與分析〔註29〕。是本研究的基礎參考資料之一。

王貴祥教授的系列研究《東晉及南朝時期南方佛寺建築概說》、《北朝時期北方地區佛寺建築概說》和《隋唐時期佛教寺院與建築概覽》分別對南北朝佛寺分佈區域、寺院中建築設置情況〔註 30〕〔註 31〕、隋唐時期的佛寺建造、隋代佛教寺院的平面布局和唐代寺院基本格局及建築類型展開了討論〔註32〕。也是本書的重要參考文獻。

除上述對南北朝至隋唐漢地佛教寺院的宏觀考察之外，對這一時期的研究，還湧現出不少針對佛教寺院布局的專門性探討。

宿白先生的《東漢魏晉南北朝佛寺布局初探》、《隋代佛寺布局》、《試論唐代長安佛教寺院的等級問題》等文章根據史料和考古發掘對東漢至隋唐中

〔註 28〕　王貴祥，佛教初傳至西晉末十六國時期佛寺建築概說//王貴祥，賀從容，中國建築史論匯刊·第五輯，北京：中國建築工業出版社，2012：3～35。
〔註 29〕　傅熹年，中國古代建築史，第 2 卷，兩晉、南北朝、隋唐、五代建築，北京：中國建築工業出版社，2001.12。
〔註 30〕　王貴祥，東晉及南朝時期南方佛寺建築概說//王貴祥，賀從容，中國建築史論匯刊·第六輯，北京：中國建築工業出版社，2012：3～62。
〔註 31〕　王貴祥，北朝時期北方地區佛寺建築概說//王貴祥，賀從容，中國建築史論匯刊·第七輯，北京：中國建築工業出版社，2013：101～173。
〔註 32〕　王貴祥，隋唐時期佛教寺院與建築概覽//王貴祥，賀從容，中國建築史論匯刊·第八輯，北京：中國建築工業出版社，2013：3～64。

國佛教寺院的布局及其發展規律做出了梳理〔註33〕〔註34〕〔註35〕，是此類論文中的代表。

王維仁、徐翥的《中國早期寺院配置的形態演變初探：塔・金堂・法堂・閣的建築形制》從形態發展的角度出發，將文字記載、考古發掘與現存實例所呈現出的佛寺布局進行圖面的排比，作爲寺院形態演化的推測，並由此探討從東漢至五代佛教寺院配置形式的發展軌跡〔註36〕。

李裕群的《隋唐以前中國佛教寺院的空間布局及其演變》梳理了隋唐以前中國佛教寺院的空間布局特點，並探討了其發展演變的原因。這篇文章認爲南北朝時期中國佛教寺院布局出現南北分途的局面，南朝佛寺出現了多院落的佛寺形式，而北朝寺院大都爲單院式。北朝晚期出現的多院式寺院，是受到南方佛寺影響的結果〔註37〕。

何利群的論文《北朝至隋唐時期佛教寺院的考古學研究：以塔、殿、院關係的演變爲中心》以 20 世紀 70 年代以來發掘的多座北朝至隋唐時期的佛教寺院遺址爲研究基礎，總結出中國古代佛教寺院由「前塔後殿」向「多院多殿」式布局的發展趨勢，並提出這種發展趨勢的深層原因是由於北方佛學由早起盛行的「釋迦信仰」和注重禪修向隋唐宗派分立、崇拜多元的嬗變〔註38〕。

此外，還有龔國強的博士論文《隋唐長安城佛寺研究》（2006 年已由文物出版社出版）。這項研究探討了隋唐長安城佛寺的分佈、佛寺的形制布局以及佛寺的淵源及影響問題〔註39〕。文中引用的大量歷史資料，對本書的文獻收集有非常大的幫助。同時還有法國漢學家謝和耐的著作《中國 5-10 世紀的寺院經濟》，這本書根據漢文典籍、中外佛典和敦煌文書分析了從南北朝到五代

〔註33〕 宿白，東漢魏晉南北朝佛寺布局初探//鄧慶銘，慶祝鄧慶銘教授九十華誕論文集，石家莊：河北教育出版社，1997：31～49。

〔註34〕 宿白，隋代佛寺布局〔J〕，考古與文物，1997.02：28～33。

〔註35〕 宿白，試論唐代長安佛教寺院的等級問題〔J〕，文物，2009.01：27～40。

〔註36〕 王維仁、徐翥，中國早期寺院配置的形態演變初探：塔・金堂・法堂・閣的建築形制〔J〕.南方建築,2011（04）：38～49。

〔註37〕 李裕群，隋唐以前中國佛教寺院的空間布局及其演變//，中山大學人類學系，中國社會科學院邊疆考古研究中心編，邊疆民族考古與民族考古學集刊 第 1 輯，北京：文物出版社，2009.11：287～311。

〔註38〕 何利群，北朝至隋唐時期佛教寺院的考古學研究：以塔、殿、院關係的演變爲中心〔J〕.石窟寺研究，2010（0）：180～196。

〔註39〕 龔國強，隋唐長安城佛寺研究，北京：文物出版社，2006.10。

期間的中國寺院經濟，考察佛教在中國的適應過程〔註 40〕。這份研究雖非直接和建築相關，但其書中所羅列的極其詳盡的原始資料仍然是本研究不可或缺的寶貴素材。

　　現有研究中與南北朝至隋唐漢地佛教寺院相關的研究成果較爲豐厚，無論是對這段時期佛寺建築整體情況的綜述還是對寺院布局的專門性研究都取得了一定的成果。而隋、唐時期建築的復原研究也進行的較爲深入。本書即在這些成果的基礎上展開研究，試圖填補目前對這兩本圖經研究的空白。

1.3　研究方法

1.3.1　文獻資料法

　　文獻資料法是通過查閱文獻資料瞭解、證明所要研究對象的方法，是本書採用的基礎方法之一。這部分工作著重於史料收集內容的廣度和深度，同時強調史料所處時空信息的收集。

　　本書擬涉及到的研究資料包括歷史資料和現代資料兩部分。

　　歷史資料又分爲經文類和其他重要史料。經文資料主要是指《大正新修大藏經》以及《卍新纂續藏經》中與本書相關的各篇經文。比較簡便的查詢方式是利用中華電子佛典協會（簡稱 CBETA）的網站：http://www.cbeta.org/index.htm 進行檢索。同時參照清華大學圖書館館藏由河北省佛教協會 2009年出版的《大正新修大藏經》予以核對。其他重要史料及現代資料的檢索方式基本類似，獲得文獻的途徑主要是國內外各大圖書館以及包括 ProQuest學位論文全文檢索、EBSCO 和 JSTOR 期刊全文檢索等的電子平臺。由於本書的研究對象關注度較低，目前基本沒有可以利用的書目提要類文獻，因此只能根據關鍵詞以及前人有關研究所列出的參考文獻進行順藤摸瓜式的搜索。

　　文獻資料獲取後採用系統化歸納和整理的方法，對相關研究成果和研究方法進行收集。同時充分利用現代化的工作手段(例如 Evernote 及 NoteExpress等工作軟件）對文獻進行管理。

〔註40〕　（法）謝和耐，中國 5～10 世紀的寺院經濟，上海：上海古籍出版社，2004.11：
　　　　42。

1.3.2　文獻考據法

考據法是研究歷史、語言等學問的一種實證方法。它主要通過搜集資料和證據，加以鑒定與分析，運用排比、分類、歸納、演繹等邏輯推理方法，判定事件、材料的眞僞與是非，推求和印證某一現象與結論。〔註 41〕本書的研究涉及大量歷史文獻，這些文獻年代久遠，並經過歷代抄寫覆刻，難免出現錯訛漏誤。加之研究對象與宗教題材相關，又勢必出現靈異、神通等不符合歷史常識的干擾信息。這時就需要運用考據法對文獻和史料進行辨別，通過一層層的抽絲剝繭還原歷史本來的面目。

1.3.3　歷史比較法

歷史比較法，又稱比較歷史法，是通過對歷史現象和過程共同點和差異點進行比較研究，從共同性揭示矛盾普遍性，從差異性闡明矛盾特殊性，分析因果聯繫與規律性的科學方法。〔註 42〕本課題研究時，歷史比較研究法的運用主要包括橫向比較和縱向比較、求同比較和求異比較兩個方面。

A. 橫向比較與縱向比較

橫向比較就是對空間上同時並存的事物既定形態進行比較。〔註 43〕本研究兩本圖經中所描繪出的祇洹寺並非歷史上眞實存在的佛教寺院，對其進行研究勢必要將其與同時代的其他相關佛寺進行比較，例如道宣出家時所在的隋大興城日嚴寺，唐長安城大慈恩寺、西明寺、青龍寺，甚至包括按照西明寺格局建造唐洛陽敬愛寺等等。同時，考慮到圖經寫作的來源，印度的那爛陀寺等寺廟也應是橫向比較的對象之一。

縱向比較即時間上的比較，就是比較同一事物在不同時期的形態，從而揭示其發展規律。〔註 44〕就本研究而言，縱向比較即爲將研究對象與前期的南北朝時期和後期的宋遼金時期的佛教寺院布局、佛教建築形制進行比較。同時也應包括與後期可能受到道宣圖經影響的日本、韓國的佛寺建築的比較。

B. 求同比較和求異比較

求同比較是尋求不同事物的共同點以尋求事物發展的共同規律。求異比

〔註 41〕王宏斌，歷史考據法探源〔J〕，史學理論研究，2002（03）：30～42。
〔註 42〕劉蔚華，陳遠，方法大辭典，濟南：山東人民出版社，1991.02：345～346。
〔註 43〕陳時見，比較教育學，重慶：西南師範大學出版社，2012.09：75。
〔註 44〕陳時見，比較教育學，重慶：西南師範大學出版社，2012.09：75。

較是比較兩個事物的不同屬性，從而說明兩個事物的不同，以發現事物發生
發展的特殊性。〔註 45〕

　　在本研究中，求同比較將著眼於比較道宣祇洹寺與已知隋唐時期佛教寺
院布局的共同點以尋求唐代寺院布局的特點和規律。如對中佛院中建築排布
的研究，對大型佛寺中別院類型的研究等等。求異比較則關注圖經中描繪的
寺院與歷史上眞實寺院之間的差異，從而探究道宣的兩本圖經作爲理想寺院
藍本的特殊性。

1.3.4　綜合分析法

　　道宣所在的隋末初唐時期政治形勢多變、宗教環境複雜。這一時期的佛
教發展在經歷了隋朝大興佛寺、大度僧尼的高峰之後，由於受到拜老子爲祖
先的唐高祖李淵的刻意約束而增速減緩。唐高祖在武德八年（625）詔令三
教，道教居首，儒教次之，佛教居末，取消了前三個世紀以來佛教所享有的
尊榮。〔註 46〕劣勢似乎在次年有所轉變，玄武門之變後李世民立即下令廢除
高祖沙汰佛道、削減寺觀數目的詔令。然而其登基坐穩皇位之後的所作所
爲，卻表明了太宗本人對佛教毫無興趣。這一情況一直延續到高宗朝，直到
高宗在顯慶五年（660）中風，實際的政治權利轉移到了虔誠的佛教徒武則
天手中才有所好轉。該時期的佛教就是在朝廷政令的打壓下和與道教的相互
鬥爭中緩步向前發展的，而道宣本人的著作《集古今佛道論衡》和《續高僧
傳・護法篇》等也間接折射了當時的情況。

　　與此同時，就佛教自身的發展而言，自佛教傳入中國，到了初唐道宣的
時代，已經約有六百年的歷史了。這一時期的佛教已基本完成了與中國文化
的融合，牢固的紮根在東方的沃土之上。中國的佛教僧人，不僅在佛教經典
的詮釋、同時在生活起居以及佛寺經營等方面，都表現出一種追求完美、追
求正統的傾向。〔註 47〕而玄奘西行的成功以及他帶回的大量佛經和與印度佛
教文化有關的新信息更加顯著的增強了這種趨勢。

　　這些政治、歷史、文化背景因素都會對道宣兩本圖經的創作產生深刻的
影響。

〔註 45〕陳時見，比較教育學，重慶：西南師範大學出版社，2012.09：75。
〔註 46〕（美）威斯坦因，唐代佛教，上海：上海古籍出版社，2010.08：8。
〔註 47〕鍾曉青，初唐佛教圖經中的佛寺布局構想，建築師，第 83 期，1998：98。

因此，對《祇洹寺圖經》和《戒壇圖經》進行研究，特別是對圖經的寫作背景、寫作目的進行考察，必須運用綜合分析法，將隋唐時期政治、歷史、經濟、宗教等多方面的研究成果納入到本書的研究對象之中。

1.4　全書結構

本書擬分爲兩大部分：

第一部分是關於道宣其人及《祇洹寺圖經》和《戒壇圖經》寫作背景與寫作目的的研究，分爲兩章。第二章是「道宣與祇園」。在道宣部分，回顧道宣的生平與著作，並對其駐錫地和作品中出現的寺院建築進行梳理；在祇園部分，爬梳道宣可以接觸到的經文與傳記中有關祇園的描寫，並概述現實世界中祇洹寺的考古發掘情況和「祇園」一詞在中國的流傳。

第三章《祇洹寺圖經》與《戒壇圖經》基礎研究」共分三節。第一節「圖經的寫作背景與寫作目的」從宗教環境和寺院建設兩方面對道宣所處時代進行分析，並結合道宣在經文中的自述對其寫作兩本圖經的真實目的做出闡釋。第二節「圖經寫作的可能來源及其日後之流佈」從文獻角度整理兩本圖經的資料來源，並對其成書之後的流傳情況進行較爲系統的考證。第三節爲本章小結。

第二部分是《祇洹寺圖經》與《戒壇圖經》的建築及其可能形象研究，也分爲兩章。

第四章「《祇洹寺圖經》與《戒壇圖經》建築研究」共分七節。第一節「圖經中寺院的基本格局」分別對《祇洹寺圖經》、《戒壇圖經》和《戒壇圖經》所附「祇洹寺圖」三份材料中寺院的基本格局進行概述，並通過梳理東晉至初唐佛教寺院的布局情況將其與兩本圖經所呈現出的寺院基本格局相比較。第二節「兩本圖經中的『中佛院』建築」概述了兩本圖經「中佛院」內各建築的形式與功能，並對比了其與現存或史料中可考寺院之中心院落的異同。第三節「兩本圖經中的別院設置」首先對唐代佛教寺院中的別院進行考察，再根據功能和形式的不同將圖經中的別院進行分類，最後探討了《祇洹寺圖經》裏幾個特殊的別院功能配置。第四節「兩本圖經之戒壇研究」進行了唐代漢地佛教戒壇的概述並詳細解析了兩本圖經中所描繪的戒壇。本章第五、第六節分別討論了圖經體現出的寺院規劃思想以及兩本圖經對後世的影響。第七節爲本章小結。

　　第五章「《祇洹寺圖經》與《戒壇圖經》中寺院建築可能形象研究」共分四節。第一節爲「《祇洹寺圖經》中寺院總平面復原」，本節從圖經中寺院的基址規模入手，統計出祇洹寺院落的數量與佔地面積，並將祇洹寺道路進行分級，最後繪製出《祇洹寺圖經》中寺院的總平面圖。第二節復原了《戒壇圖經》中的寺院總平面，第三節是《祇洹寺圖經》中單體建築可能形象研究，包括門樓、七重塔、大佛殿及第二大複殿、三重高閣以及別院中的主體殿堂。第四節是本章小結。

　　道宣所撰《祇洹寺圖經》與《戒壇圖經》內容繁雜，因筆者學力所限，本書僅對兩部圖經中的建築及其可能形象進行了基礎研究，尚有若干研究計劃未及成文，望在日後的工作中能得以展開進一步的探討。

第2章　兩部圖經的作者與創作原型

2.1　圖經的作者：道宣

2.1.1　道宣生平及著作

　　釋道宣，唐代僧人，隋文帝開皇十六年（596）生於都城長安。俗姓錢，字法遍，祖籍江蘇吳興。曾祖爲陳朝駙馬都尉，祖父任陳留太守，父親官拜陳朝吏部尚書。

　　道宣幼承家學、天資聰穎，九歲能賦，十歲遍覽群書，十二歲善習文墨。十五歲時道宣感慨「世間榮祿難可常保」〔註1〕，後入日嚴寺跟隨慧頵律師學習，十六歲即能在兩旬之間通曉《法華經》。道宣十七歲落髮，二十歲在禪定寺依智首律師受具足戒。唐高祖武德四年（621）二十六歲時又入智首門下學習律藏，聽智首講律二十遍。武德七年（624）日嚴寺被廢，二十九歲的道宣被配住至長壽坊崇義寺，並於當年寫出《釋門集僧軌度圖經》，該圖經宋代尚存，今已散佚。武德九年（626）唐高祖沙汰僧尼，道宣隱居終南山豐德寺，並出《四分律刪繁補闕行事鈔》十二卷，時年三十一歲。唐太宗貞觀元年（627），道宣出《四分律拾毗尼義鈔》四卷，隨後開始了其長達十餘年的遊方講肆。貞觀四年（630）「北遊並晉、東達魏土」，重修《四分律刪繁補闕行事鈔》，貞觀八年（634）至河中府隰州，出《四分律刪補隨機羯磨》一卷、《四分律含注戒本》一卷、《四分律含注戒本疏》三卷、《教誡新學比丘行護律儀》一卷。九年（635）到泌州綿上縣，寫作《四分律刪補隨機羯磨疏》兩卷。

〔註 1〕　（後唐）景霄，四分律行事鈔簡正記，卷第二，釋鈔題目一十一字//續藏經，
　　　　　第壹輯，第六十八套，第一冊，上海：涵芬樓，1923：83。

十一年（637）又回河中府臨州益詞谷出《量處輕重儀》一卷。直至貞觀十六年（642）其母去世，道宣才再次隱居終南山。在雲遊期間，道宣足跡遍佈大江南北，他自稱「周流晉魏，披閱累於初聞；顧步江淮，緣構彰於道聽」〔註2〕，且從其著作判斷，他還曾行至荊襄、巴蜀等地。貞觀十九年（645），高僧玄奘取經回抵長安，道宣被詔入長安城修德坊弘福寺協助譯經，出任綴文大德，同年出《四分律比丘尼鈔》六卷並完成《續高僧傳》初稿。貞觀二十年（646）五十一歲的道宣回到終南山豐德寺。並在隨後的六年之中重修《四分律刪補隨機羯磨》並分爲二卷，撰寫《四分律刪定僧戒本》一卷，重出《四分律刪補隨機羯磨疏》增爲四卷，重修《教誡新學比丘行護律儀》一卷、《四分律含注戒本》二卷、《四分律含注戒本疏》四卷，出《釋迦方志》四卷，《四分律刪定尼戒本》〔註3〕一卷，《釋門正行懺悔儀》〔註4〕三卷。自唐高宗永徽二年（651）起，五十六歲的道宣開始了他人生中的第二次雲遊，直至顯慶三年（658），高宗爲孝敬太子病癒在長安延康坊設立西明寺，道宣被召爲上座，才再次返回京師。顯慶四年（659）道宣制《釋門章服儀》一卷、《護僧物制》〔註5〕一卷，《教俗士設齋儀》〔註6〕一卷，《六時禮佛懺悔儀》〔註7〕一卷，《西明寺錄》〔註8〕三卷，《初撰西明寺記》〔註9〕一卷。從名稱判斷，《西明寺錄》及《初撰西明寺記》皆爲關於西明寺的重要文獻資料，可惜兩部作品在宋時均已不傳。顯慶五年（660）道宣又出《佛法東漸圖贊》〔註10〕二卷，《佛教東漸化跡》〔註11〕一卷，《住法圖贊》〔註12〕二卷，龍朔元年（661）出《集古今佛道論衡》前三卷，《釋門歸敬儀》一卷。麟德元年（664），道宣以六十九歲之高齡來到位於終南山北、澧福二水之陰的清官鄉淨業寺定居，同年出《大唐內典錄》十卷，《集古今佛道論衡》第

〔註 2〕 （唐）道宣，中天竺舍衛國祇洹寺圖經，卷下//大正新修大藏經，第 45 卷，諸宗部，二，河北：河北省佛教協會，2009：889。

〔註 3〕 今已不傳。

〔註 4〕 今已不傳。

〔註 5〕 今已不傳。

〔註 6〕 今已不傳。

〔註 7〕 今已不傳。

〔註 8〕 今已不傳。

〔註 9〕 今已不傳。

〔註 10〕 今已不傳。

〔註 11〕 今已不傳。

〔註 12〕 今已不傳。

四卷,《集神州三寶感通錄》三卷。麟德二年（662）製《釋迦氏譜》二卷。後於唐高宗乾封二年（667）在淨業寺創築戒壇,重修《量處輕重儀》,出《律相感通傳》、《關中創立戒壇圖經》、《淨廚誥》〔註 13〕各一卷,《中天竺舍衛國祇洹寺圖經》上下二卷,《終南山靈感傳》〔註 14〕二卷,《終南山化感寺制》〔註 15〕一卷。終於乾封二年（667）十月三日示寂,春秋七十二載,僧臘五十有二。乾封三年（668）,高宗敕問,豐德寺主行茶毗之法,得舍利並於三處立塔,分別在豐德寺、安豐坊和靈感寺。

　　道宣一生勤於著書,以存世作品論,可稱其爲漢地佛教史上著述最豐富的佛教學者。〔註 16〕道宣精通律學,所出律學作品多與僧尼生活中的禮儀與制度相關,其中最重要的五部律學著作《四分律刪繁補闕行事鈔》、《四分律刪補隨機羯磨疏》、《四分律含注戒本疏》、《四分律拾毗尼義鈔》和《四分律比丘尼鈔》被宗教學者稱爲「南山五大部」,後人亦將道宣視作律宗的始祖。與此同時道宣還是一位歷史學家,其所撰《釋迦方志》爲佛教史蹟的彙編,《集古今佛道論衡》記載了歷史上佛、道二教間的爭論,《廣弘明集》繼承了梁僧祐《弘明集》、收錄大量佛學論述,《續高僧傳》則記錄了自梁至唐貞觀十九年（645）四百九十二位高僧的生平事蹟。道宣晚年關注應化感通,現存的《集神州三寶感通錄》爲三寶感應事蹟的彙集,其中記錄了多處寺院、塔、像等的靈跡,《律相感通傳》則記載了道宣與天人的問答,而本書的兩個研究對象《中天竺舍衛國祇洹寺圖經》和《關中創立戒壇圖經》也都與應化感通有所相關。

2.1.2　道宣之駐錫地

　　從隋煬帝大業六年（610）初入日嚴寺至唐高宗乾封二年（667）於終南山淨業寺示寂,道宣一生共駐錫過六座佛寺,分別是隋大興（唐長安）城青龍坊日嚴寺、長壽坊崇義寺、終南山豐德寺、延康坊西明寺、終南山淨業寺和終南山靈感寺。

　　日嚴寺,位於隋大興（唐長安）城青龍坊西南隅,宋敏求《長安志》記載:「青龍坊……西南隅廢日嚴寺。隋煬帝爲晉王,仁壽元年（601）,施營第

〔註 13〕今已不傳。
〔註 14〕今已不傳。
〔註 15〕今已不傳。
〔註 16〕陳懷宇,以《量處輕重儀》爲例略說道宣律師之義學//向晨,孫斌,復旦哲學評論,第 3 輯 Vol.3,上海:上海人民出版社,2006.06:78～90。

村木所造，因廣召名僧以居之。貞觀六年（632）廢。」〔註17〕關於日嚴寺的文獻資料較少，從現有記載判斷該寺之始建與廢棄年代似乎與《長安志》所記有所不同，現試舉證如下。成書於隋開皇十七年（597）的《歷代三寶紀》卷十二記曰：「《眾經錄目》七卷，右一部七卷。開皇十四年（594），大興善寺沙門釋法經等二十大德奉勅撰。揚化寺沙門明穆，區域條分指蹤絟絡。日嚴寺沙門彥琮，覼縷緝維考校同異。」〔註18〕道宣《續高僧傳》卷二《隋東都上林園翻經館沙門釋彥琮傳》稱：「至（開皇）十二年（592）勅召（彥琮）入京，復掌翻譯，住大興善。……煬帝時為晉王。於京師曲池營第林造日嚴寺，降禮延請永使住之。」〔註19〕這兩條文獻中的沙門彥琮於隋文帝開皇十二年（592）奉詔入京，最初住在大興善寺，後晉王楊廣在曲池附近造日嚴寺詔請住之。彥琮於開皇十四年（594）為《眾經錄目》做考校工作，被《歷代三寶紀》的作者費長房稱為「日嚴寺沙門」。由此可見日嚴寺之創建時間應在開皇十二年（592）至開皇十四年（594）之間，而非《長安志》所載之仁壽元年（601）。同樣，道宣所撰《集神州三寶感通錄》卷上記載：「余本住京師曲池日嚴寺，寺即隋煬所造……至武德七年（624）日嚴寺廢……余師徒十人配住崇義。」〔註20〕因此，日嚴寺被廢棄的確切時間是唐高祖武德七年（624）。由此判斷，該寺存續時間約為三十年，與《長安志》所記存續時間〔註21〕相近。道宣大業六年（610）進入日嚴寺，到武德七年（624）寺院毀廢時離開，共在此生活十四年。

日嚴寺的寺院規模與建築布局在現存史料條件中並無記載。宋敏求《長安志》稱該寺位於青龍坊西南隅。根據宿白先生的研究，整個大興城（長安城）除朱雀大街兩側的四列坊只設東西向橫街以外，其餘各坊都設有東西、南北向縱橫街道各一條〔註22〕，將整個坊劃分為四大區塊，每大區塊中又設小十字街，最終將里坊分為十六區。《長安志》等文獻中頻繁出現的「東南隅」、

〔註17〕　（宋）宋敏求，長安志，卷八，唐京城二，清文淵閣四庫全書本：17。

〔註18〕　（隋）費長房，歷代三寶紀//大正新修大藏經，第49卷，史傳部，一，河北：河北省佛教協會，2009：105。

〔註19〕　（唐）道宣，續高僧傳，卷二，隋東都上林園翻經館沙門釋彥琮傳//大正新修大藏經，第50卷，史傳部，二，河北：河北省佛教協會，2009：437。

〔註20〕　（唐）道宣，集神州三寶感通錄，卷上//大正新修大藏經，第52卷，史傳部，四，河北：河北省佛教協會，2009：405～406。

〔註21〕　即仁壽元年（601）至貞觀六年（632）。

〔註22〕　宿白，隋唐長安城和洛陽城〔J〕，考古，1978（06）：409～410。

「北門之東」、「十字街東之南」等方位名詞跟這十六個區塊有一一對應的關係，「西南隅」即位於整個里坊之西南角，其規模約占全坊面積的 1/16（圖 2.1）。《長安志》記載青龍坊南北 350 步，東西 650 步〔註23〕。以坊中大十字街寬 30 步，小十字街寬 15 步計〔註24〕，日嚴寺的面積大約是南北 72.5 步，東西 147.5 步。依照隋代一步六尺，一尺 0.273 米進行換算〔註25〕，則日嚴寺南北約 119 米，東西約 242 米，基址面積約爲 2.88 公頃，整個用地東西長南北窄，長寬比約爲 2:1（圖 2.2）。從道宣《集神州三寶感通錄》卷上的描述看，日嚴寺有塔，塔下埋有舍利，該舍利取自南朝建康之長干寺（位於今江蘇省南京市）。道宣曰：「余本住京師曲池日嚴寺，寺即隋煬所造。……京寺有塔未安舍利，乃發長干寺塔下取之入京，埋於日嚴塔下，施銘於上」。〔註26〕此塔的規模、形制及材質目前無法判斷，但從其下瘞埋長干寺之舍利推測，日嚴塔在寺中佔有比較重要的地位，其方位可能位於寺院中軸線的前端。日嚴寺中另有一瑞石影像，「其像八楞，紫石英色，高八寸徑五寸」，〔註27〕南朝梁武帝太清年間由西域僧人帶入漢地，起初安放在廬山西林寺，後被隋煬帝搜尋得到，置於日嚴寺中令專人看管〔註28〕。該像體量較小，平日收納存放，所以與一般佛寺中的佛像性質不同。因爲沒有更多關於日嚴寺中佛像的記載，在現有條件下無法推測寺內是否建有佛殿，但至少有一處專門用來存放貴重物體的配房，其方位不詳。除此之外，道宣《續高僧傳》卷九《隋東都內慧

〔註23〕「朱雀街……次東三坊東西各六百五十步，……皇城之南九坊南北各二（三）百五十步。」引自（宋）宋敏求，長安志，卷七，清文淵閣四庫全書本：8。

〔註24〕 王貴祥，中國古代城市與建築基址規模研究，北京：中國建築工業出版社，2008.06：45。

〔註25〕 王貴祥，中國古代城市與建築基址規模研究，北京：中國建築工業出版社，2008.06：43。

〔註26〕（唐）道宣，集神州三寶感通錄，卷上//大正新修大藏經，第 52 卷，史傳部，四，河北：河北省佛教協會，2009：405～406。

〔註27〕（唐）道宣，集神州三寶感通錄，卷上//大正新修大藏經，第 52 卷，史傳部，四，河北：河北省佛教協會，2009：421。

〔註28〕「昔梁武太清年中，有西域僧將來，會侯景作亂，遂安江州廬山西林寺像頂上。隋開皇十年煬帝鎮於揚越，廣搜英異，江表文記悉總收集，乃於雜記中得影像傳。即令舍人王延壽往寺推覓，得之。自任晉蕃已來每有行往。常以烏漆函盛之，令人馬上捧而前行。後登儲貳，乃送曲池日嚴寺，有令當寺看記封鎖，勿令外人見之。」參見（唐）道宣，集神州三寶感通錄，卷上//大正新修大藏經，第 52 卷，史傳部，四，河北：河北省佛教協會，2009：421。

日道場釋法澄傳》記載法澄曾於日嚴寺中講《智論》〔註29〕，由此判斷寺內應有講堂的設置。同時，日嚴寺中還應建有僧房（圖2.3）。

圖2.1 《長安志》記錄坊內方位的圖解

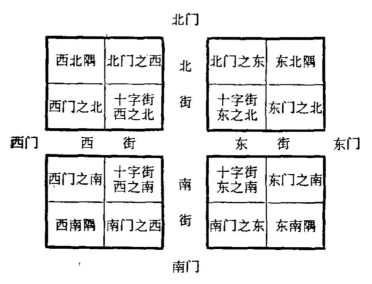

資料來源：宿白，隋唐長安城和洛陽城〔J〕，考古，1978（06）：410。

圖2.2 日嚴寺在青龍坊中位置及尺寸示意圖

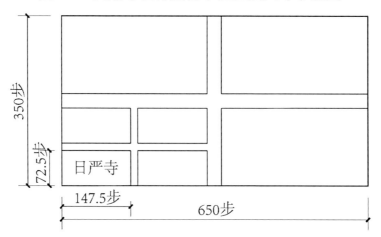

資料來源：作者自繪

<hr />

〔註29〕 《續高僧傳》卷九《隋東都內慧日道場釋法澄傳》記曰：「仁壽三年，奉令關壤居于日嚴……披講智論聲望彌重。」引自（唐）道宣，續高僧傳，卷第九，隋東都內慧日道場釋法澄傳//大正新修大藏經，第50卷，史傳部，二，河北：河北省佛教協會，2009：499。

圖 2.3　日嚴寺已知殿堂配置示意圖

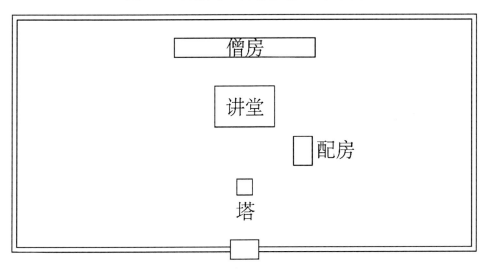

資料來源：作者自繪

　　作爲以王子爲檀越的大興城著名寺院，日嚴寺另有一獨特之處——寺內的僧人多是自南方而來的學問僧。根據現有研究，在隋文帝仁壽初年，日嚴寺內可被稱爲「四海宗師，一時翹楚」〔註 30〕的高僧大德共有四十餘人，其中三十餘人都是被「煬帝所欽」〔註 31〕而請住日嚴寺的。《續高僧傳》等文獻資料證明日嚴寺中有法澄、道莊、智脫、法論、吉藏、法侃等十二位由楊廣徵請入京的江南僧人，均以義學爲專長，聲名遠播。有學者認爲，日嚴寺的建造和南僧的聚集，標誌著中國佛教發展史上南北朝時代的結束〔註 32〕。與此同時，因其家族出自南朝，並且青年時代曾在南朝高僧雲集的日嚴寺進行過長時間修行，道宣的佛學思想中蘊含了深厚的南朝情節。〔註 33〕

〔註 30〕　（唐）道宣，續高僧傳，卷第十一，隋西京日嚴道場釋辯義傳//大正新修大藏經，第 50 卷，史傳部，二，河北：河北省佛教協會，2009：510。

〔註 31〕　（唐）道宣，續高僧傳，卷第十一，隋西京日嚴道場釋辯義傳//大正新修大藏經，第 50 卷，史傳部，二，河北：河北省佛教協會，2009：510。

〔註 32〕　王亞榮，日嚴寺考——兼論隋代南方佛教義學的北傳//王亞榮，長安佛教史論，北京：宗教文化出版社，2005.08：170。

〔註 33〕　陳懷宇，從罽賓到江南——道宣佛學之淵源//陳懷宇，北京大學宗教學文庫　景風梵聲，中古宗教之諸相，北京：宗教文化出版社，2012.11：255。

　　唐高祖武德七年（624）日嚴寺被廢，道宣師徒十餘人被安排至唐長安城長壽坊崇義寺。據《長安志》記載：「長壽坊……街西之北崇義寺，本隋延壽公於詮宅。武德二年（619）桂陽公主爲駙馬都尉趙慈景所立」。〔註34〕《唐會要》稱崇義寺立寺時間爲武德三年（620）〔註35〕，時間略有偏差，但其建寺緣由各史料所記均相同，當無異議。崇義寺位於長壽坊十字街西之北，其面積約占全坊面積的 1/16。長壽坊與上述青龍坊規模相當，同爲南北 350 步，東西 650 步，由此判斷，崇義寺基址規模也應與日嚴寺大略相仿，即南北 72.5 步，東西 147.5 步（圖 2.4）。關於崇義寺內建築布局道宣《集神州三寶感通錄》卷上中略有描述，道宣記曰：「至武德七年日嚴寺廢，僧徒散配房宇官收，惟舍利塔無人守護……余師徒十人配住崇義，乃發掘塔下得舍利三枚……乃將至崇義寺佛堂西南塔下」。〔註36〕這段文字提供了兩個重要信息：首先，日嚴寺被廢之後，上文提到的日嚴塔下從江南長干寺取來的舍利被道宣師徒掘出並埋至崇義寺；其次，崇義寺中有塔，且該塔的方位在佛堂之西南。崇義寺位於長壽坊十字街西之北，其寺門很有可能面對東西向橫街設置，寺院方位坐北朝南。崇義寺佛堂西南方向有佛塔，表明塔在佛堂前方，但並非位於中軸線之上。從對稱性考慮，佛堂之東南方與塔相對應的位置也應有一建築物，但此處是否亦是一佛塔從而形成雙塔的配置目前尚不得而知。從崇義寺本爲隋代延壽公於詮宅邸的歷史信息判斷，該寺佛塔建造在佛堂前一側而非正前方可能是受到了其原有住宅格局的制約（圖 2.5）。道宣在崇義寺中一共生活了兩年，但其於貞觀年間所出之《四分律刪繁補闕行事鈔》和《四分律刪補隨機羯磨》均署名「京兆崇義寺沙門（釋）道宣」〔註37〕，概因其時道宣僧籍尚屬崇義寺之故。

〔註34〕（宋）宋敏求，長安志，卷十，唐京城四，清文淵閣四庫全書本：10。

〔註35〕「崇義寺，長壽坊。本隋延陵公於銓宅，武德三年桂陽公主爲駙馬趙慈景所立。」（宋）王溥，唐會要，卷四十八，英殿聚珍版叢書本：4。

〔註36〕（唐）道宣，集神州三寶感通錄，卷上//大正新修大藏經，第 52 卷，史傳部，四，河北：河北省佛教協會，2009：406。

〔註37〕參見：（唐）道宣，四分律刪繁補闕行事鈔//大正新修大藏經，第 40 卷，律疏部‧論疏部，一，河北：河北省佛教協會，2009：1，以及（唐）道宣，四分律刪補隨機羯磨//大正新修大藏經，第 40 卷，律疏部‧論疏部，一，河北：河北省佛教協會，2009：492。

圖 2.4　崇義寺在長壽坊中位置及尺寸示意圖

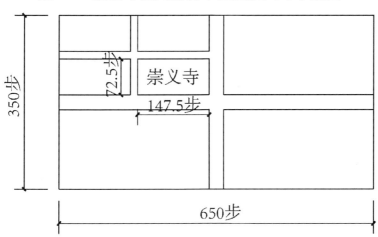

資料來源：作者自繪

圖 2.5　崇義寺已知殿堂配置示意圖

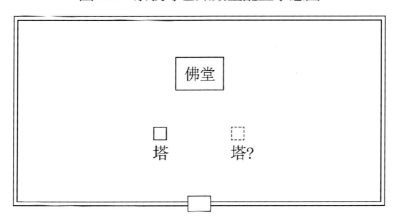

資料來源：作者自繪

　　唐武德九年（626）唐高祖沙汰僧尼，三十一歲的道宣隱居終南山豐德寺。豐德寺，位於今天陝西省西安市城南灃峪口的東山坡上，始建年代不詳。根據道宣《續高僧傳》卷十九《唐終南山豐德寺釋智藏傳》的記載，豐德寺之名乃隋文帝御賜，其寺址即智藏和尚於終南山豐谷東阜的隱居之所〔註38〕。

〔註38〕道宣《續高僧傳》卷十八《唐終南山豐德寺釋智藏傳》記曰：「開皇三年，乃卜終南豐谷之東阜，以爲終世之所也……後文帝勅左衛大將軍晉王廣，就山引見……乃遣內史舍人虞世基……仍詔所住爲豐德寺焉」。引自（唐）道宣，續高僧傳，卷第十八，唐終南山豐德寺釋智藏傳//大正新修大藏經，第 50 卷，史傳部，二，河北：河北省佛教協會，2009：586。

智藏於開皇二年（583）到達終南山，因此豐德寺的創建年代當在此之前。豐德寺今為尼寺，寺宇依山而立，寺內現有山門、彌勒殿、大雄寶殿、祖師殿、雲來殿等建築，均為 20 世紀 80～90 年代新建（圖 2.6）。該寺院南有一舍利塔群，共五座，皆是覆缽式石塔，塔身殘損嚴重，其中一塔帶有題記，為明永樂年間所立之止舟大乘山獨空通禪師塔（圖 2.7）。舍利塔處有一條小路通往豐德寺後山，據寺尼介紹，山頂為道宣所築戒壇之遺址。筆者於 2015 年 5 月前往探訪，山路崎嶇，山頂處雜草叢生，並無任何建築物遺存，但從雜草之間可依稀辨認出三級土臺，臺面平整，顯然經過人為整修（圖 2.8）。三級土臺的形制與道宣《四分律刪繁補闕行事鈔》中所繪戒場頗為相似（圖 2.9），如若確為戒場，則戒壇當建在最高一級土臺之上。道宣在豐德寺居住一年，即開始了長達十餘年的雲遊生活，後又於唐太宗貞觀二十年（646）重回豐德寺，在此寫下大量傳世作品，至唐高宗永徽二年（651）再次啓程雲遊時，道宣在豐德寺中共度過六載光陰。

圖 2.6　豐德寺現狀

資料來源：作者自攝

圖 2.7　豐德寺院南的舍利塔群

資料來源：作者自攝

圖 2.8　豐德寺後山山頂的平坦臺面

資料來源：作者自攝

圖 2.9　道宣《四分律刪繁補闕行事鈔》所繪戒場

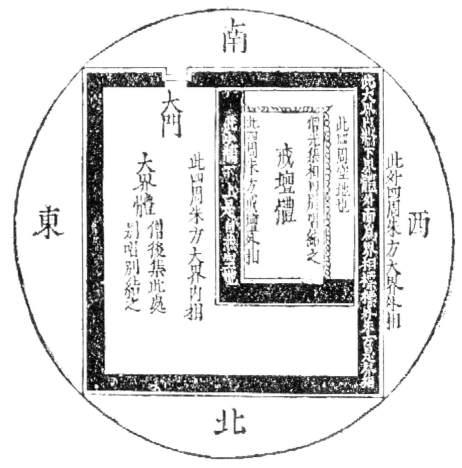

資料來源：（唐）道宣，四分律刪繁補闕行事鈔//大正新修大藏經，第 40 卷，律疏部·論疏部，一，河北：河北省佛教協會，2009：16。

　　唐顯慶三年（658），道宣被召為西明寺上座。西明寺，位於唐長安城延康坊，創建於唐高宗顯慶元年（656），顯慶三年（658）六月工畢，《大慈恩寺三藏法師傳》記載該寺「其寺面三百五十步……凡有十院，屋四千餘間」〔註39〕。延康坊地處長安城朱雀大街以西，其基址規模南北 350 步，東西 650 步。從上述記載判斷，西明寺的面積佔據了延康坊的四分之一，其南北方向的寬度

大致爲 160 步〔註 40〕。西明寺共有十院，根據目前對唐代寺院結構模式的瞭解，該寺爲多院式布局，現存文獻中可考證出菩提院、永忠法師古院、僧廚院和僧院幾個院落名稱〔註 41〕。從蘇頲所撰《唐長安西明寺塔碑》推測西明寺中有塔，但其形制、規模及在寺院中所處方位目前無法考證。中國社會科學院考古所分別於 1985 年和 1992 年兩次對西明寺遺址進行發掘，發掘出了該寺最東面一組建築基址的局部，是一個排列有南、中、北三座殿堂的主要院落及其西南和東南側附屬院落的院落組合，除此部分外的其他區域情況不明。關於西明寺的考古發掘情況後文將進行詳細論述，此處不再展開（圖 2.10、圖 2.11）。在這裡需要指出的是，日本僧人道慈曾在西明寺留學，日本聖武天皇天平九年（727）興建大安寺時道慈將其在中國時繪出的西明寺圖紙上進，大安寺即依據此圖進行建造〔註 42〕。更重要的是，日本承和二年（835）的《宗祖弘法大師御遺告》中有：「中天竺舍衛國祇園精舍，以兜率天宮爲規模焉，大唐西明寺以彼祇園精舍爲規模焉，本朝大安寺以彼西明寺爲規模焉」〔註 43〕的說法。此段文字裏的祇園精舍即本文研究對象之一的《中天竺舍衛國祇洹寺圖經》的敘述主體，道宣曾爲西明寺上座，又撰寫了《祇洹寺圖經》，那麼道宣圖經中的祇洹寺，與他曾駐錫過的西明寺以及日本大安寺之間的淵源也就成爲了一個值得探究的問題。日本的考古工作者經過多次調查和發掘，已經大致釐清了大安寺的建築布局（圖 2.12），與此同時奈良法隆寺中亦收藏了一幅據說是西明寺圖的建築平面圖紙（圖 2.13），這兩份資料與西明寺的考古發掘一起構成了解開這個謎團的關鍵線索，關於這一部分內容筆者將另文詳述。道宣於顯慶三年（658）出任西明寺上座，麟德元年（664）離開，共在此生活六年。

〔註 40〕 以大十字街寬 30 步計。

〔註 41〕 安家瑤，唐長安西明寺遺址的考古發現.//榮新江，唐研究，第 6 卷，北京：北京大學出版社，2000.12：341。

〔註 42〕 「聖武天皇天平九年（727），帝將新大官寺，下詔覓伽藍制式，時無知者。道慈奏曰：'臣僧在中華時，見西明寺，私念異日歸國，苟逢盛緣，當以此爲則，寫諸堂之規，襲藏巾笥。今陛下聖問，實臣僧之先抱也。以圖上進。……歷十四年而成。」佛書刊行會撰，大日本佛教全書：本朝高僧傳第二，第一百零三冊，佛書刊行會。

〔註 43〕 （日）空海，宗祖弘法大師御遺告.//大安寺編輯委員會，大安寺史‧史料，1984：5。

圖 2.10 西明寺遺址發掘範圍圖

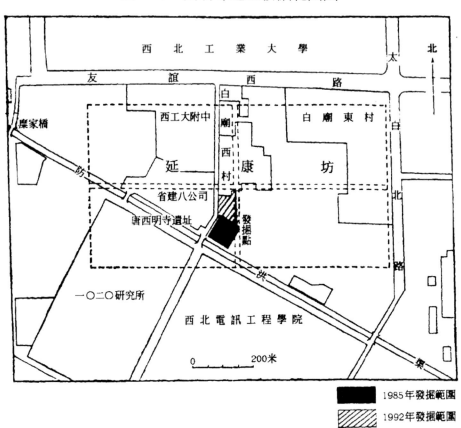

資料來源：安家瑤，唐長安西明寺遺址的考古發現//榮新江，唐研究，第 6 卷，北京：北京大學出版社，2000.12：348。

圖 2.11　西明寺遺址已發掘部分平面圖

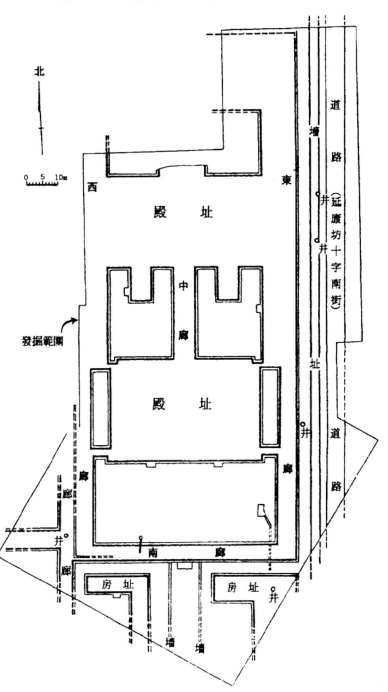

資料來源：安家瑤，唐長安西明寺遺址的考古發現//榮新江，唐研究，
第 6 卷，北京：北京大學出版社，2000.12：350。

圖 2.12 奈良大安寺平面圖

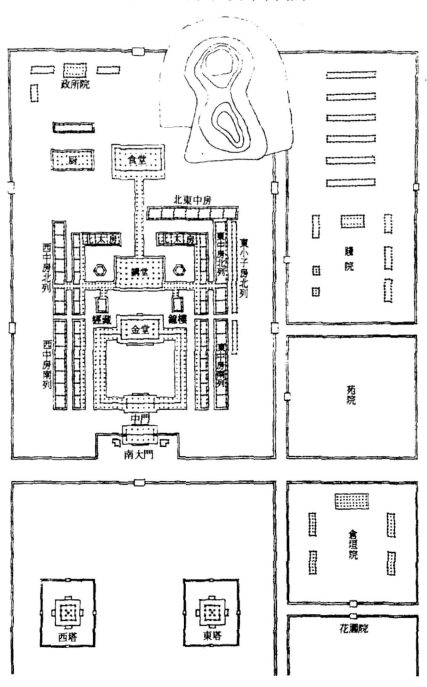

資料來源：安家瑤，唐長安西明寺遺址的考古發現//榮新江，唐研究，
第 6 卷，北京：北京大學出版社，2000.12：351。

圖 2.13　法隆寺所藏西明寺圖

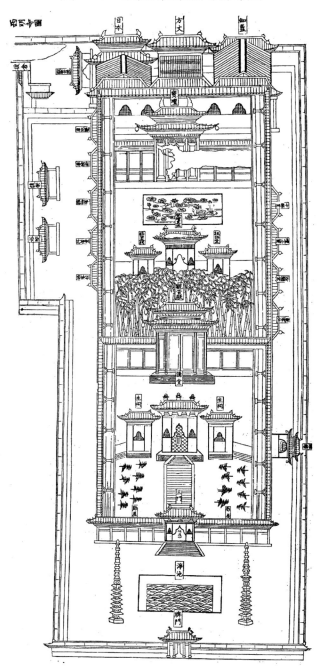

資料來源：Wang Xiang, Reconstructing Ximing monastery：history, imagination and scholarship in medieval Chinese Buddhism, Stanford University. 2012：226.

　　唐高宗麟德元年（664），道宣以八十九歲高齡來到位於終南山北、澧福二水之陰的清官鄉淨業寺定居。淨業寺，創建年代不詳，寺址位於今天陝西省西安市終南山北麓之鳳凰山上。該寺踞處山腰，坐北朝南，寺內現有山門、天王殿、大雄寶殿、客堂、禪堂、戒壇等建築，均爲近年來新建（圖2.14）。寺中有七座磚製舍利塔，三座清代所建，其餘四座是近現代所修，山嶺之上有道宣律師舍利塔一座，建造年代不詳。寺內現存年代最早之文物是明天順年間（1457～1464）所刻的《唐道宣律師遺跡碑》，碑文內容爲道宣生平事蹟。因史料的缺乏歷史上淨業寺的建築布局目前無法得知。淨業寺位於豐德寺南側，其寺後有通往豐德寺的山路，長度約一公里餘，因文獻資料中並無道宣在豐德寺設立戒壇的記載，故此筆者推測豐德寺山頂的戒壇遺址可能即爲乾封二年（667）道宣創立關中戒壇的所在之處。自麟德元年（664）到達淨業寺至乾封二年（667）坐化歸西，道宣在此度過了人生最後的三年時光。

圖2.14　淨業寺現狀

資料來源：作者自攝

此外，根據景霄《四分律行事鈔簡正記》的記載，道宣圓寂第二年，豐德寺寺主僧正倫依西國之法荼毗得舍利，分別於豐德寺、安豐坊和靈感寺各立塔一所〔註44〕。此靈感寺位於今天陝西省西安市長安區五星鄉，是西安社會福利院所在地。宋敏求《長安志》記曰「大寧寺在縣西南五十里江留寺，唐靈感寺也。景龍二年（708）建，皇朝太平興國三年（978）改」〔註45〕。元代駱天驤《類編長安志》則稱「靈感寺在長安縣御宿川灃河東岸江留村，唐宣律師修行持律處，有淨土壇，開四門八窗，景龍中建，殿閣皆存。宋改爲大寧寺」〔註46〕。另外，還有雍正《陝西通志》云「靈感寺，唐宣律師修行處有淨土壇，景龍中建。（賈志）本永興王府中家佛堂，原爲西明寺，貞觀末改今名。（本寺碑記）明萬曆年三次重修寶塔（縣志）」〔註47〕。由以上史料大致可知，靈感寺，始建年代不詳，原名西明寺，貞觀末年更名。道宣曾在此修行，唐乾封三年（668）寺內立道宣律師舍利塔，景龍（707～710）中於道宣修行處建淨土壇，〔註48〕因此，這座寺院也是道宣的駐錫地之一。元照《芝園遺編》記載道宣著有「《終南山靈感傳》二卷，乾封二年於靈感寺撰。見行。」〔註49〕由此判斷道宣在其晚年曾駐錫於此。因靈感寺與淨業寺相距僅六公里，故而道宣在麟德元年（664）定居淨業寺後很可能是在淨業寺和靈感寺輪流居住的。因文獻資料的缺乏，靈感寺原有布局並不可考。今日之靈感寺僅餘用作會議室的大殿一座，大殿外牆中砌有兩方寺碑，字跡已湮沒不清矣。

2.1.3　道宣著作中的寺院及建築

作爲著作等身的律學大師和佛教史學家，道宣的著作中也有部分關於寺

〔註44〕　「初定於擅谷，至三年，敕問所右。時有豐德寺寺主僧正倫，具事奏聞，請依西國法。荼毗得舍利。立塔三所，一在豐德寺，一在安豐坊，一在靈感寺。」引自（後唐）景霄，四分律行事鈔簡正記，卷第二，釋鈔題目一十一字//續藏經，第壹輯，第六十八套，第一冊，上海：涵芬樓，1923：83。

〔註45〕　（宋）宋敏求，長安志，卷十二，縣二，清文淵閣四庫全書本：12。

〔註46〕　（元）駱天驤，類編長安志，西安：三秦出版社，2006.01：136。

〔註47〕　（清）沈青峰，（雍正）陝西通志，卷二十八，清文淵閣四庫全書本：12。

〔註48〕　因《四分律行事鈔簡正記》明確記載乾封三年靈感寺內曾立有舍利塔一座，且雍正《陝西通志》云該寺貞觀末年改名爲靈感寺，故此寺恐非《長安志》所稱建於唐景龍二年，又元代和清代史料均記載寺內淨土壇爲景龍間建造，因此《長安志》中景龍二年很可能是建立戒壇的時間而非建寺之年。

〔註49〕　（宋）元照，芝園遺編，南山律師撰集錄//續藏經，第 105 冊，中國撰述，戒律宗著述部，臺北：新文豐出版公司，1994：574。

院及建築的信息出現。其中寺院描寫主要集中在《續高僧傳》、《集神州三寶感通錄》及《律相感通傳》裏，另有一部分關於寺院建築規制的陳述體現在《四分律刪繁補闕行事鈔》中。這些內容可能在一定程度上體現了道宣的「建築學」背景，本節試對其做一簡要梳理。

筆者依據日本學者牧田諦亮等編著的《唐高僧傳索引》〔註 50〕統計，道宣《續高僧傳》中共出現寺院約 790 所。其中根據經文內容判斷確實爲道宣親身探訪的寺院有長安弘福寺〔註 51〕、清禪寺〔註 52〕、大禪定寺〔註 53〕、雲花寺〔註 54〕、終南山至相寺〔註 55〕、終南山悟眞寺〔註 56〕、汴州惠福寺〔註 57〕、嵩山少林寺〔註 58〕、相州慈潤寺〔註 59〕、相州鼓山石窟寺〔註 60〕、鄧州寧國寺〔註 61〕、五臺山佛光寺〔註 62〕、并州玄中寺〔註 63〕、益州謝鎭寺〔註 64〕、

〔註 50〕 （日）牧田諦亮，諏訪義純，續高僧傳索引，上海：上海書店出版社，1989.10。
〔註 51〕 （唐）道宣，續高僧傳，卷十五，唐京師弘福寺釋僧辯傳//大正新修大藏經，第 50 卷，史傳部，二，河北：河北省佛教協會，2009：540。
〔註 52〕 （唐）道宣，續高僧傳，卷十七，隋京師清禪寺釋曇崇傳//大正新修大藏經，第 50 卷，史傳部，二，河北：河北省佛教協會，2009：568。
〔註 53〕 （唐）道宣，續高僧傳，卷十八，隋西京大禪定道場釋靜端傳//大正新修大藏經，第 50 卷，史傳部，二，河北：河北省佛教協會，2009：576～577。
〔註 54〕 （唐）道宣，續高僧傳，卷二十三，隋京師雲花寺釋僧猛傳//大正新修大藏經，第 50 卷，史傳部，二，河北：河北省佛教協會，2009：631。
〔註 55〕 （唐）道宣，續高僧傳，卷十七，隋京師清禪寺釋曇崇傳//大正新修大藏經，第 50 卷，史傳部，二，河北：河北省佛教協會，2009：568。
〔註 56〕 （唐）道宣，續高僧傳，卷二十八，唐終南山悟眞寺釋法誠傳//大正新修大藏經，第 50 卷，史傳部，二，河北：河北省佛教協會，2009：688～689。
〔註 57〕 （唐）道宣，續高僧傳，卷十三，唐汴州慧福寺釋功迴傳//大正新修大藏經，第 50 卷，史傳部，二，河北：河北省佛教協會，2009：528。
〔註 58〕 （唐）道宣，續高僧傳，卷十六，魏嵩嶽少林寺天竺僧佛陀傳//大正新修大藏經，第 50 卷，史傳部，二，河北：河北省佛教協會，2009：551。
〔註 59〕 （唐）道宣，續高僧傳，卷十五，唐相州慈潤寺釋慧休傳//大正新修大藏經，第 50 卷，史傳部，二，河北：河北省佛教協會，2009：544～545。
〔註 60〕 （唐）道宣，續高僧傳，卷二十五，齊鄴下大莊嚴寺釋圓通傳//大正新修大藏經，第 50 卷，史傳部，二，河北：河北省佛教協會，2009：647～649。
〔註 61〕 （唐）道宣，續高僧傳，卷二十五，唐鄧州寧國寺惠祥傳//大正新修大藏經，第 50 卷，史傳部，二，河北：河北省佛教協會，2009：597～598。
〔註 62〕 （唐）道宣，續高僧傳，卷二十六，代州照果寺釋解脫傳//大正新修大藏經，第 50 卷，史傳部，二，河北：河北省佛教協會，2009：603。
〔註 63〕 （唐）道宣，續高僧傳，卷二十，唐并州玄中寺釋道綽傳//大正新修大藏經，第 50 卷，史傳部，二，河北：河北省佛教協會，2009：593～594。
〔註 64〕 （唐）道宣，續高僧傳，卷九，周益州謝鎭寺釋寶海傳//大正新修大藏經，第 50 卷，史傳部，二，河北：河北省佛教協會，2009：492。

益州空慧寺〔註 65〕、益州淨惠寺〔註 66〕、荊州等界寺〔註 67〕、襄陽景空寺〔註 68〕、廬山大林寺〔註 69〕、天台山國清寺〔註 70〕、牛頭山佛窟寺〔註 71〕、蘄州雙峰山東山寺〔註 72〕、林慮山洪谷寺〔註 73〕、龍山雲門寺〔註 74〕、潞州法住寺〔註 75〕等。另有許多道宣本人未曾得見的寺院，但根據間接材料對寺院布局進行了詳細描寫，如北魏洛陽永寧寺〔註 76〕、鍾山大愛敬寺〔註 77〕、大智度寺〔註 78〕、同泰寺〔註 79〕、鍾山開善寺〔註 80〕、荊州上

〔註 65〕 （唐）道宣，續高僧傳，卷二十，唐益州空慧寺釋慧熙傳//大正新修大藏經，第 50 卷，史傳部，二，河北：河北省佛教協會，2009：594～595。

〔註 66〕 （唐）道宣，續高僧傳，卷二十五，益州淨惠寺釋惠寬傳//大正新修大藏經，第 50 卷，史傳部，二，河北：河北省佛教協會，2009：600～601。

〔註 67〕 （唐）道宣，續高僧傳，卷九，隋荊州等界寺釋法安傳//大正新修大藏經，第 50 卷，史傳部，二，河北：河北省佛教協會，2009：493。

〔註 68〕 （唐）道宣，續高僧傳，卷十六，後梁南雍州襄陽景空寺釋法聰傳//大正新修大藏經，第 50 卷，史傳部，二，河北：河北省佛教協會，2009：555～556。

〔註 69〕 （唐）道宣，續高僧傳，卷十七，隋九江廬山大林寺釋智鍇傳//大正新修大藏經，第 50 卷，史傳部，二，河北：河北省佛教協會，2009：570。

〔註 70〕 （唐）道宣，續高僧傳，卷十九，唐天台山國清寺釋普明傳//大正新修大藏經，第 50 卷，史傳部，二，河北：河北省佛教協會，2009：586。

〔註 71〕 （唐）道宣，續高僧傳，卷二十六，潤州牛頭沙門釋法融傳//大正新修大藏經，第 50 卷，史傳部，二，河北：河北省佛教協會，2009：603～605。

〔註 72〕 （唐）道宣，續高僧傳，卷二十六，蘄州雙峯山釋道信傳//大正新修大藏經，第 50 卷，史傳部，二，河北：河北省佛教協會，2009：606。

〔註 73〕 （唐）道宣，續高僧傳，卷十六，齊林慮山洪谷寺釋僧達傳//大正新修大藏經，第 50 卷，史傳部，二，河北：河北省佛教協會，2009：552～553。

〔註 74〕 （唐）道宣，續高僧傳，卷十六，齊鄴西龍山雲門寺釋僧稠傳//大正新修大藏經，第 50 卷，史傳部，二，河北：河北省佛教協會，2009：553～555。

〔註 75〕 （唐）道宣，續高僧傳，卷二十，唐潞州法住寺釋曇榮傳//大正新修大藏經，第 50 卷，史傳部，二，河北：河北省佛教協會，2009：589～590。

〔註 76〕 （唐）道宣，續高僧傳，卷一，魏南臺永寧寺北天竺沙門菩提流支傳//大正新修大藏經，第 50 卷，史傳部，二，河北：河北省佛教協會，2009：428～429。

〔註 77〕 （唐）道宣，續高僧傳，卷一，梁揚都莊嚴寺金陵沙門釋寶唱傳//大正新修大藏經，第 50 卷，史傳部，二，河北：河北省佛教協會，2009：426～427。

〔註 78〕 （唐）道宣，續高僧傳，卷一，梁揚都莊嚴寺金陵沙門釋寶唱傳//大正新修大藏經，第 50 卷，史傳部，二，河北：河北省佛教協會，2009：426～427。

〔註 79〕 （唐）道宣，續高僧傳，卷一，梁揚都莊嚴寺金陵沙門釋寶唱傳//大正新修大藏經，第 50 卷，史傳部，二，河北：河北省佛教協會，2009：426～427。及（唐）道宣，集神州三寶感通錄，卷中//大正新修大藏經，第 52 卷，史傳部，四，河北：河北省佛教協會，2009：416。

〔註 80〕 （唐）道宣，續高僧傳，卷五，梁鍾山開善寺沙門釋智藏傳//大正新修大藏經，第 50 卷，史傳部，二，河北：河北省佛教協會，2009：465～467。

明東寺〔註81〕、荊州長沙寺〔註82〕、同州大興國寺〔註83〕等（圖2.15～2.20）。
這些寺院所處年代從南北朝至初唐，地理位置跨越大江南北，從洛鄴直抵巴
蜀，其形制和布局是道宣所瞭解的，它們是道宣心中理想寺院資料來源的一
個組成部分。

　　道宣筆下的建築還體現在其律學作品中。道宣《四分律刪繁補闕行事鈔》
卷下《僧像致敬篇第二十（造立像寺法附）》對《四分律》中造塔、造寺的
要義進行了闡述，可被視爲是從律學角度對寺、塔建造做出的規定。在這一
章節裏，道宣首先明確了塔和支提的區別，即「有舍利名塔，無者名支提」
〔註84〕。接著，他概括了《四分律》中對塔之形象、材料和裝飾的敘述。根
據《四分律》的經文，塔的平面形式有三種，分別爲方形、圓形和八角形。
其用材可爲石、磚坯或木材，其上塗抹黑泥、石灰或白土。塔基四邊設立欄
楯，欄楯之上安放香花用作供養，同時還可懸掛幡蓋作爲裝飾。除此之外，
爲了防止露天條件下供養品受到污染，在塔的四周應建造建築物將其覆蓋
〔註85〕。可以看出，此處的塔並非漢地佛塔的形式，而是塔的印度原型——
窣堵波。道宣又引用《摩訶僧祇律》對塔所在位置進行了說明。道宣轉引曰，
在建造寺院時，首先應對塔的位置進行規劃。塔不能建造在寺院的南邊或西

〔註81〕　（唐）道宣，續高僧傳，卷九，隋荊州龍泉寺釋羅雲傳//大正新修大藏經，第
　　　　　50卷，史傳部，二，河北：河北省佛教協會，2009：493.及（唐）道宣，律
　　　　　相感通傳//大正新修大藏經，第45卷，諸宗部，二，河北：河北省佛教協會，
　　　　　2009：875。

〔註82〕　（唐）道宣，續高僧傳，卷十六，後梁荊州長沙寺釋法京傳//大正新修大藏經，
　　　　　第50卷，史傳部，二，河北：河北省佛教協會，2009：556～557.及（唐）
　　　　　道宣，集神州三寶感通錄，卷中//大正新修大藏經，第52卷，史傳部，四，
　　　　　河北：河北省佛教協會，2009：416，又及（唐）道宣，律相感通傳//大正新
　　　　　修大藏經，第45卷，諸宗部，二，，河北：河北省佛教協會，2009：879。

〔註83〕　（唐）道宣，續高僧傳，卷二十六，隋京師大興善寺釋道密傳//大正新修大藏
　　　　　經，第50卷，史傳部，二，河北：河北省佛教協會，2009：667～668。

〔註84〕　（唐）道宣，四分律刪繁補闕行事鈔，卷下，僧像致敬篇第二十（造立像寺
　　　　　法附）//大正新修大藏經，第40卷，律疏部·論疏部，一，河北：河北省佛教
　　　　　協會，2009：133。

〔註85〕　「《四分》若起塔者，應四方、若圓、若八角。以石、墼、木作，已用黑泥乃
　　　　　至石灰白土等。應安基四邊作闌楯，安香華著上。聽安懸幡蓋物不得上塔、
　　　　　上闌楯上……若塔露地供養具雨漬風飄鳥鳥不淨者，作種種舍覆之。」引自
　　　　　（唐）道宣，四分律刪繁補闕行事鈔，卷下，僧像致敬篇第二十（造立像寺
　　　　　法附）//大正新修大藏經，第40卷，律疏部·論疏部，一，河北：河北省佛
　　　　　教協會，2009：134。

邊，而應位於寺院的東邊或者北邊。這是因爲印度多爲東北風，其佛寺大門皆朝東開，佛塔和廟宇都是東向，西南方是廚、廁的位置，不能造塔。道宣在此特意指出，中國尚南爲正陽，所以不需要遵循這條法則〔註86〕。儘管如此，道宣依然認爲必須對寺院進行規劃，寺院中的殿堂用地和僧眾用地應提前界定，不得相互侵犯。至於造寺的方法，道宣稱北齊靈裕法師寫作有《寺誥》十篇，是造寺方法集大成之作品，《寺誥》中繪有祇洹寺的圖樣，但凡建造寺院者，都應以此作爲參照標準。根據《寺誥》所述，建造寺院應選擇合適的場所，需要避開容易引起他人譏諷或干擾的地方，如尼寺、市場及官府等等。寺院中的佛殿和經坊應以清淡素淨爲主，僧院、廚房和倉庫等輔助建築則需注重實用性，這樣一來，寺院即可長期使用而無需擔憂日後的損壞。道宣認爲，在他所處的末法時代，所謂的寺院只是一些能夠使用的房子，即使在其中行羯磨之法，其寺院建築卻沒有可以令人認知的儀式或表相。然而《寺誥》中的祇洹寺卻不是這樣，在祇洹寺圖中，但凡建造房屋，無論是用木材、石材或者泥土都有所表，世人和天人就可由此知道佛門的一切都是有法可依的〔註87〕。由此可見，寺院和佛塔的建造也是佛教戒律的重要方面之一，從《四分律刪繁補闕行事鈔》中可以看出，道宣認爲，寺塔的建設最重要的是對其選址、方位和建築物的形象進行預先規劃，並使其建築在一定程度上能對佛教的法度做出適當表達。

〔註86〕 「《僧祇》，塔事者，起僧伽藍時，先規度好地，作塔處。其塔不得在南、在西、應在東、在北（中國伽藍門皆東向故，佛塔廟宇皆向東開。乃至廚廁，亦在西南。由彼國東北風多故。神州尚西爲正陽。不必依中土法也）。」引自（唐）道宣，四分律刪繁補闕行事鈔，卷下，僧像致敬篇第二十（造立像寺法附）//大正新修大藏經，第 40 卷，律疏部·論疏部，一，河北：河北省佛教協會，2009：134。

〔註87〕 「有盛德法師，造寺誥十篇。具明造寺方法。祇桓圖樣，隨有所造，必準正教。並護持匡眾，僧網綱要等。事繁不具，略引宗科。造寺一法。謂處所須避譏涉，當離於尼寺，及市傍府側等。佛殿經坊，極令清素。僧院廚倉，趣得充事。如此則後無所壞。今時末法造寺，唯有處所，事得受用。亦有用羯磨法者。而限外無儀式表相，令人知者故。祇桓圖中，凡立木石土宇，並有所表。令人天識相，知釋門多法。」引自（唐）道宣，四分律刪繁補闕行事鈔，卷下，僧像致敬篇第二十（造立像寺法附）//大正新修大藏經，第 40 卷，律疏部·論疏部，一，河北：河北省佛教協會，2009：134。

圖 2.15　大愛敬寺平面復原示意圖

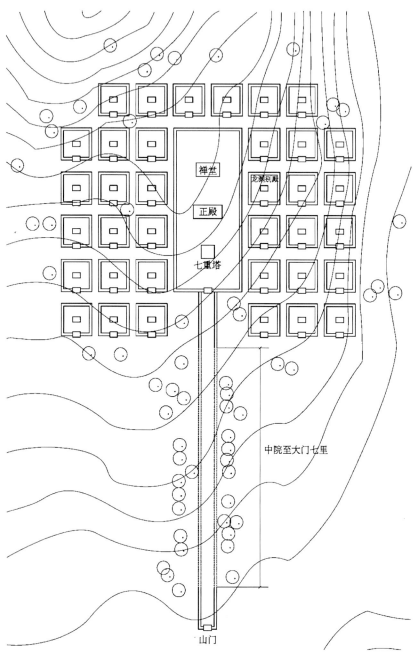

禪堂

正殿

龙淵別殿

七重塔

中院至大門七里

山門

資料來源：楊澍，《續高僧傳》中建康及荊州幾所佛寺的平面布局//
　　　　　王貴祥，賀從容，李菁，中國建築史論匯刊・第十四輯，
　　　　　北京：中國建築工業出版社，2017：267。

圖 2.16　大智度寺平面復原示意圖

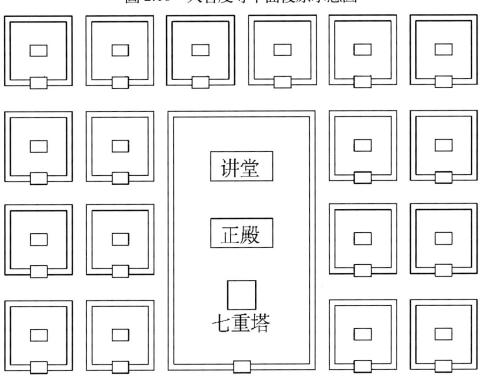

讲堂

正殿

七重塔

資料來源：楊澍，《續高僧傳》中建康及荊州幾所佛寺的平面布局//王貴祥，賀從容，李菁，中國建築史論匯刊・第十四輯，北京：中國建築工業出版社，2017：269。

圖 2.17 同泰寺平面復原示意圖

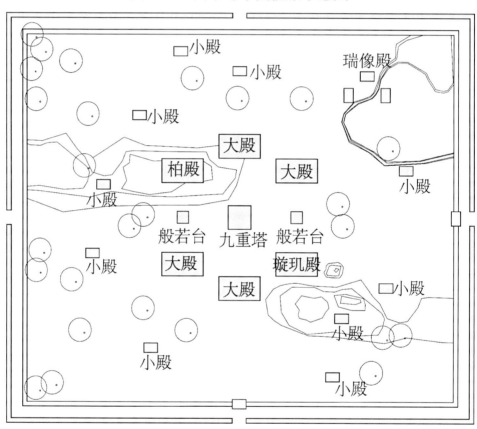

資料來源：楊澍，《續高僧傳》中建康及荊州幾所佛寺的平面布局//王貴祥，賀從
　　　　容，李菁，中國建築史論匯刊‧第十四輯，北京：中國建築工業出版
　　　　社，2017：272。

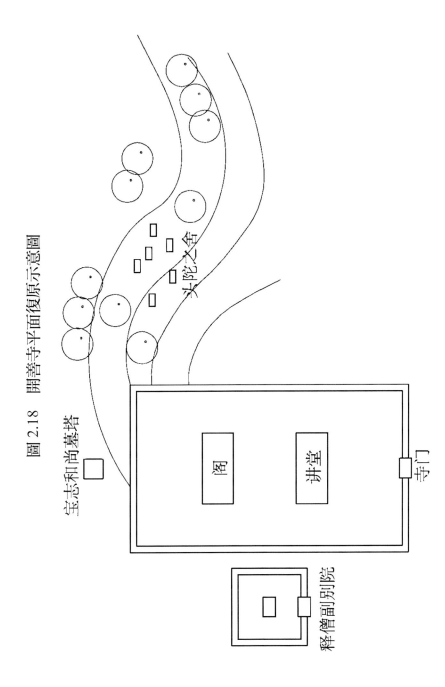

圖 2.18　開善寺平面復原示意圖

資料來源：楊澍，《續高僧傳》中建康及荊州幾所佛寺的平面布局//王貴祥，賀從容，李菁，中國建築史論匯刊·第十四輯，北京：中國建築工業出版社，2017：275。

圖 2.19　上明東寺平面復原示意圖

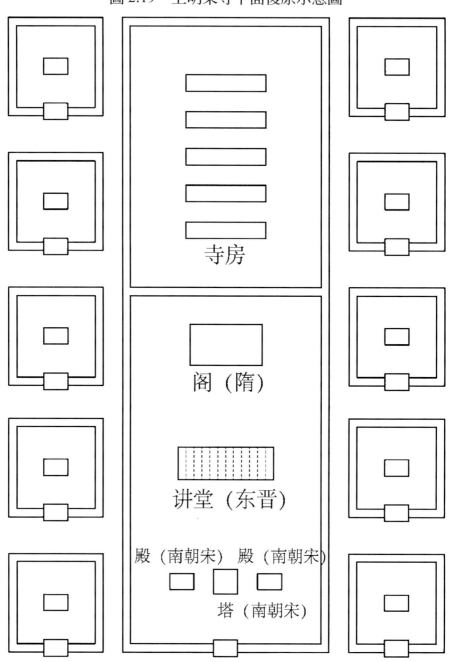

寺房

阁（隋）

讲堂（东晋）

殿（南朝宋）　殿（南朝宋）

塔（南朝宋）

資料來源：楊澍，《續高僧傳》中建康及荊州幾所佛寺的平面布局//王貴祥，
　　　　　賀從容，李菁，中國建築史論匯刊‧第十四輯，北京：中國建築
　　　　　工業出版社，2017：277。

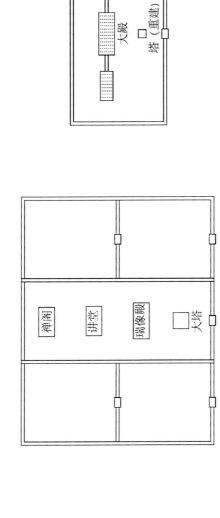

圖 2.20 長沙寺平面復原示意圖

資料來源：楊澍，《續高僧傳》中建康及荊州幾所佛寺的平面布局//王貴祥，賀從容，李菁，中國建築史論匯刊·第十四輯，北京：中國建築工業出版社，2017：280。

2.2　圖經的創作原型：祇園

　　祇園，即祇園精舍，全稱為祇樹給孤獨園。在道宣的兩本圖經中，祇園又被稱作「祇陀之園」、「祇洹寺」、「祇洹」、「祇樹給園」、「祇樹園」、「祇桓」等。為簡便起見，本文統稱其為「祇園」或「祇洹寺」。祇洹寺位於古印度舍衛城南，原為居薩羅國波斯匿王王子祇陀（又作逝多）的花園。相傳當年舍衛城的富商須達多（亦名給孤獨長者）「以金布地」購買祇園並建築精舍，獻給佛陀供其說法。佛陀在此居住二十餘年，現存佛教經典中有相當一部分是在祇園講說的。〔註88〕與此同時，在祇園發生的故事也成為了神話傳說中的常見主題，如須達起精舍的典故就在多部經文中有所體現，舍利弗和牢度又在祇洹寺鬥法的事蹟還出現在敦煌壁畫上。對祇園的考古開始於十九世紀，二十世紀80～90年代日本關西大學聯合印度方面對祇洹寺遺址進行了詳細的考古發掘工作，該寺的寺院布局目前已基本明瞭。本節試圖從文獻資料和考古報告兩方面對祇洹寺的真實面貌做出考察，這一工作有助於對道宣經文中的祇洹寺與現實世界中祇洹寺的關係做出比較和判斷。

2.2.1　經文中的祇園

　　首先需要梳理的是佛教經文中的祇園和祇洹寺。為了瞭解道宣有關祇園知識的來源與背景，這一小節的考察重點是道宣可能涉及到的包含祇園故事的佛經。鑒於暫時並沒有證據表明道宣精通梵語或巴利語，所以印度經文的中譯本和中文經文是目前的主要關注對象，這些經文包括印度經文《十誦律》、《四分律》、《五分律》以及中文經文《賢愚經》，它們均收錄在道宣撰寫的佛學目錄書籍《大唐內典錄》中，並且在道宣的其他著作如《四分律刪繁補闕行事鈔》和《釋迦氏譜》裏也多有引用。

　　《十誦律》，又稱《薩婆多部十誦律》，是印度上座部說一切有部的根本戒律，由後秦罽賓沙門弗若多羅帶入漢地，與譯經家鳩摩羅什在長安共同翻譯。弗若多羅去世後，羅什又與龜茲僧人曇摩流支繼續譯出剩餘經文，共五十八卷。後又有罽賓律師卑摩羅又先至長安再往東晉，重新校對《十誦律》，將其分為六十一卷，此版本流傳至今。《十誦律》在諸律中譯出最早，隋、唐

〔註88〕根據日本學者網干善教（Aboshi Yoshinori）的統計，《大正新修大藏經》中有21%的經文是在祇園解說的，22.8%的條目與舍衛城或祇園精舍有關。Tan Zhihui, Daoxuan's vision of Jetavana : Imagining a utopian monastery in early Tang, The University of Arizona, 2002 : 84.

之前在漢地廣爲流行。該律第三十四卷《八法中臥具法第七》裏講述了祇園的故事，其大意如下：舍衛城給孤獨長者來到王舍城，在一名居士的引薦下見到佛陀。給孤獨向佛自請做優婆塞〔註89〕，並邀請佛陀至舍衛國居住。佛陀說若舍衛國中有僧坊，諸比丘便可前往居之。遂遣舍利弗作爲僧坊師，與給孤獨一起前往竹園精舍。給孤獨和舍利弗一起在竹園精舍考察了講堂、溫室、食堂、作食處、洗浴處、門屋、坐禪處、廁處等地，用作舍衛城精舍的形象參考。爾後給孤獨返回舍衛城，試圖在城外半由旬處尋找一個樹林豐茂、流水清潔，無毒螫蚊虻，既沒有大風也不酷熱而且晝夜安靜的地方。他發現祇陀王子的花園恰好就是這樣一個風貌絕佳的所在，便向王子提出購買請求，最後以將金幣鋪滿花園的價格買下了這個地方。王子也被給孤獨打動，建造門屋獻給佛陀及僧衆。給孤獨又以舍利弗爲師，在祇園中建造十六大重閣並做六十窟屋，這就是著名的祇園精舍。根據以上描述可以大致推斷出《十誦律》中祇洹寺的基本情況，該寺距離舍衛城約半由旬，寺院環境優美，樹林豐茂流水清淨，寺中模仿竹林精舍建造有講堂、溫室、食堂、作食處、洗浴處、門屋、坐禪處和廁處，共有十六座大型的重閣和六十窟屋〔註90〕。

　　《四分律》，又稱《曇無德律》，是印度上座部的曇無德部（或稱法藏部）所傳戒律書，由後秦罽賓僧人佛陀耶舍與涼州沙門竺佛念共同翻譯，共六十卷。全書包含比丘戒 250 條、比丘尼戒 348 條，從身、口、意三方面對僧侶的修行和生活細節做出規定。《四分律》是漢地佛教歷史上影響最大的戒律經典，道宣撰寫的《四分律刪繁補闕行事鈔》就是以《四分律》爲基礎，詳述其根本要義的著作。《四分律》卷第五十《房舍揵度初》中有關於祇園的介紹，其大意爲：舍衛國中有一位居士名叫須達多，因樂善好施，又被稱爲給孤獨食。給孤獨食在王舍城中擁有田產，每年都要從舍衛國來到王舍城進行查看。這一年，佛陀在王舍城，給孤獨食在王舍城一位長者的指引下在迦蘭陀竹園精舍中見到了佛陀，隨即皈依佛法僧，成爲了佛的優婆塞。給孤獨食願供養佛陀九十日的夏安居，佛陀稱須有一清淨無惡獸而且人煙稀少的地方才能坐禪。給孤獨食即從王舍城返回舍衛國，發現祇陀王子的花園正是這樣一處地

〔註89〕　意爲「清信士」、「近善男」。指親近、皈依三寶，接受五戒的在家男居士。亦通稱一切在家的男信衆。蕭振士，中國佛教文化簡明辭典，北京/西安：世界圖書出版公司，2014.03：324。

〔註90〕　（後秦）弗若多羅，鳩摩羅什，十誦律，卷第三十四，八法中臥具法第七//大正新修大藏經，第 23 卷，律部，二，河北：河北省佛教協會，2009：243～244。

勢平坦晝夜清淨並且沒有蟻蛇蠅蜂毒螫的場所，便用以金幣鋪滿花園的價格將其買下，建造了祇園精舍。《四分律》中祇園傳說的細節較爲簡單，沒有關於精舍功能布局和建築物設置的描述〔註91〕。

《五分律》，全稱爲《彌沙塞部和醯五分律》，是印度上座部系統化地部（音譯「彌沙塞部」）所傳戒律書，由南朝劉宋罽賓沙門佛陀什和鉅鹿僧人竺道生等翻譯，共三十卷。全書共包含比丘戒 251 條、比丘尼戒 370 條，因分爲五部分而得名《五分律》。祇園的故事出現在《五分律》卷第二十五《五分律第五分之二臥具法》中，其梗概是：舍衛城有一位長者名須達多，他因借貸給王舍城的人民三十萬金錢，故而每年都受邀至王舍城參加宴請。這一年，須達多在王舍城一位長者的指引下見到了佛陀，佛陀爲其說種種妙法以及苦集滅道，須達多隨受三皈五戒。須達多請佛陀至舍衛城夏安居，佛陀稱需有一清淨處方可前往居住。須達多便請舍利弗與其同往舍衛城經營精舍。當須達多與舍利弗一同來到舍衛城時，他想到城中唯有祇陀太子的花園是花果豐茂流水清淨的理想場所，便用以金幣鋪滿花園的價格將其買下，並以祇陀太子之名命名爲祇園精舍。舍利弗隨後以繩子作爲量度，建造經行處、講堂、溫室、食廚、浴屋以及諸房舍，使其皆即得體又適宜〔註92〕。

以上三本律書中的祇園傳說大同小異，其主體內容均爲給孤獨長者（即須達多）在王舍城見到佛陀並皈依三寶，而後在舍衛城以金布地購買祇陀太子的花園並建立精舍供佛夏安居。其中《五分律》和《十誦律》中記錄了精舍內的建築物名稱，《五分律》記載精舍內有經行處、講堂、溫室、食廚、浴屋以及諸房舍，《十誦律》則稱精舍中爲講堂、溫室、食堂、作食處、洗浴處、門屋、坐禪處和廁處，一共有十六座大型的重閣和六十窟屋，並且其建築物形象以竹林精舍爲參考。不難看出，祇園的傳說頻繁出現在佛教戒律書中，在《四分律》中爲「房舍揵度」條目，《五分律》和《十誦律》裏則爲「臥具法」條目。鑒於戒律書的作用是對僧團制度作出規定，在這裡似乎可以認爲，祇園精舍的故事不僅僅是佛教歷史的重要組成部分，同時也是佛教寺院建設的基本指南與規範。

〔註91〕 （後秦）佛陀耶舍，竺佛念，四分律，卷第五十，房舍揵度初//大正新修大藏經，第 22 卷，律部，一，河北：河北省佛教協會，2009：938～939。

〔註92〕 （宋）佛陀什，竺道生，五分律，卷第二十五，五分律第五分之二臥具法//大正新修大藏經，第 22 卷，律部，一，河北：河北省佛教協會，2009：166～167。

　　除印度經文外，在中文經文《賢愚經》中也有關於祇園的傳說。《賢愚經》共十三卷，劉宋元嘉二十二年成書。該書為劉宋文帝時期（424～453）涼州沙門慧覺、威德等人在于闐國般遮於瑟大會上聽各宗派長老講經並記錄、翻譯、整理、編纂而成。祇園的故事在《賢愚經》第十卷，被稱作《須達起精舍品》，其大意如下：舍衛國波斯匿王有一位大臣名叫須達，因其樂善好施被人稱作給孤獨。須達為兒娶妻來到王舍城，在護彌長者指引下見到佛陀。佛陀為須達說法，須達隨修成須陀洹〔註93〕。須達願為佛陀在舍衛城設立精舍供其說法，佛陀派遣婆羅門種族的舍利弗與須達同去。須達認為整個舍衛城只有王太子祇陀的花園地勢平正、花果豐茂、遠近適宜，是建立精舍的最佳場所，便用大象陀著金幣，以金幣鋪滿花園的價格將其買下。整個祇陀花園共有八十頃地，須達將金幣用完還殘有少許空地，祇陀太子被其打動，沒有再收取更多金幣，並自願將園中樹木一起獻給佛陀。六師外道得此消息要與沙門斗法，舍利弗與勞度叉戰鬥六個回合均取得勝利，六師外道隨即皈依佛門。在此之後，舍利弗與須達在祇園建立精舍，為佛做佛窟，並以栴檀和香泥做一千二百處別房，並在其中一百二處設立犍椎〔註94〕迎佛入住。佛對阿難說，這處園地是須達購買的，其中的樹木為祇陀所有，兩人一起建立精舍，應將其命名為祇樹給孤獨園。祇樹給孤獨園的名字即由此流傳後世〔註95〕。《賢愚經》中的祇洹寺與以上三本律書有所不同，首先這部經文中祇園的面積得到了明確的記載，為八十頃地，其次祇園精舍中共建有一千二百處別房，並在一百二處中別設犍椎，而非《十誦律》中記載的十六大重閣和六十窟屋，最後在這篇經文中「祇樹給孤獨園」的名稱被以佛陀的名義明確下來。《賢愚經》中這段關於祇園的故事流傳非常廣泛，蕭梁僧人釋寶唱所著《經律異相》卷三《須達多買園以立精舍》〔註96〕和道宣《釋迦氏

〔註93〕小乘佛教的修行果位之一。參見：蕭振士，中國佛教文化簡明辭典，北京/西安：世界圖書出版公司，2014.03：14。

〔註94〕佛寺中可敲擊出聲諸樂器之統稱，如所懸鍾磬、石板、木魚之類。華夫，中國古代名物大典，下，濟南：濟南出版社，1993.10：412。

〔註95〕（宋）慧覺，賢愚經，卷第十，須達起精舍品//大正新修大藏經，第4卷，本緣部，二，河北：河北省佛教協會，2009：418。

〔註96〕（梁）寶唱，經律異相，卷三，須達多買園以立精舍//大正新修大藏經，第53卷，事匯部・外教部・目錄部，一，河北：河北省佛教協會，2009：11～12。

譜》中《釋迦祇洹精舍緣》〔註97〕皆引自此經。與此同時，敦煌壁畫中的「降魔變」或稱「勞度叉鬥聖變」也是以《賢愚經》中六師外道與舍利弗鬥法的故事為主題的。

除此之外，祇園的傳說還出現在其他許多佛教典籍之中。如三國時期東吳翻譯家支謙所譯《佛說孛經抄》開篇即為「聞如是，一時佛在舍衛國。大子名祇，有園田八十頃」〔註98〕，此經中的祇園故事與上述各經文大致相同。又如後漢時期譯出的《分別功德論》裏祇園面積亦為八十頃，其精舍由須達與祇陀王子共同建造，共有七十二座講堂，一千二百五十座房舍。另有隋代吉藏所著《金剛般若疏》〔註99〕引用了《賢愚經》的《須達起精舍品》，隋代智顗撰寫的《阿彌陀經義記》稱「祇樹給孤獨園者，祇陀捨樹創起門坊，須達賑貧金布地共立精舍也」〔註100〕等等。由此可見，祇園的傳說在道宣及其之前的時代是非常流行的主題，作為佛陀曾經講經說法二十餘年的場所，祇園精舍的重要性不言而喻。

2.2.2　傳記中的祇園

與經文相同，佛教傳記也是本研究需要重點關注的文獻資料，在傳世的佛教傳記中東晉時期的《高僧法顯傳》和唐代的《大唐西域記》裏有關於祇園精舍的記載。

《高僧法顯傳》，又稱《歷遊天竺記》、《佛國記》等，全書共一卷，法顯所著。法顯（約337～422），平陽武陽（今山西臨汾）人，東晉高僧，因感到漢地佛教經律匱乏，於東晉安帝隆安三年（399）60歲高齡之時與同學慧景、道整等人從長安出發，度流沙、越蔥嶺，先至天竺，後抵獅子國（今斯里蘭卡），求得《方等泥洹經》、《摩訶僧祇律》、《彌沙塞律》、《雜阿含經》等梵本，於安帝義熙八年（412）經海路回到青州，前後共14年，歷經三十餘國。《高僧法顯傳》是法顯記錄這次行程的著作，書籍涵蓋了其所經各

〔註97〕　（唐）道宣，釋迦氏譜，釋迦祇洹精舍緣//大正新修大藏經，第50卷，史傳部，二，河北：河北省佛教協會，2009：96～97。

〔註98〕　（東吳）支謙，佛說孛經抄//大正新修大藏經，第17卷，經集部，四，河北：河北省佛教協會，2009：729。

〔註99〕　（隋）吉藏，金剛般若疏//大正新修大藏經，第33卷，經疏部，一，河北：河北省佛教協會，2009：84～124。

〔註100〕（隋）智顗，阿彌陀經義記//大正新修大藏經，第37卷，經疏部，五，河北：河北省佛教協會，2009：306。

國的歷史、宗教、山川風物等各項內容，其中就有關於祇園精舍的描寫。根據《高僧法顯傳》的描述，法顯等人抵達之時，舍衛城中約有二百餘戶人家，祇園精舍在舍衛城南門以南一千二百步處的道路西側。該精舍本有七層，焚毀之後重建爲兩重。此時精舍已廢棄多年，部分遺跡尚存，佛陀說法、度人、行經等地都建起了塔婆並標識出名稱。精舍大院有二門，一門朝北一門朝東，東門兩側各有一石柱，左側石柱上作圓形雕塑，右側石柱上作牛型雕塑。整個祇園池流清淨、樹林豐茂、景色宜人，精舍位於其中央。依照法顯的記載，歷史上第一尊佛像即誕生於祇園精舍中，是佛上忉利天爲母說法之時由波斯匿王用牛頭旃檀刻出並置於佛坐之上。佛陀回到精舍後便移居南邊二十步遠的小精舍，與佛像異處。精舍西北四里處有一片樹林名曰得眼林，相傳有五百盲人在此居住，佛陀說法使其復明，祇洹寺中的僧眾餐食之後多在此林中坐禪〔註101〕。從法顯的描述中可知，祇園位於舍衛城南門以南一千二百步，精舍處在其中央，精舍共高七層，其大院開東、北二門，精舍西北四里處有一片樹林供僧眾坐禪（圖 2.21）。

〔註101〕「出城南門千二百步道西，長者須達起精舍。精舍東向開門，門戶兩邊有二石柱。左柱上作輪形右柱上作牛形。精舍左右池流清淨，樹林尚茂，眾華異色，蔚然可觀，即所謂祇洹精舍也。佛上忉利天爲母說法九十日，波斯匿王思見佛即刻牛頭栴檀作佛像置佛坐。處佛後還入精舍像即避出迎佛。佛言，還坐，吾般泥洹後可爲四部眾作法式，像即還坐。此像最是眾像之始，後人所法者也。佛於是移住南邊小精舍，與像異處，相去二十步。祇洹精舍本有七層，諸國王人民競興供養，懸繒幡蓋散華燒香燃燈續明，日日不絕。鼠含燈炷燒幡，蓋遂及精舍七重都盡，諸國王人民皆大悲惱。謂栴檀像已燒。卻後四五日開東邊小精舍戶忽見本像，皆大歡喜。共治精舍得作兩重，還移像本處。……精舍西北四里有林，名曰得眼。本有五百盲人依精舍住此，佛爲說法盡還得眼。盲人歡喜刺杖著地頭面作禮，杖遂生長大。世人重之無敢伐者。遂成爲林是故以得眼爲名。祇洹眾僧中食後多往彼林中坐禪。……祇洹精舍大院各有二門，一門東向一門北向。此園即須達長者布金錢買地處。精舍當中央，佛住此處最久，說法度人經行坐處。亦盡起塔，皆有名字。」引自（東晉）法顯，高僧法顯傳//大正新修大藏經，第51卷，史傳部，三，河北：河北省佛教協會，2009：860。

圖2.21 《高僧法顯傳》中所示祇洹精舍平面示意圖

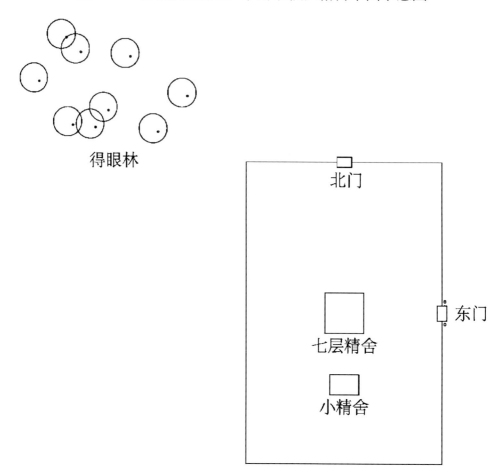

得眼林

北门

七层精舍

小精舍

东门

資料來源：作者自繪

在法顯西行 200 餘年後，唐朝三藏沙門玄奘也踏上了前往印度的征途。玄奘，河南洛州（今河南偃師）人，唐代高僧、翻譯家。為尋求佛學眞諦，玄奘於唐太宗貞觀初年離開長安，從西域赴印度，隻身遊學十餘年，行程五萬里，攜帶梵文經典六百五十七部，於貞觀十九年返回。《大唐西域記》是玄奘回國後受命口述，由沙門辯機記錄整理的西行遊記，書中共記錄「親踐者一百一十國，傳聞者二十八國」〔註102〕，是研究古代中亞、西亞、南亞地區歷史與地理的重要史料，該書第六卷記錄了玄奘所見之七世紀的舍衛城與祇

〔註102〕 （唐）玄奘，大唐西域記//大正新修大藏經，第51卷，史傳部，三，河北：河北省佛教協會，2009：867。

園精舍。此時的舍衛城仍有居民，但已是都城荒廢房屋傾塌的景象。城中有幾百座佛寺，大多損毀，僧徒寥寥，另有天祠一百餘所，外道信徒甚多。舍衛城南五六里的地方有逝多林，即是給孤獨園所在之處，如今已經荒蕪，這座精舍的園地由勝軍王的大臣善施購買，樹林由太子逝多施捨，故名逝多林給孤獨園。此精舍東門左右各立一根石柱，無憂王所造。柱高七十餘尺，左側柱頂鏤刻出輪相，右側柱上雕刻有牛形。寺中室宇皆已坍塌，只餘基址，唯有一間磚室巋然屹立，磚室中供有佛像。此像乃當初勝軍王模仿如來升上三十三天為母說法時出愛王雕刻的旃檀佛像所造。給孤獨園東北有一座窣堵波，是如來洗病苾芻（即比丘）的地方。西北有一小窣堵波，是沒特伽羅子試圖用神通力舉其舍利子的衣帶卻未成功的地方。小窣堵波不遠處有一口井，如來在世之時曾從井中汲水。井旁是無憂王建造的窣堵波，其中有如來的舍利。整個精舍之內，佛陀的經行之處、說法之處全都樹立旍表並建造窣堵波，各種祥瑞時常出現。祇洹寺後不遠處，是外道婆羅門殺淫女來誹謗佛陀的地方。寺東一百步有大深坑，是提婆達多企圖以毒藥殺害佛陀而陷入地獄的地方。此坑之南的大坑，是瞿伽梨比丘誹謗佛陀而陷入地獄的地方。瞿伽梨陷坑南八百餘步的大深坑，是戰遮婆羅門女誹謗如來而陷入地獄的地方。這三個大坑深不見底，夏秋大雨之時溝池氾濫，而此三深坑並無滴水存留。祇洹寺西北三、四里處是得眼林，林內有如來經行的遺跡以及諸位聖人修習禪定的場所，都設立標記並建有佛塔。〔註103〕《大唐西域記》中的舍衛

〔註103〕「城南五六里有逝多林（唐言勝林舊曰祇陀訛也），是給孤獨園。勝軍王大臣善施為佛建精舍，昔為伽藍今已荒廢。東門左右各建石柱，高七十餘尺，左柱鏤輪相於其端，右柱刻牛形於其上，並無憂王之所建也。室宇傾圮唯餘故基。獨一甎室巋然獨在，中有佛像，昔者如來升三十三天為母說法之後。勝軍王聞出愛王刻檀像佛乃造此像。……給孤獨園東北有窣堵波。是如來洗病苾芻處。……給孤獨園西北有小窣堵波，是沒特伽羅子運神通力舉舍利子衣帶不動之處……舉帶窣堵波側不遠有井，如來在世汲充佛用。其側有窣堵波，無憂王之所建也。中有如來舍利·經行之跡·說法之處，並樹旍表建窣堵波，冥祇警衛靈瑞間起，或鼓天樂或聞神香，景福之祥難以備敘。伽藍後不遠，是外道梵志殺淫女以謗佛處……伽藍東百餘步有大深坑，是提婆達多欲以毒藥害佛，生身陷入地獄處。……瞿伽梨陷坑南八百餘步有大深坑，是戰遮婆羅門女毀謗如來，生身陷入地獄之處。……凡此三坑洞無涯底，秋夏霖雨溝池泛溢，而此深坑嘗無水止。……伽藍西北三四里至得眼林，有如來經行之跡，諸聖習定之所，並樹封記建窣堵波。」引自（唐）玄奘，大唐西域記//大正新修大藏經，第51卷，史傳部，三，河北：河北省佛教協會，2009：899～900。

城佛法凋零外道昌盛，祇洹寺寺寺坍塌只餘基址。玄奘所見與法顯大致相同，其關於佛教傳說與相應地點的記載較法顯詳細（圖2.22）。

圖2.22 《大唐西域記》中所示祇洹精舍平面示意圖

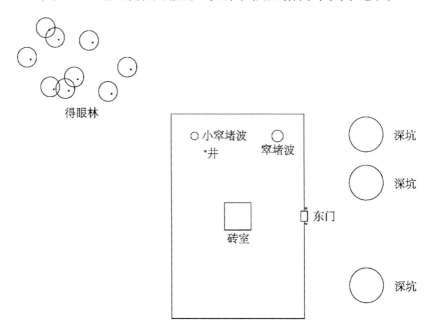

資料來源：作者自繪

2.2.3　祇園的考古發掘

對祇洹寺的考古發掘始於 19 世紀。英軍退伍工程師亞歷山大·康寧漢（Alexander Cunningham）在 1861 年被指派爲首任印度政府考古調查員，他隨即以法顯和玄奘的行記爲基礎開展對印度佛教遺跡的實地考察。1863 年，作爲調查中的重要環節，康寧漢探訪了舍衛城及祇園精舍遺跡群。通過將文獻記錄與遺址相比照，康寧漢確認了舍衛城遺跡和祇園精舍遺跡的位置。並且，根據巴爾胡特塔（Bharhut）遺跡出土的欄楯的情況，綜合考慮到《祇園布施圖》（圖2.23）中犍陀俱提精舍（Gandha Kuti）〔註104〕和拘賞波俱提精舍（Kosamba Kuti）〔註105〕的布局關係，康寧漢推定出在現有祇園精舍的遺址內標記爲 NO.2 的寺

〔註104〕犍陀俱提精舍，又稱香室，爲佛陀說法處。參見：星雲大師，世界佛教美術圖說大辭典 2，建築 2，中文版，佛光山宗委會，2013.03：695。

〔註105〕拘賞波俱提精舍，被認爲是法顯所述七層精舍所在處。參見：星雲大師，世界佛教美術圖說大辭典 2，建築 2，中文版，佛光山宗委會，2013.03：695。

院建築是犍陀俱提精舍，標記為 NO.3 的建築是拘賞波俱提精舍〔註 106〕（圖 2.24）。在隨後的 1876 年，康寧漢再次訪問祇園精舍遺跡並進行了第二次調查。在兩次調查中，康寧漢及其團隊發掘了部分建築遺跡並出土了若干佛教造像，其中一尊立像可追溯至迦膩色迦王（78～102？在位）時期〔註 107〕。

圖 2.23　印度巴爾胡特塔祇園布施圖

資料來源：敦煌研究院，殷光明，敦煌石窟全集9，報恩經畫卷，
上海：上海人民出版社，2001.12：013.

與康寧漢的第二次調查幾乎同時，印度高級文官霍艾（W.Hoey）也開始了遺跡考察，並於 1884～1885 年對舍衛城及祇園精舍進行了小規模的正式發

〔註 106〕Alexander Cunningham, Sahet-Mahet or Sravasti, Archaeological Survey of India Report 1, 1871：330～348.
〔註 107〕Alexander Cunningham, Sravasti, Archaeological Survey of India Report 11, 1880：78～100.

掘〔註 108〕。隨後，Jean P，Vogel 和他的助手 P.D.R，Sahni 在 1907～1908 年再次展開發掘，此次發掘測量了場地的細節尺寸，並於僧院 NO.19 僧房中出土了一枚刻有銘文的銅板，該銅板記載了 12 世紀伽哈達伐拉王朝的戈文達旃陀羅君王（1114～1154 在位）爲祇園精舍僧團捐贈的情況，從而再次明確了此處即爲祇園精舍所在地〔註 109〕。緊接著，John Marshall 在 1910 年對遺跡周邊進行了發掘，並且對祇園精舍遺址進行了維護和復原的工作〔註 110〕。

　　直至 20 世紀 80 年代，日本關西大學聯合印度考古調查局再次對祇園精舍遺跡展開調查發掘計劃。考察團對遺址的邊緣進行了發掘，確定整個遺址南北長約 400 米，東西寬約 250 米。根據考察團的發掘調查報告，可大致釐清祇洹寺遺址的變遷過程。此次調查共出土土器十萬多件，其中僅有幾件土器的形態和色調具有公元前一千年北印度時期的特徵。許多調查地點能夠確認的最下層文化層是公元前一世紀的異加王朝，或者是公元前 1～3 世紀的貴霜王朝以後的時期，因此此次發掘範圍內並沒有佛陀在世時的文化層。然而通過與相近時代遺址以及圖像的比照，仍然能夠大致判斷佛陀在世時祇洹寺遺構的性質。鑒於在舍衛城遺跡因火災導致的大規模公元前地層的遺留建築物中幾乎看不到磚的使用，且其中的遺留建築物與貴霜王國以後建築物的構建情況有很大不同，同時，參考以《祇園布施圖》爲主的本生圖中刻畫的寺院外形，以及西印度前期的佛教石窟群，考察團認爲公元前 5～6 世紀佛陀在世時的建築遺構應該是木構建築，並興建在特定範圍內，極有可能位於 NO.2 和 NO.3 附近。隨後的公元前 3 世紀孔雀王朝時期在聖地興建了大量彰顯身份的建築，如法顯與玄奘記載的祇洹寺東門左右的阿育王石柱等，但其規模和範圍目前仍然無法確定。在後期的貴霜王國時期，以寺院 NO.2 和 NO.3 爲中心，新建了許多磚砌建築物，整體構造呈同心圓狀，遺跡範圍大大增加，祇洹寺贏來了全盛時期。這一盛況一直延續到後來的笈多帝國（320～500）時期，但如法顯和玄奘的記載，之後便很快衰敗了。最終，在 13 至 14 世紀左右，由於伊斯蘭教的入侵，祇洹寺最終喪失了佛教設施的功能〔註 111〕

〔註 108〕W, Hoey, Set Mahet, Journal of the Asiatic Society of Bengal 41, 1892：1～64.

〔註 109〕Jean P, Vogel, Excavations at Saheth-Maheth, Archaeological Survey of India, Annual Report 1907～1908, 1911：81～131.

〔註 110〕John H, Marshall, Excavations at Saheth-Maheth, Archaeological Survey of India, Annual Report 1910～1911, 1914：1～24.

〔註 111〕米田文孝，祇園精舍遺跡の調査成果，關西大學通信，第 254 號，1997.05.17：12。

〔註 112〕。因此，祇洹精舍遺址目前存在的磚砌建築物，以及平面圖上所表示的寺院構成，反映出的是貴霜王國以後祇洹寺的建築情況，佛陀時代最早的那座鋪金建造的祇園精舍的眞實情況目前依然不得而知。

　　從已發掘的祇園精舍遺址平面圖上看，貴霜至笈多帝國時期的祇洹寺呈現出散點式的布局形態，沒有明確的軸線和對稱關係。根據常青院士的研究，這是中亞佛寺的典型空間構成模式之一。〔註 113〕

圖 2.24　祇園精舍遺址平面圖

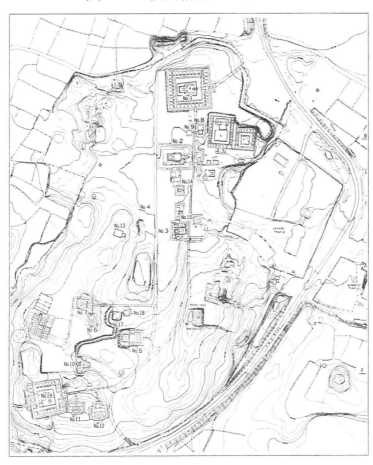

資料來源：米田文孝，祇園精舍遺跡の調查成果，關西大學通
信，第 254 號，1997.05.17：12。

〔註 112〕Yoshinori Aboshi, Koyu Sonoda, Fumitaka Yoneda, Akinori Uesugi, Excavations at Saheth Maheth 1986～1996, East and West, Vol.49, No, 1/4, 1999.12：119～173.
〔註 113〕常青，西域文明與華夏建築的變遷，長沙：湖南教育出版社，1992.10：96。

2.2.4　祇園在中國

根據前文所述，「祇園」的故事至晚在三國時期就已傳入漢地。之後隨著相關經文的譯出，特別是《賢愚經》的編纂，祇園之盛名廣為流佈並被教眾與信徒所熟知。從史料中可以看到，南北朝時期中國境內曾有若干佛寺以「祇園」為名，其中最有影響力的當屬南朝劉宋初期范泰所立之祇洹寺。

梁釋慧皎《高僧傳》卷七《釋慧義傳》云：「宋永初元年，車騎范泰立祇洹寺。以義德為物宗，固請經始，義以泰清信之至，因為指授儀則。時人以義方身子，泰比須達，故祇洹之稱，厥號存焉。後西域名僧多投止此寺，或傳譯經典，或訓授禪法。」〔註114〕范泰，字伯倫。東晉太學博士，南朝劉宋時官拜金紫光祿大夫，《宋書》、《南史》均有其傳，稱其「暮年事佛甚精，於宅西立祇洹精舍」。〔註115〕根據《高僧傳》的內容，位於建康的這座祇洹寺立於宋永初元年（420），即宋武帝劉裕迫使晉恭帝禪位，劉宋王朝建立的第一年。寺主釋慧義是當時名僧，因親至嵩山取回有關劉宋國運的祥瑞信物而頗受劉裕敬重。范泰以慧義品行高尚而請其住持該寺，當時人們都將慧義比作佛陀弟子中智慧第一的舍利弗（身子），將范泰比作施捨祇洹精舍的大施主須達多，因此這座寺廟即以祇園為名。范泰後於宋元嘉五年（428）去世，慧義也離開祇洹移住烏衣寺，但祇洹寺中來往的西域名僧卻絡繹不絕。《高僧傳》卷三《求那跋摩》記載，罽賓僧人求那跋摩於宋元嘉八年（431）正月抵達建康，奉宋文帝敕令住祇洹寺，在該寺講解《法華經》和《十地經》並翻譯《菩薩善戒》，並於「其年九月二十八日中食未畢。先起還閣，弟子後至，奄然已終」，〔註116〕以六十五歲之齡在祇洹寺圓寂。該書同卷《求那跋陀羅傳》則記錄中天竺僧人求那跋陀羅於宋元嘉十二年（435）抵達廣州，宋太祖派遣信使將其迎至建康，住在祇洹寺。求那跋陀羅應眾僧所請召集義學僧人在祇洹寺譯出《雜阿含經》。此外，又有罽賓僧人曇摩密多於元嘉年間在祇洹寺譯出《禪經》、《禪法要》、《普賢觀》、《虛空藏觀》等經文，並經常向人傳授禪道。《高僧傳》中單獨列傳的名僧當中還有京師僧人釋僧苞、錢塘僧人釋慧基、月氏僧人釋曇遷、平西僧人釋道照等都曾於祇洹寺駐錫。可以說，祇洹寺是當時

〔註114〕（梁）慧皎，高僧傳，卷七，釋慧義傳//大正新修大藏經，第 50 卷，史傳部，二，河北：河北省佛教協會，2009：368。

〔註115〕（南北朝）沈約，宋書，卷六十，列傳第二十，范泰，清乾隆武英殿刻本。

〔註116〕（梁）慧皎，高僧傳，卷三，求那跋摩傳//大正新修大藏經，第 50 卷，史傳部，二，河北：河北省佛教協會，2009：341。

劉宋都城建康非常重要的一座佛教寺院，因西域僧人的往來這裡成爲了京師一處譯經、講經的佛教中心。

建康祇洹寺的寺院規制現已無從考證，根據史料中的點滴信息大致可以推測寺中有講堂、閣（《求那跋摩傳》）、僧房等建築物，此外可能還有專供譯經的場所。清人陳作霖所作之《南朝佛寺志》稱祇洹寺於南朝蕭齊時更名爲白塔寺，蓋因求那跋摩圓寂後在南林戒壇前以外國之法火化，後於其處立白塔之故〔註117〕。然而根據《釋氏要覽》的記載，南林戒壇在建康南林寺中〔註118〕。《高僧傳》卷七《釋慧觀傳》稱南林寺爲晉陵公主爲高僧法業所起〔註119〕，當與祇洹並非一寺。南朝時期南林寺與祇洹寺的位置關係暫時無法考證，雖然不排除兩者相距不遠之後合二爲一的可能性，但在目前的已知條件下尙不能做出祇洹寺內有戒壇和白塔的判斷。儘管如此，從關於祇洹寺的記載中還是可以得知，當時世人將范泰與慧義比作須達長者和舍利弗，已充分說明了祇園故事之流傳廣泛與深入人心。

除了建康的這座祇洹寺，《高僧傳》卷七記載長樂僧人道汪曾於成都城西北立寺，寺名曰祇洹〔註120〕；梁釋寶唱所著《比丘尼傳》記載劉宋時期江陵有一尼寺名祇洹〔註121〕；另有法琳《辯證論》稱魏寧遠將軍侯莫陳引造祇園寺〔註122〕。此外，道宣《廣弘明集》收錄高允所著《鹿苑賦》，描寫北魏孝文帝於承明元年（471）在平城西山所造鹿野苑石窟寺，其中有「於是命匠選工，刊茲西嶺，注誠端思，仰模神影。……縆飛梁於浮柱。列荷華於綺井，圖之以萬形，綴之以清永。若祇洹之瞠對，孰道場之塗迥」〔註123〕之字句，意在

〔註117〕杜潔祥，中國佛寺史志匯刊 第 1 輯 第 2 冊 102 南朝佛寺志，臺北：明文書局，1980.01：36～38。

〔註118〕（宋）道誠，釋氏要覽，卷上//大正新修大藏經，第 54 卷，事匯部・外教部・目錄部，二，河北：河北省佛教協會，2009：273。

〔註119〕《高僧傳》卷七《釋慧觀傳》記曰：「又有法業……故晉陵公主爲起南林寺，後遂居焉」。（梁）慧皎，高僧傳，卷七，釋慧觀傳//大正新修大藏經，第 50 卷，史傳部，二，河北：河北省佛教協會，2009：368。

〔註120〕（梁）慧皎，高僧傳，卷七，釋僧導傳//大正新修大藏經，第 50 卷，史傳部，二，河北：河北省佛教協會，2009：371。

〔註121〕（梁）寶唱，比丘尼傳.卷第二，江陵祇洹寺道壽尼傳//大正新修大藏經，第 50 卷，史傳部，二，河北：河北省佛教協會，2009：937。

〔註122〕（唐）法琳，辨正論，卷第四，十代奉佛篇下//大正新修大藏經，第 52 卷，史傳部，四，河北：河北省佛教協會，2009：516。

〔註123〕（唐）道宣，廣弘明集，統歸篇序第二十九，鹿苑賦//大正新修大藏經，第 52 卷，史傳部，四，河北：河北省佛教協會，2009：339。

表明鹿野苑石窟寺的雕梁、藻井就如古印度舍衛城的祇洹精舍一般鬼斧神工。而《洛陽伽藍記》則記載位於洛陽城西陽門外禦道北，寶光寺西側的法雲寺最初名曰祇洹寺，西域烏場國胡僧摩羅所立。該寺「工制甚精，佛殿僧房皆爲胡飾。丹素炫彩，金玉垂輝。……伽藍之內花果蔚茂，芳草蔓合，嘉木被庭……西域所齎舍利骨及佛牙經像皆在此寺」〔註124〕。而開陽門內御道東側的景林寺中則有一所禪房內安置有祇洹精舍的模型，「形制雖小，巧構難加」〔註125〕。由此可見，在南北朝時期，以祇洹爲名的寺院散佈大江南北，這座佛陀曾經居住二十餘年的寺院在漢地僧眾心目中的重要程度是顯而易見的。

2.3　本章小結

本章試圖從道宣和祇園兩方面對本研究涉及到的基本概念進行考察。本文研究對象《祇洹寺圖經》和《戒壇圖經》的作者道宣是初唐時期著名的律學僧人和佛教歷史學家。作爲僧團戒律制度的重要環節——寺院規制和寺院建設是道宣律學研究的一個組成部分。道宣一生兩次雲遊，足跡遍佈大江南北，他曾駐錫於五座佛寺，包括日嚴寺與西明寺這兩座國家級大寺，親自考察或於史料中瞭解其規制的寺宇不計其數，對從東晉至初唐全國境內的佛教寺院有相當深刻的瞭解。與此同時，道宣也在其著作《四分律刪繁補闕行事鈔》中對《四分律》裏造塔、造寺的要義進行了闡述，並參照靈裕法師的《寺誥》從律學角度對寺、塔建造做出了規定。這些可被稱爲道宣的「建築學背景」，是道宣寫作兩本圖經的重要基礎。

而祇園，作爲佛陀曾經講經說法二十餘年的場所，其故事與傳說在漢地佛教界經久流傳。無論是從印度翻譯而成的佛經《佛說字經抄》還是漢地沙門收集編纂的《賢愚經》又或者僧人所作的佛經注疏中，祇樹給孤獨園的故事都是其中的重要內容。更爲關鍵的是，祇園傳說頻繁的出現在佛教戒律書中，《四分律》、《五分律》和《十誦律》都舉出祇園爲例作爲佛教寺院建設的基本指南。與此同時，祇園遺址還是赴西域求法高僧的必經之地，法顯和玄

〔註124〕　（北魏）楊衒之，洛陽伽藍記，卷第四//大正新修大藏經，第51卷，史傳部，三，河北：河北省佛教協會，2009：1015。
〔註125〕　（北魏）楊衒之，洛陽伽藍記，卷第一//大正新修大藏經，第51卷，史傳部，三，河北：河北省佛教協會，2009：1004。

奘都在其遊記中記錄了祇園遺址的情況，而祇園遺址的眞實面貌也在近代由考古學家予以揭露。除此之外，祇園在漢地佛教界的重要性亦表現在寺院的建設之上，南北朝時期曾有多座佛寺以祇洹或祇園爲名。可以說，漢地佛教界內，佛陀在世時期的祇洹精舍是理想佛寺的一個重要範本。

第 3 章　兩部圖經的背景與流佈

3.1　圖經的寫作背景與寫作目的

3.1.1　道宣所處時代的宗教環境

　　道宣所在的隋至初唐是中國佛教發展的重要階段，此時距佛教傳入漢地已近六個世紀。此前的南北朝時期（317～589），佛教在吸收中國思想文化的同時業已滲透至中國社會的各個層面，隨之而來的即是儒家官僚士大夫們對佛教的強烈反對以及對沙汰寺院的堅定呼籲。整個南北朝時期中國北方共出現兩次滅佛行動，一次是公元 444～452 年北魏太武帝拓跋燾滅佛，一次是公元 574～578 年北周武帝宇文邕滅佛。與此同時，佛教在南方的發展卻相對平穩，僧團的自治以及不敬王者俗人等的特權已經得到承認，甚至出現了梁武帝數次入寺捨身的奉獻行為。及至自幼生於佛寺的楊堅（541～604）創立隋朝並於公元 589 年統一中國南北，面對「二武」滅佛留下來的慘狀，他立刻意識到佛教有將長期分裂的國家進行整合的潛在價值〔註1〕，因此迅速的採取了一系列維護和促進佛教的措施，包括興建寺院、取消度僧限令、恢復北周被毀廟宇以及將私度僧尼身份合法化等等。在他統治的 24 年中，漢地佛教得到了相當程度的恢復與發展。

　　當道宣 15 歲（611）進入日嚴寺時，正是隋朝第二位皇帝隋煬帝楊廣（569～618）的統治時期。和他的父親一樣，早年的楊廣是一位堅定的佛教擁護者。

〔註 1〕　（美）威斯坦因，唐代佛教，上海：上海古籍出版社，2010.08：4。

在即位前，楊廣曾請智顗大師（538～597）爲其授菩薩戒，登基後仍自稱菩薩戒弟子。他於各地營建寺廟，並開展翻經事業。並且，如前文所述，楊廣將江南地區的高僧大德請入京師日嚴寺，爲佛教的「融會南北」起到了重要的作用。然而在其統治期間楊廣也採取過若干抑佛的行動，如大業三年（607）隋煬帝下詔令沙門禮敬王者，大業五年（609）下令將不足五十人的寺宇併入大型寺院，並且詔令無德僧尼還俗。有學者認爲這一舉措與煬帝於大業五年（609）開始開鑿大運河並在隨後出征高句麗有關。〔註2〕道宣在《集神州三寶感通錄》中記載大業之末天下沸騰，京師僧眾紛紛前往日嚴寺觀看異石，在一定程度上反映了當時社會動盪的情況〔註3〕。總體來說，隋代是漢地佛教全面復興的時期，佛教在寺院建設、譯經及經錄的編纂、南北佛教的融合、義學、以及宗派的形成等方面都取得了較大的發展。

至李唐代隋，事老子爲祖先，唐朝的帝王並未像隋朝統治者般表現出對佛教的充分熱情。唐高祖（566～635）登基之後，自武德四年（621）起朝堂之上便出現了一系列反對佛教的聲音。其中最強有力的一束來自太史令傅奕（555～639）。傅奕原爲道士，在李淵尚爲扶風太守時得到這位未來君主的欣賞。傅奕以僧尼不從事經濟生產、不敬王者父母、使人愚昧妄求功德等理由上疏十一條，請求朝廷滅絕佛教。作爲回應，唐高祖在當年平定東部之時即頒佈了唐代的第一條抑佛詔令，下令所有作亂的州郡只保留一所佛寺，並且僧眾不得超過三十人。在隨後的七年內（621～626）傅奕共上疏七次，最終導致了武德九年（626）在朝堂上的佛道之爭，促使高祖在其年五月頒佈了名爲《沙汰佛道詔》〔註4〕的敕令，在這一敕令的作用之下，長安城佛寺的數量縮減到了原來的四十分之一。道宣也因這一事件於當年隱居終南山豐德寺。而事實上，在武德八年（625），高祖就曾經下詔敘三教先後，老先、孔次、釋末，表明了他對佛教的態度。在朝廷的壓力以及道教的猛烈攻擊之下，道宣感到佛教正處於危局，並充分意識到了護法的重要性，有學者認爲，這也

〔註2〕 Tan Zhihui, Daoxuan's vision of Jetavana : Imagining a utopian monastery in early Tang, The University of Arizona, 2002 : 38.

〔註3〕 「大業之末，天下沸騰，京邑僧眾常來瞻觀。」引自：（唐）道宣，集神州三寶感通錄，卷上//大正新修大藏經，第52卷，史傳部，四，河北：河北省佛教協會，2009：421。

〔註4〕（唐）道宣，廣弘明集，卷第二十五，出沙汰佛道詔//大正新修大藏經，第52卷，史傳部，四，河北：河北省佛教協會，2009：283。

是道宣撰寫《續高僧傳》一書的原因之一。〔註 5〕

　　唐高祖《沙汰佛道詔》頒佈一個月後，便遜位於次子李世民，新皇帝認識到爭取佛教教眾支持的重要性，在其繼位初期即採取了一系列維護佛教的措施，如頻繁舉辦法會，度僧尼千人，在戰場遺址建造寺院等等。然而當他的統治地位得到穩固之後，太宗對待佛教的真實態度也逐漸顯現。貞觀十一年（637），太宗認為作為本土宗教的道教其地位應優於外來宗教佛教，於是下令在儀式中道士及女冠位於僧尼之前，並且頒佈了限制僧眾參加世俗生活的《道僧格》。這些詔令引起僧徒們的群起反對，最終導致智實與法琳兩位高僧的死亡，從而進一步加劇了太宗與佛教的緊張關係。直至太宗人生的最後一年，因出征高麗的失敗以及他對高僧玄奘的個人崇拜，太宗最終轉變了其對佛教的態度，他開始研讀佛經，下詔在全國範圍內度僧，並對未能早些廣興佛事感到遺憾。之後，在玄奘的陪伴之下，唐太宗李世民走完了他人生中的最後一段旅程。

　　唐高宗李治對佛教從無真正的興趣及熱情，儘管他在長安城興建了兩座重要的寺院，大慈恩寺與西明寺，道宣也於顯慶三年（658）被召為西明寺上座。然而在隨後的龍朔二年（662），高宗下令命群臣商議僧尼是否應該禮拜君親，這一行為引發了兩百多位僧人的上表陳情。緊接著，西明寺上座道宣致書高宗四子雍州牧李素節以及武后之母榮國夫人抗議，並向朝臣遞交了請願書，最終高宗被迫收回此道詔令，而道宣也於麟德元年（664）再次隱居終南山。

　　總體來看，在道宣生活的初唐時期，漢地佛教並沒有像在隋朝時那樣蓬勃發展，反而在一定程度上受到了抑制。高祖、太宗、高宗三朝統治者都置道教地位於佛教之上，並通過限制僧團的規模、特權以及寺院的數量等方法來削弱佛教的世俗勢力〔註 6〕。道宣敏感的察覺到了隋唐兩代帝王對於佛教態度的轉變，除積極參與護法行動（龍朔二年（662）），並撰寫《廣弘明集》、《集古今佛道論衡》等作品外，更在其歷史著作《續高僧傳》中新增《護法》一科，載錄護法僧人的事蹟，以作為對僧團的警醒和激勵〔註 7〕。應該說，儘管其人生中的大部分時間或居住在終南山或於各地雲遊，道宣對朝廷的佛教政策始終保持著密切的關注。

〔註 5〕釋果燈，唐・道宣《續高僧傳》批判思想初探，臺北：東初出版社，1992：12。
〔註 6〕（美）威斯坦因，唐代佛教，上海：上海古籍出版社，2010.08：5。
〔註 7〕陳瑾淵，《續高僧傳》研究，復旦大學：68。

3.1.2 道宣所處時代的寺院建設

道宣所處時代的寺院建設與當時的宗教環境息息相關。在隋文帝的統治時期，修立佛寺成爲通過行政命令方式、由國家各級政府機構督辦的一項公務〔註8〕。在其登基的第一年（581），楊堅即下詔在五嶽的山腳下各建一座寺院，同年七月和八月又命襄陽、隋郡、江陵、晉陽及相州各立寺一所。開皇三年（583），楊堅同意恢復北周滅佛時遭到毀壞的寺宇，五年（585）敕令在他登基前造訪過的四十五個州內各建造一座大興國寺，開皇十一年（591）又下令天下每個州縣分別設立僧寺和尼寺各一所，及至仁壽年間，楊堅分三次在全國各州寺廟內興建舍利塔，共110餘座，所有的塔均按照統一式樣進行建造。在全國造寺之風大起的情況下，隋代都城大興城當之無愧的成爲了全國的佛教中心，《兩京新記》記載文帝在開皇二年（582）建都之時便撥出寺額一百枚聽任修造〔註9〕，至隋煬帝大業初年，大興城中已有佛寺120所〔註10〕，其中占一坊之地、制度與太廟相同的大興善寺，晉王楊廣所立、彙集江南高僧的日嚴寺，文帝爲獻后所立、占和平永陽二坊之東半的禪定寺均爲當時之名刹。根據法琳《辯證論》中的記載，終文帝一朝，共度僧尼二十三萬人，全國共有寺宇3792所〔註11〕。

煬帝扶植的寺院建設主要在其爲晉王時期以及執政前期，因其曾任揚州總管並奉詔巡撫東南，故對江南佛教的復興起到了積極的作用。煬帝曾在其江都舊邸中「立寶臺經藏」，又設立江都慧日道場，並依照智顗大師遺旨建造天台山國清寺。在他支持之下建造的著名寺院還有在大興城爲隋文帝所立的西禪定寺、大興城內的清禪寺、香臺寺以及高陽隆聖寺、并州弘善寺等等。在煬帝的統治時期內全國共度僧六千二百人，新增寺院193所。

由於隋末之戰亂以及初唐幾位統治者的抑佛政策，初唐時期佛教寺院的數量與隋代基本持平。高祖武德初年，曾爲沙門曇獻和景暉分立慈悲寺與勝業寺。但隨後情況急轉直下，到了武德九年（626）下令沙汰僧尼，命「京城

〔註8〕 傅熹年，中國古代建築史，第2卷，兩晉、南北朝、隋唐、五代建築，北京：中國建築工業出版社，2001.12：495。

〔註9〕 「文帝除移都，便出寺額一百枚於朝堂下。制云，有能修造，便任取之。」（唐）韋述，兩京新記，北京：中華書局，1985：3。

〔註10〕 傅熹年，中國古代建築史，第2卷，兩晉、南北朝、隋唐、五代建築，北京：中國建築工業出版社，2001.12：495。

〔註11〕 （唐）法琳，辯證論，卷第三，十代奉佛篇上//大正新修大藏經，第52卷，史傳部，四，河北：河北省佛教協會，2009：509。

留寺三所，觀二所，其餘天下諸州，各皆一所，餘悉罷之」〔註12〕，此詔雖因六月高祖退位而未能執行，但太宗貞觀初年採用的仍是精簡僧尼嚴禁私度的政策。史料中記載太宗詔令建設的寺院有爲太武皇帝所造龍田寺、爲穆太后所造洪福寺以及在戰場遺址建造的十餘所寺院，如豳州昭仁寺、呂州普濟寺、晉州慈雲寺、汾州弘濟寺、邙山昭覺寺、鄭州等慈寺、洺州招福寺以及幽州憫忠寺等，皆具有濃重的政治意味。直至太宗晚年依玄奘所請度僧尼一萬八千五十人，但並無再造新寺的記錄。高宗時期造寺情況有所好轉，除其尚爲太子時於貞觀二十二年（648）爲文德皇后所造大慈恩寺以及於顯慶元年（656）爲孝敬太子病癒所立之西明寺外，還在京城爲公主、諸王立寺20餘所，又於麟德二年（665）敕兗州置寺觀各三所，其他諸州置寺觀各一所。據《法苑珠林》記載，歷高祖、太宗、高宗三代，全國共有寺四千餘所，相較貞觀二十二年（648）唐太宗度僧詔書所稱「計海內寺三千七百一十六所」〔註13〕有了一定數量的增長。然而需要指出的是，高宗時期所造佛寺許多是在顯慶（656～661）末年武后掌權後建造，應該說在道宣生活的時代，整個國家的寺院建設情況仍然不容樂觀。

3.1.3　圖經的寫作目的

建立在第二章全章以及本章前兩小節的基礎之上，這一小節將對兩本圖經的寫作目的展開討論。

首先，如上文所述，道宣所處的隋末至初唐是佛教發展的低潮時期，唐高祖、太宗與高宗均選擇以制衡的策略對待佛教及其信眾，他們一方面通過舉辦法會並建造佛寺來實現其安撫信眾的政治目的，另一方面又頒佈各類詔令限制佛教勢力的發展。這一時期的宗教環境使道宣深刻的感受到了佛教的危局。與此同時，根據學者的研究，入唐之後，佛教界普遍認爲初唐之時已經進入末法時代。道宣本人雖主張正法千年、像法千年、末法萬年的說法〔註14〕，

〔註12〕　（後晉）劉昫，舊唐書，北京：中華書局，1975.05：17。
〔註13〕　（唐）慧立，大慈恩寺三藏法師傳//大正新修大藏經，第50卷，史傳部，二，河北：河北省佛教協會，2009：259。
〔註14〕　「續高僧傳‧習禪篇：故初千年爲正法也，即謂會正成聖，機悟不殊。第二千年依教修學，情投漸鈍，會理巨階，攝靜住持，微通性旨，然於慧釋，未甚修明，相似道流，爲象法也。第三千年後，末法初基，乃至萬年……關於佛滅年代，道宣持周穆王五十三年壬申歲（前949）之說。據此推算，佛教正法始於前948年，止於東漢光武帝建武二十八年（52）；像法始於建武二十九

但他也深知當時佛教界的情況不盡人意，道宣在其著作中屢次提到當時已爲末法之世，如《四分律刪繁補闕行事鈔》中稱「今末法中善根淺薄，不感聖人示導，僅知有寺而已」〔註15〕，《淨心戒觀法》中稱「今時末法，眾生心薄，背恩絕義」〔註16〕等等。戒律廢弛、散漫和奢靡之風彌漫在初唐的佛教界中。道宣在《四分律刪繁補闕行事鈔》開篇時說，在末法時代，出家人缺乏佛法正見，對佛法的認知與世俗之人一樣淺薄，雖然在名義上出家爲僧，但學法並無長遠規劃。若其不依照戒律規範自己的行爲，如何做出善行並修得善法？……一些人儘管從表面上看似乎在談論佛法，但其功利之心卻與俗人相同，做事之時與世俗習氣同流合污，從而違背了佛法的眞趣。他們雖然學法多年，卻始終不能領會佛法的眞諦……在這種情況下，他們做出種種違背戒律的行爲，對佛教界造成惡劣的影響，甚至肆意放縱自己，專橫而暴虐，這樣的行爲世俗禮儀尚不許可，哪裏還有道法行儀的存在？〔註17〕而在其《續高僧傳》的序中道宣也談到，在末法時代，當世之名僧尚視規劃而不見棄典籍於不顧，將來的追隨者們定會受到這種不良風氣的影響〔註18〕。僧眾對戒律的懈怠，還體現在造寺的風氣上。道宣在《四分律刪繁補闕行事鈔》卷下《僧像致敬篇第二十（造立像寺法附）》中稱，長期以來，教法逐漸鬆弛、衰落，雖然現在仍在營造寺院，但寺院中卻沒有體現佛法的內涵，造寺者皆按照自己的喜好進行營建。世俗之人固然不懂得佛法，但僧眾也未給其正確的引導。鑒於造寺無法可依，造寺者只能互相倣仿，浪費錢財以力爭奢華精妙，

年（53），止於北宋仁宗皇祐四年（1052）：以後再進入末法一萬年。因此，根據道宣的末法史觀，東漢明帝永平十年（67），佛法初來，時屬像法之初。至於其所在的唐初之世，時屬像法之中。」宋道發，佛教史觀研究，宗教文化出版社，2009.05：241。

〔註15〕（唐）道宣，四分律刪繁補闕行事鈔，卷下//大正新修大藏經，第40卷，律疏部・論疏部，一，河北：河北省佛教協會，2009：138。

〔註16〕（唐）道宣，淨心戒觀法，卷下//大正新修大藏經，第45卷，諸宗部，一，河北：河北省佛教協會，2009：833。

〔註17〕「而澆末淺識庸見之流，雖名參緇服，學非經遠，行不依律，何善之有。……意雖論道，不異於俗。與世同流事乖眞趣，研習積年猶迷闇託。……是以容致濫委以亂法司，肆意縱奪專行暴剋，尚非俗節所許，何有道儀得存。」引自（唐）道宣，四分律刪繁補闕行事鈔，卷上//大正新修大藏經，第40卷，律疏部・論疏部，一，河北：河北省佛教協會，2009：4。

〔註18〕「猶恨逮于末法，世挺知名之僧，未覿嘉猷，有淪典籍，庶將來同好，又塵斯意焉。」引自（唐）道宣，續高僧傳，續高僧傳序//大正新修大藏經，第50卷，史傳部，二，河北：河北省佛教協會，2009：425。

互相攀比以求超越他人，所有的房廊臺觀都只求高大顯赫，全無佛法內涵。更有甚者，將寺院當做自己私宅，隨意破壞，俗人使用僧眾的房屋殿堂，且毫無羞愧之心。〔註19〕這些不良的行爲和現象不僅對佛教本身破壞巨大，甚至直接導致了統治階級對佛法的制約，唐高祖在武德九年（626）沙汰僧尼的詔書中說：「自覺王遷謝，像法流行，末代陵遲，漸以虛濫。乃有猥賤之侶，……託號出家，嗜欲無厭，營求不息。……近代以來，多立寺舍，不求閑曠之境，唯趨喧雜之方。繕采崎嶇，棟宇殊拓。……徒長輕慢之心，有虧崇敬之義」〔註20〕正是對初唐佛教界種種問題的針對性批評。

面對這樣的現狀，道宣敏銳的意識到，僧眾對戒律的懈怠是導致僧團不良行爲的直接原因，在末法時代，只有弘揚戒律才可使佛法久住。他在《續高僧傳·習禪篇》中論述道：「或有問曰，大聖垂教，正象爲初，禪法廣行，義當修習。今非斯時，固絕條緒，其次不倫，方稱末法。乃遵戒之行，斯爲極也。……第三千年後末法初基，乃至萬年，定慧道離，但弘世戒。威儀攝護，相等禪蹤，而心用浮動，全乖正受。故並目之爲末法也。」〔註21〕即是一再表明，末法之時，智慧和禪定均不能修行，應以尊戒之行爲至善的教法。而在本文的研究對象之一《關中創立戒壇圖經》中，道宣在歷數境內所立戒壇之後更明確的寫出：「以事叢論，自渝州已下，江淮之間，通計戒壇三百餘所；山東、河北、關內、劍南，事絕前聞，經傳不錄；故使江表佛法，經今五六百年，曾不虧殄，由戒壇也！以戒爲佛法之源，本立而不可傾也！故使中原河之左右既不行之，由此佛法三被誅除，誠所宜也！……所以戒壇之舉，即住法之弘相也！」〔註22〕由此可見道宣認爲南北朝時期江南佛法興盛是因爲遵守戒律、大興戒壇之故，而北方頻遭滅法也是出於戒律廢弛並且不積極建造戒壇的原因。所以，面對初唐時期佛

〔註19〕 「但歷代綿積，秉教陵遲，事存法隱，錯舉意旨。俗人既不曉法，眾僧未解示導。但相倣倣，虛費財物，競心精妙，力志勝他。房廊臺觀，務令高顯。過彼便止，都不存法。又還自騰踐，如己莊宅。眾僧房堂，諸俗受用。毀壞損辱，情無所愧。」引自（唐）道宣，四分律刪繁補闕行事鈔，卷下//大正新修大藏經，第 40 卷，律疏部·論疏部，一，河北：河北省佛教協會，2009：134～135。

〔註20〕 （後晉）劉昫，舊唐書，北京：中華書局，1975.05：16～17。

〔註21〕 （唐）道宣，續高僧傳，卷第二十四，習禪篇//大正新修大藏經，第 50 卷，史傳部，二，河北：河北省佛教協會，2009：596。

〔註22〕 （唐）道宣，關中創立戒壇圖經，卷下//大正新修大藏經，第 45 卷，諸宗部，二，河北：河北省佛教協會，2009：814。

教的困境，道宣毅然選擇通過戒律來護持及弘揚佛法，並且積極尋求能夠發展佛教的理想方式。他在以往學者研究《四分律》成果的基礎上建立四分律學，通過著述強調僧團應實行《四分律》中的戒條與儀規〔註23〕，又撰寫《淨心戒觀法》為比丘提供修行指南，撰寫《教誡新學比丘行護律儀》為比丘提供行為規範指南，撰寫《量處輕重儀》指導比丘如何衡量和處理寺院財物，同時撰寫《廣弘明集》、《集古今佛道論衡》等宣揚佛教的書籍。所有這些著作的目的都在於建立一套標準的僧團秩序〔註24〕。而作為僧團制度的重要組成部分，寺院的建設自然也在道宣的關注範圍內。前文已述，道宣對初唐時期的寺院建造情況頗有微詞，認為同時代的寺院因僧團戒律廢弛，建造者缺乏出家人的指導，而致使寺院空有其表但缺少佛法的內涵，因此對佛教寺院建設作出規定與指南的重要性就不言而喻了。上章已經論述，祇園精舍不僅在佛教歷史上地位崇高、在漢地佛教界中被廣泛認知並且還作為寺院建設的典型而頻繁出現在《十誦律》、《四分律》以及《五分律》等佛教戒律書中。道宣《四分律刪繁補闕行事鈔》卷下《僧像致敬篇第二十（造立像寺法附）》中也稱「造寺方法，有盛德法師造寺誥十篇，具明造寺方法，祇桓圖樣，隨有所造，必準正教」〔註25〕，可見在道宣所處的時代，祇洹寺是佛教界中公認的寺院範本。因此，當道宣試圖撰寫一部寺院建設指南的時候，以祇洹寺作為母題必然是他的最佳選擇。由此，本文做出推論，道宣撰寫《祇洹寺圖經》與《戒壇圖經》的基本目的在於，通過對佛教建築空間、式樣及尺度的規定，使寺院建設有法可依，使其建築中的一磚一石都能彰顯佛法的精要，而不至因競相奢靡橫遭統治者詬病。從更深層次上講，道宣撰寫這兩本圖經，也可被視為一種通過恢復佛陀在世時的理想佛教寺院來幫助現有僧團成為或接近成為佛陀在世曾經存在過的理想僧團的努力，亦即通過寺院的建造、戒壇的創立以及戒律的弘揚來維持佛教在末法時代的發展與建設。

〔註23〕楊曾文，佛教戒律和唐代的律宗〔J〕，中國文化，1990（02）：5～17。

〔註24〕Chen Huaiyu, The revival of Buddhist monasticism in medieval China, Princeton University, 2005：115.

〔註25〕（唐）道宣，四分律刪繁補闕行事鈔，卷下，僧像致敬篇第二十（造立像寺法附）//大正新修大藏經，第40卷，律疏部・論疏部，一，河北：河北省佛教協會，2009：134。

3.2　圖經寫作的可能來源及其日後之流佈

3.2.1　兩部圖經寫作的可能來源

　　這一小節重點探討道宣兩部圖經寫作材料的可能來源，分爲道宣自述和筆者推測兩部分。

　　根據道宣在《祇洹寺圖經》中的敘述，最初的祇洹寺圖和圖經爲天人所撰。在《祇洹寺圖經》的序言中道宣寫道：「自大聖入寂以來千六百歲，祇園興廢經二十返。增損備缺，事出當機。故使圖傳紛綸，藉以定斷。其中高者三度殊絕，自餘締構未足稱言。隋初魏郡靈裕法師名行夙彰，風操貞遠，撰述寺誥，具引祇洹。……今則無從此所傳者，生在初天即南天王之大將八之一也。見始及終，止過晦朔，親受遺寄，弘護在懷，慈濟在蒙，非其視聽。流此圖經，傳之後葉。」〔註 26〕按照道宣的考證，從佛祖入寂至其所在的初唐時期，祇洹寺共歷經興衰二十次，其中有兩次是依據寺院最初的形式重建的〔註 27〕。生於初天〔註 28〕的一位將軍是南天王八大將之一，他受佛陀入寂前的囑託將祇園圖經流傳給後人。隋初的靈裕法師曾撰寫《寺誥》，其中就引用了祇洹圖。隨後，道宣在圖經正文內再次提到祇園圖經曰：「余聞天人垂跡南方天王第三子張璵者，撰述祇園圖經凡一百卷。在天上有綸綜，此之所出梗概。」〔註 29〕這次，道宣指明了祇園圖經的作者，亦即所謂的天人，是南方天王第三子張璵。張璵所撰述的《祇園圖經》共一百卷，保存在天上，道宣稱自己所寫的《祇洹寺圖經》是天上那本圖經的梗概。那麼，道宣是何以得知天人撰寫的祇園圖經之內容呢？在《祇洹寺圖經》中道宣稱其「忽於覺悟感此幽靈，積年沉鬱霈然頓寫」〔註 30〕，圖經卷首也寫到此圖經爲「唐乾

〔註 26〕　（唐）道宣，中天竺舍衛國祇洹寺圖經//大正新修大藏經，第 45 卷，諸宗部，二，河北：河北省佛教協會，2009：883。

〔註 27〕　「其中高者三度殊絕」道宣於後文寫到：「於後四百年有稱育迦王，依地而起十不及一，經千百年被賊燒爐。經十三年有王六師迦者，依前重造屋宇狀麗皆寶莊嚴，一百年後惡王壞之爲殺人場。四天王及娑竭羅龍王忿之，以大石壓殺毀者，九十年荒無人物。忉利天王令第二子下爲人正，又依地花造飾嚴好。」引自：（唐）道宣，中天竺舍衛國祇洹寺圖經//大正新修大藏經，第 45 卷，諸宗部，二，河北：河北省佛教協會，2009：883。

〔註 28〕　應指六欲天中的第一層天──四天王天。

〔註 29〕　（唐）道宣，中天竺舍衛國祇洹寺圖經，卷上//大正新修大藏經，第 45 卷，諸宗部，二，河北：河北省佛教協會，2009：890。

〔註 30〕　（唐）道宣，中天竺舍衛國祇洹寺圖經，卷上//大正新修大藏經，第 45 卷，諸宗部，二，河北：河北省佛教協會，2009：883。

封二年季春終，南山釋氏感靈所出」〔註31〕，似乎表明圖經的寫作經歷了一個感應的過程。道宣另外一部作品《律相感通傳》記錄了其數次天人感應的經過，其中一次的天人名叫黃瓊，與道宣探討律制，並且在道宣的請求之下「出祇垣圖相，遂取紙畫，分齊一一諸院，述其源流如別，可有百紙」〔註32〕，由此可見，道宣對祇園圖經的瞭解來自於與天人黃瓊交往的經歷。綜合以上材料可大致梳理出道宣筆下天人所撰祇洹寺圖和圖經的來龍去脈：最初的祇園圖經由南方天王第三子張璵撰寫，共一百卷，保存在天上，南方天王手下八大將中的一位將軍受佛陀所託將這份圖經傳給後人，靈裕法師就曾引用過其中的相關內容，道宣在其晚年數感天人，一名叫做黃瓊的天人向他傳授了祇洹圖像，道宣因此得以寫出《祇洹寺圖經》。

　　除天人感應外道宣在經文中也提到了圖經寫作的其他參考資料，其中最重要的便是靈裕法師（518～605）所撰寫的《寺誥》和《聖蹟記》。靈裕是活躍於北朝和隋代的著名僧人，今天河南省安陽市境內的靈泉寺大住聖窟即為靈裕所開鑿。靈裕早年曾跟隨四分律大師慧光的弟子道憑學習《十地經論》，後又向道憑的同門、被道宣稱為「通律持律，時惟一人而已」〔註33〕的鄴都大覺寺僧人曇隱學習《四分律》，並寫作《四分律疏》五卷。在北齊時，他因連開講席，講經「意存綱領，不在章句」〔註34〕被時人稱作「裕菩薩」，後又被隋文帝三次下詔請為國統而不受。作為佛教史學家和律學家，靈裕得到了道宣的極致推崇，在道宣《續高僧傳》卷九《隋相州演空寺釋靈裕傳》中，道宣稱其為「自東夏法流，化儀異等，至於立教施行取信千載者，裕其一矣」〔註35〕。正是出於這個原因，靈裕所撰寫的兩部關於祇洹精舍的作品《寺誥》和《聖蹟記》便受到道宣的極大關注。此二書現已不存，根據其名稱判斷，《寺誥》是有關寺院規制的著作，《聖蹟記》則是求法僧人所見所聞的彙編。道宣在其早年作品《四分律刪繁補闕行事鈔》中即對《寺誥》有所引用，稱「有

〔註31〕 （唐）道宣，中天竺舍衛國祇洹寺圖經//大正新修大藏經，第45卷，諸宗部，二，河北：河北省佛教協會，2009：882。
〔註32〕 （唐）道宣，律相感通傳//大正新修大藏經，第45卷，諸宗部，二，河北：河北省佛教協會，2009：881。
〔註33〕 （唐）道宣，續高僧傳，卷第二十一，鄴東大衍寺釋曇隱傳//大正新修大藏經，第50卷，史傳部，二，河北：河北省佛教協會，2009：608。
〔註34〕 （唐）道宣，續高僧傳，卷第九，隋相州演空寺釋靈裕傳//大正新修大藏經，第50卷，史傳部，二，河北：河北省佛教協會，2009：495。
〔註35〕 （唐）道宣，續高僧傳，卷第九，隋相州演空寺釋靈裕傳//大正新修大藏經，第50卷，史傳部，二，河北：河北省佛教協會，2009：498。

盛德法師造寺誥十篇，具明造寺方法，祇桓圖樣，隨有所造，必準正教。並護持、匡眾、僧網、綱要等。事繁不具，略引宗科造寺一法」〔註36〕並寫到「祇桓圖中，凡立木石土字並有所表，令人天識相知釋門多法」〔註37〕。很顯然，靈裕的《寺誥》是以祇洹寺爲範例撰寫的寺院建造指南，其中還附有祇園圖像。《祇洹寺圖經》中多次出現《寺誥》及《聖蹟記》的內容，如開篇即有《寺誥》對寺之別稱的說明：「依《寺誥》中凡有十名：一曰寺也，二曰淨住舍，三曰法同舍，四曰出世舍，五曰精舍，六曰清淨園，七曰金剛淨刹，八曰寂滅道場，九曰遠離處，十曰親近處也。」〔註38〕隨後，在描寫祇洹寺院牆時道宣再次引用《寺誥》稱：「案寺誥云，外面重院，牆外表三歸依止外護相；內一重院，牆內表三寶因果歸鏡相。內院高出外院五尺以表三寶因果出過五道故也。」〔註39〕另外還有「案裕師《聖蹟記》，寺開東北二門，遶祇洹院有十八寺。又案《寺誥》云，祇洹一所四門通徹，十字交過」〔註40〕以及「裕師又說次小巷北第二院名聖人病坊院」〔註41〕等。儘管現今已無法看到《寺誥》及《聖蹟記》的原文，但從以上引文不難推測，首先，正如道宣在《四分律刪繁補闕行事鈔》所述，《寺誥》所描繪的祇洹圖裏各個建築及其形制、尺寸都有對佛法內涵的充分表達；其次，靈裕《寺誥》中對祇洹寺的介紹非常具體，涉及到了每一個別院的方位和名稱，其細緻程度很可能並不亞於道宣在《祇洹寺圖經》中的描寫，同時，從「裕師又說次小巷北第二院名聖人病坊院」〔註42〕這句話判斷，靈裕筆下的祇洹寺應該也是多院落的布

〔註36〕（唐）道宣，四分律刪繁補闕行事鈔，卷下，僧像致敬篇第二十（造立像寺法附）//大正新修大藏經，第 40 卷，律疏部・論疏部，一，河北：河北省佛教協會，2009：134。

〔註37〕（唐）道宣，四分律刪繁補闕行事鈔，卷下，僧像致敬篇第二十（造立像寺法附）//大正新修大藏經，第 40 卷，律疏部・論疏部，一，河北：河北省佛教協會，2009：134。

〔註38〕（唐）道宣，中天竺舍衛國祇洹寺圖經，卷上//大正新修大藏經，第 45 卷，諸宗部，二，河北：河北省佛教協會，2009：883。

〔註39〕（唐）道宣，中天竺舍衛國祇洹寺圖經，卷上//大正新修大藏經，第 45 卷，諸宗部，二，河北：河北省佛教協會，2009：883。

〔註40〕（唐）道宣，中天竺舍衛國祇洹寺圖經，卷上//大正新修大藏經，第 45 卷，諸宗部，二，河北：河北省佛教協會，2009：883。

〔註41〕（唐）道宣，中天竺舍衛國祇洹寺圖經，卷上//大正新修大藏經，第 45 卷，諸宗部，二，河北：河北省佛教協會，2009：894。

〔註42〕（唐）道宣，中天竺舍衛國祇洹寺圖經，卷上//大正新修大藏經，第 45 卷，諸宗部，二，河北：河北省佛教協會，2009：894。

局。聯繫到 2002 年發現的東魏北齊大型多院落佛寺遺址，此處似乎可以認爲，在靈裕所處的北齊至隋這一時期，多院落布局可能已經成爲當時佛教寺院的主流佈局形式了。

在道宣的兩本圖經中還能看到他對於其他材料的引用，如《戒壇圖經》云：「如《賢愚經》，初搆祇栖，在八十頃地中，布金買地」〔註43〕，證明前文所述《賢愚經》中對祇洹寺的描寫的確被道宣所參考，甚至道宣筆下祇洹寺「基趾八十頃地」〔註44〕這一數據很可能也是自《賢愚經》而來。又如兩本圖經中都出現了一本被稱作《別傳》的書，《戒壇圖經》曰：「檢《別傳》云：『佛在祇樹園中，樓至比丘請佛立壇，爲結戒受戒故。爾時如來依言許已，創置三壇。』」〔註45〕以及「又案《別傳》：『祇桓一寺，頓結三壇，今雖荒毀，不妨初有。』」〔註46〕等等，《祇洹寺圖經》裏則有「依今別傳，且渠國中見有此經〔註47〕十萬餘偈。玄奘法師亦將梵本，只譯一分，名大菩薩藏，廣明大乘、六度、四攝，佛不共法，餘者未出也」〔註48〕。此《別傳》的具體名稱在兩本圖經中均未言明。道宣早年的著作《四分律刪繁補闕行事鈔》裏有一處關於祇洹寺的信息稱：「若依《中國本傳》云，祇桓西北角日光沒處爲無常院，若有病者安置在中」〔註49〕，介紹的是該寺中用於安置將死比丘的無常院的具體位置。宋代律僧元照在其《四分律行事鈔資持記》中認爲此「中國本傳，《壇經》所謂別傳是也」〔註50〕。然而檢索現存大藏經全文，此《中國本傳》只出現於道宣《四分律刪繁補闕行事鈔》和元照的《四分律行事鈔

〔註43〕（唐）道宣，關中創立戒壇圖經//大正新修大藏經，第 45 卷，諸宗部，二，河北：河北省佛教協會，2009：812。

〔註44〕（唐）道宣，中天竺舍衛國祇洹寺圖經，卷上/大正新修大藏經，第 45 卷，諸宗部，二，河北：河北省佛教協會，2009：883。

〔註45〕（唐）道宣，關中創立戒壇圖經//大正新修大藏經，第 45 卷，諸宗部，二，河北：河北省佛教協會，2009：807。

〔註46〕（唐）道宣，關中創立戒壇圖經//大正新修大藏經，第 45 卷，諸宗部，二，河北：河北省佛教協會，2009：812。

〔註47〕指《大寶積經》。

〔註48〕（唐）道宣，中天竺舍衛國祇洹寺圖經，卷上//大正新修大藏經，第 45 卷，諸宗部，二，河北：河北省佛教協會，2009：888。

〔註49〕（唐）道宣，四分律刪繁補闕行事鈔，卷下，瞻病送終篇第二十六//大正新修大藏經，第 40 卷，律疏部·論疏部，一，河北：河北省佛教協會，2009：144。

〔註50〕（宋）元照，四分律行事鈔資持記，下四，釋瞻病篇//大正新修大藏經，第 40 卷，律疏部·論疏部，一，河北：河北省佛教協會，2009：411。

資持記》，因此「中國本傳」很可能也只是一個代稱而非眞實書名。如果以此「無常院」爲線索繼續探尋，則可以發現道宣寫於貞觀十九年（645）的著作《四分律比丘尼鈔》卷下《送終篇第二十八》中有云：「如《西國祇桓圖》云，寺西北角日光沒處爲無常院，若有病者安置在中」〔註51〕。此《四分律比丘尼鈔》所引《西國祇桓圖》中字句與《四分律刪繁補闕行事鈔》裏所述《中國本傳》的文字完全相同，從這一點判斷，這個《西國祇桓圖》很可能就是《中國本傳》也就是兩本圖經中頻繁出現的《別傳》的眞實名稱。遺憾的是，關於此《西國祇桓圖》目前並無任何更多的資料可供進一步分析，但至少可以知道的是，在道宣之前，除靈裕法師的《寺誥》和《聖蹟記》外，還有其他針對祇洹寺的文字與圖像描述，《西國祇桓圖》就是其中重要的一例。

事實上，從目前的史料來看，在南北朝時期的確存在過關於祇洹寺的其他文獻資料。《魏書》卷五十二《趙柔傳》有云曰：「隴西王源賀采佛經幽旨，作祇洹精舍圖偈六卷，柔爲之注解」〔註52〕。源賀（？～479）原名禿髮破羌，北魏名將。他所作的六卷《祇洹精舍圖偈》現已不存，從作品名稱推測，這可能是以偈的形式所作的祇洹精舍介紹，同時附有繪圖。《魏書》稱該圖偈「咸得理衷，爲當時儁僧所欽味焉」〔註53〕，則該書在當時很可能相當風行並廣爲流傳。這也是目前已知最早的針對祇洹寺所作的帶有繪圖的書籍。雖然在道宣的作品中並未提到這本圖偈，但從時間上判斷，靈裕有可能看過此書，其所作的《寺誥》和《聖蹟記》因此也可能受到了《祇洹精舍圖偈》的影響。

道宣在《祇洹寺圖經》序言中還提到了若干西域求法高僧：「自告隱兩河，歸眞雙樹，法流振旦，方聞勝蹤。而法勇、法盛之儔，道邃、道生之侶，憤發精爽，慷慨未聞，視死若生，追蹤高軌。既達故地，止見遺塵。雅相雖繁，終傳往跡。」〔註54〕根據現存史料，法勇和法盛是東晉、南朝時期的僧人，都曾西行求法並著有傳記，其傳記如今雖已散佚，但根據道宣的敘述，法勇、

〔註51〕（唐）道宣，四分律比丘尼鈔，卷下，送終篇第二十八//《弘一大師全集》編輯委員會，弘一大師全集7・佛學卷7，福州：福建人民出版社，1991.06：202。

〔註52〕（北齊）魏收，魏書，第四冊，卷五一至卷六八（傳），北京：中華書局，1974.06：1162。

〔註53〕（北齊）魏收，魏書，第四冊，卷五一至卷六八（傳），北京：中華書局，1974.06：1162。

〔註54〕（唐）道宣，中天竺舍衛國祇洹寺圖經//大正新修大藏經，第45卷，諸宗部，二，河北：河北省佛教協會，2009：882～883。

法盛以及另外兩位僧侶道邃和道生應該都訪問過祇洹精舍。道宣稱其「既達故地，止見遺塵。雅相雖繁，終傳往跡」〔註55〕，可見道宣不僅參閱過他們的傳記，同時也認爲儘管他們見到的祇洹精舍只餘遺跡並且因多次重建而繁雜難辨，但還是多少存留了最初的痕跡。由此可以推斷，道宣撰寫兩本圖經應參考過這四位高僧的著作。此外，道宣在《祇洹寺圖經》中稱：「裕師《聖蹟記》總集諸傳，以法顯爲本」〔註56〕，因此道宣對法顯的傳記也應該非常熟悉。事實上道宣在經文中描述祇洹寺東、西、南三面開門，南門大門五間三重，東面大門十七門十二重，將東門的地位和形制如此誇大，很難說不是受到了法顯行記中對祇洹精舍東門描述的影響。前文已述，唐太宗貞觀十九年（645），高僧玄奘取經回抵長安，道宣被詔入長安城修德坊弘福寺協助譯經，出任綴文大德。道宣在弘福寺的這段時間內勢必與玄奘有所交往，玄奘在西域的見聞，包括對祇洹精舍的描述，應該也是道宣寫作的重要資料。除卻西域求法高僧，根據道宣在《續高僧傳》卷二十七《釋道休傳》中的自述「余曾參翻譯，親問西域諸僧」〔註57〕，道宣在參與譯經的過程中還曾與西域僧人有所交流，因此，西域僧人的祇洹寺見聞應該也是道宣寫作資料來源的重要組成部分。

綜上所述，道宣的《祇洹寺圖經》和《戒壇圖經》乃借託天人受書而作，其最主要的資料來源應是隋代靈裕法師的《聖蹟記》和《寺誥》，除此之外經文的寫作還受到了各種經論、求法高僧以及西域高僧的影響。最終，在道宣本人的構思和還原之下，得以成就今天經文中所呈現的紛繁龐大的佛教世界。

3.2.2 《祇洹寺圖經》之傳播與流佈

考察現有資料，在《祇洹寺圖經》成書之後對其進行收錄或引用的著作有以下幾部：

(1) 道宣《關中創立戒壇圖經》記曰：「余所撰《祇桓圖》上下兩卷，修緝所聞，統收經律，討讎諸傳，極有蹤緒。」〔註58〕

〔註55〕（唐）道宣，中天竺舍衛國祇洹寺圖經//大正新修大藏經，第45卷，諸宗部，二，河北：河北省佛教協會，2009：883。

〔註56〕（唐）道宣，中天竺舍衛國祇洹寺圖經//大正新修大藏經，第45卷，諸宗部，二，河北：河北省佛教協會，2009：895。

〔註57〕（唐）道宣，續高僧傳，卷第二十七，釋道休傳//大正新修大藏經，第50卷，史傳部，二，河北：河北省佛教協會，2009：684。

〔註58〕（唐）道宣，關中創立戒壇圖經//大正新修大藏經，第45卷，諸宗部，二，河北：河北省佛教協會，2009：812。

（2）唐道世（？～683）所作《法苑珠林》第五十二卷《營造部》記曰：
「依宣律師《祇桓寺感通記》云，經律大明祇桓寺之基趾，多云八十頃地，一百二十院准，約東西近有十里，南北七百餘步……依南天王子撰祇桓圖一百卷，北天王子撰五大精舍圖二百卷，各在本天不可具述」〔註59〕。

（3）唐惠詳《弘贊法華傳》卷一《西域祇洹寺寶珠寶塔內說此經像》云：
「案祇洹圖云，前佛殿東樓上層有白銀像，像內有七寶樓觀，樓觀內有寶池寶花，花上有白玉像。池中蓮花內有白銀塔，於塔心中有眞珠塔，塔內有釋迦多寶二像，說法花經第七會者。又云妙法華經事同花嚴，波若多會說之，今之所翻當第三會。又云，複殿四臺五重，上層有吠摩尼珠，此珠過去諸佛曾於中說法花，三變淨土隨經所有，於中具現。」〔註60〕

（4）後周義楚《釋氏六帖》（954）卷二十一《寺舍塔殿部‧祇園精舍》記曰：「宣律師祇園感通紀云。地八十頃東西十里，須達布金買之。」〔註61〕

（5）宋贊寧太平興國（976～984）年間撰寫的《大宋僧史略》卷上曰：
「案祇洹圖經。寺中有坡黎師子，形如拳許大。口出妙音，菩薩聞之皆超地位。每至臘月八日，舍衛城中士女競持香花來聽法音。」〔註62〕以及「案靈裕法師《寺誥》，凡有十名寺……此土十名依《祇洹圖經》，釋相各有意致，如彼《寺誥》也。」〔註63〕

（6）又有贊寧《宋高僧傳》（988）卷第十四《唐京兆西明寺道宣傳》記曰：「又有天人云，曾撰《祇洹圖經》，計人間紙帛一百許卷。宣苦告口占，一一抄記上下二卷。」〔註64〕

〔註59〕（唐）道世，法苑珠林，卷第五十二，營造部//大正新修大藏經，第 53 卷，事匯部‧外教部‧目錄部，一，河北：河北省佛教協會，2009：591。

〔註60〕（唐）惠詳，弘贊法華傳，卷一，西域祇洹寺寶珠寶塔內說此經像//續藏經，第 149 冊，中國撰述，史傳部，臺北：新文豐出版公司，1994.11：1。

〔註61〕（五代）義楚，釋氏六帖，杭州：浙江古籍出版社，1990.10。

〔註62〕（宋）贊寧，大宋僧史略，卷上//大正新修大藏經，第 54 卷，事匯部‧外教部‧目錄部，二，河北：河北省佛教協會，2009：236。

〔註63〕（宋）贊寧，大宋僧史略，卷上//大正新修大藏經，第 54 卷，事匯部‧外教部‧目錄部，二，河北：河北省佛教協會，2009：237。

〔註64〕（宋）贊寧，宋高僧傳，卷第十四，唐京兆西明寺道宣傳//大正新修大藏經，第 50 卷，史傳部，二，河北：河北省佛教協會，2009：791。

（7）宋元照《芝園遺編》（1081）《南山律師撰集錄》記曰：「祇桓寺圖
二卷，乾封二年製，未見。圖經一卷，乾封二年製，未見。舊連書
於上，故省祇桓二字。」〔註65〕

（8）又有宋元照《四分律行事鈔資持記》卷三十七云：「《圖經》，近日
本將至，文有兩卷，即祖師撰者」。〔註66〕

（9）宋曇應《金剛經採微》云：「南山靈感傳云。祇桓寺基址。東西僅
十里。南北七里餘七十步。」〔註67〕

（10）日僧永超寬治八年（1094）所撰《東域傳燈目錄》記曰：「《四分
律含注戒本》三卷道宣，《戒壇圖經》同上，《祇園圖記》同上」
〔註68〕

此外，還有莫高窟晚唐第 9 窟榜題：「祇園記一百卷，《圖經》云：
南方天王第三子……」〔註69〕可能與圖經有關。

依據以上材料，可對《祇洹寺圖經》在漢地的傳播與流佈做一簡要分
析。首先，圖經名稱的變化。道宣《戒壇圖經》（1）中稱《祇洹寺圖經》
爲《祇桓圖》，道世《法苑珠林》（2）稱圖經爲《祇洹寺感通記》，惠詳《弘
贊法華傳》（3）中的名稱爲《祇洹圖》，義楚《釋氏六帖》（4）稱其爲《祇
園感通紀》。從宋代贊寧（5）（6）開始出現了《祇洹圖經》的稱呼，元照
（7）（8）的著述中也採用《圖經》一詞，另外還有一個孤例是年代最晚的
宋善月《金剛經採微》（9）中的《南山靈感傳》。從以上信息推測，《祇洹
寺圖經》最初的名稱可能爲《祇洹寺/祇園感通記》，共有上下兩卷，因其另
附祇洹寺圖一張，故或被簡稱爲《祇洹圖/祇桓圖》。及至宋代，《祇洹寺/
祇園感通記》的名稱失傳，圖經在傳記和經錄中均被稱作《祇洹圖經》，應
當是根據其內容和形式選取的名稱。而《金剛經採微》（9）中的《南山靈感

〔註65〕（宋）元照，芝園遺編，南山律師撰集錄//續藏經，第 105 冊，中國撰述，戒
　　　　律宗著述部，臺北：新文豐出版公司，1994：572～573。

〔註66〕（宋）元照，四分律行事鈔資持記，下四，釋瞻病篇//大正新修大藏經，第
　　　　40 卷，律疏部・論疏部，一，河北：河北省佛教協會，2009：399。

〔註67〕（宋）曇應，金剛經採微//續藏經，第 92 冊，中國撰述，大小乘釋經部，臺
　　　　北：新文豐出版公司，1995.02：175。

〔註68〕（日）永超，東域傳燈目錄//大正新修大藏經，第 55 卷，事匯部・外教部・
　　　　目錄部，三，河北：河北省佛教協會，2009：1156。

〔註69〕敦煌研究院，殷光明，敦煌石窟全集9，報恩經畫卷，上海：上海人民出版社，
　　　　2001.12：014。

傳》，大概也是因爲圖經名稱缺失，從經文落款「南山釋氏感靈所出」〔註70〕裏輯出所得。

其次，圖經的傳播與散佚。從上述材料判斷，從圖經成書到贊寧寫作《大宋僧史略》的這段時間內，《祇洹寺圖經》始終保持著一個持續的傳播過程。做此判斷是因爲《僧史略》中對《祇洹寺圖經》的引用來自圖經中「他方白衣菩薩之院」的描述，引文詳實有細節，當不是來自二手材料。然而近一百年後的宋神宗元豐四年（1081）當元照寫作《芝園遺編》時卻稱圖和經文均「未見」，這條信息似乎說明此時的《祇洹寺圖經》至少在元照所活動的餘杭郡失傳了。元照的另一本著作《四分律行事鈔資持記》又記載圖經兩卷「近日本將至」〔註71〕，由此看來，第一《四分律行事鈔資持記》寫在《芝園遺編》之後，可能爲元照晚年時的作品，第二在這一時期圖經又從日本回傳漢地，《金剛經採微》中所引《南山靈感傳》可能就是這次回傳的經文。而日僧永超寬治八年（1094）撰寫的《東域傳燈目錄》（10）中有道宣《祇園圖記》條目，從側面證實了此時圖經的確在日本寺院中得以保存。遺憾的是，之後《祇洹寺圖經》再未出現在任何文字引用或收錄之中，直到民國時期才重得於日本《續藏經》。由此可見，圖經在北宋時期回傳之後很快就再次散佚了。

最後，圖經流傳的區域。以上引文中作者的籍貫和所在地區，釋道世爲京兆人、西明寺僧，釋惠詳是藍谷沙門（今山西太原），義楚爲安陽（今山東菏澤）人、齊州開元寺僧，釋贊寧吳興德清（浙江德清）人、杭州祥符寺僧，元照爲餘杭人，曇應籍貫不詳。若以此爲圖經流傳區域的判斷依據，則《祇洹寺圖經》在我國北方以及江南地區均有跡可循，並且圖經的傳播似乎還經歷了一個由北及南的過程。此外，上文還提到莫高窟晚唐第9窟的榜題爲「祇園記一百卷，《圖經》云：南方天王第三子……」〔註72〕。前文已述，道宣在圖經中寫到「余聞天人垂跡南方天王第三子張璵者，撰述祇園圖經凡一百卷。」〔註73〕可見莫高窟榜題中的內容與《祇洹寺圖經》裏的說法相同。然而由於

〔註70〕　（唐）道宣，中天竺舍衛國祇洹寺圖經//大正新修大藏經，第45卷，諸宗部，二，河北：河北省佛教協會，2009：882。
〔註71〕　（宋）元照，四分律行事鈔資持記，下四，釋瞻病篇//大正新修大藏經，第40卷，律疏部‧論疏部，一，河北：河北省佛教協會，2009：399。
〔註72〕　敦煌研究院，殷光明，敦煌石窟全集9，報恩經畫卷，上海：上海人民出版社，2001.12：014。
〔註73〕　（唐）道宣，中天竺舍衛國祇洹寺圖經，卷上//大正新修大藏經，第45卷，諸宗部，二，河北：河北省佛教協會，2009：890。

圖經的資料來源十分龐雜，目前並無法判斷南方天王第三子撰寫祇園圖經一百卷的說法是否為道宣原創，如若確是，則圖經在晚唐時期曾流傳至敦煌，但在現有的條件之下，尚無法給出肯定的結論。

除了漢地的傳播與流佈，根據經文內容，還可以一窺圖經流傳日本的情況。大正新修大藏經版本的《祇洹寺圖經》末尾附有日僧圓珍的後記：「此圖經一本，苟湛譽禪師，自輸紙筆，兼勞書之。施于圓珍，甚喜，永為佛種後生，同會祇洹精舍，奉親牟尼金容，蒙授尊位。日本元慶四年八月一日。延曆寺沙門圓珍於總持坊記」〔註74〕。圓珍（814～891），日本讚岐國人，公元853年入唐，歷台州國清寺、越州開元寺、長安青龍寺和福州開元寺，於858年返回日本，攜帶經書441部以及諸寶物造器。日本元慶四年是公元880年，圓珍66歲，當時住在延曆寺總持坊。這段文字表明，目前這個版本的《祇洹寺圖經》是一名叫湛譽的禪師手抄並贈與圓珍的，同時也說明，在唐朝末期圖經仍然處於一個持續的傳播過程中。此外，從此版本圖經由日僧宗覺寫於日本天和元年（1681）的序言可知，宗覺於這一年移居至石清水神宮寺大乘律院，一名叫實長的比丘委託他翻刻圖經撰寫序言，並稱此圖經非常珍貴，京兆書堂都未曾收錄。由此看來，《祇洹寺圖經》雖在日本一值得以保存，但可能長期以來都只流傳於個別寺院之間，傳播範圍有比較大的局限性。

3.2.3 《戒壇圖經》之傳播與流佈

同樣，在《戒壇圖經》成書之後對其進行收錄或引用的著作有以下幾部：

(1) 日僧真人元開所著《唐大和上東征傳》（779）記載唐天寶十二年（753）鑒真和尚東渡日本時隨行物品中有「終南山宣律師《關中創開戒壇圖經》一卷。」〔註75〕

(2) 唐圓照《大唐貞元續開元釋教錄》（794）卷中記曰：「《京師西明寺錄》三卷，《釋氏道宣感通記》一卷，《關中創立戒壇圖經》一卷，右終南山故大德西明寺上座沙門釋氏道宣律師，修述共三部五卷，未入一切經藏，今請編入目錄。」〔註76〕

〔註74〕（唐）道宣，中天竺舍衛國祇洹寺圖經，卷下//大正新修大藏經，第45卷，諸宗部，二，河北：河北省佛教協會，2009：895。

〔註75〕（新羅）慧超，遊方記抄，唐大和上東征傳//大正新修大藏經，第51卷，史傳部，三，河北：河北省佛教協會，2009：993。

〔註76〕（唐）圓照，大唐貞元續開元釋教錄，卷中//大正新修大藏經，第55卷，事匯部·外教部·目錄部，三，河北：河北省佛教協會，2009：764～765。

（3）宋贊寧太平興國（976～984）年間撰寫的《大宋僧史略》卷上記曰：
　　「宣撰《戒壇經》一卷，今行于世。余嘗慨南山不明壇第四層覆釜
　　形儀制，故著《覆釜形儀》，樂者尋之，以輔博知也。今右街副僧
　　錄廣化大師眞紹先募邑社，於東京大平興國寺造石戒壇，一遵南山
　　戒壇經，宏壯嚴麗，冠絕於天下也。」〔註77〕

（4）宋道成天禧（1017～1021）年間所著《釋氏要覽》卷上曰：「《戒
　　壇圖經》云，尼師壇，如塔之有基。」〔註78〕同卷又曰：「《戒壇
　　圖經》云，夫欲受戒者，先於有智人所策發教於萬境之上起慈護
　　心。」〔註79〕

（5）宋元照宋元豐三年（1080）撰寫《佛制比丘六物圖》記曰：「《戒壇
　　經》云，三衣斷三毒也，五條下衣斷貪身也，七條中衣斷嗔口也，
　　大衣上衣斷癡心也。」〔註80〕

（6）宋元照《芝園遺編》（1081）《南山律師撰集錄》記曰：「《關中創立
　　戒壇圖經》一卷，乾封二年製，見行。」〔註81〕

（7）又有元照《四分律行事鈔資持記》引用《戒壇圖經》曰：「《戒壇圖
　　經》云，五條下衣斷貪身也，七條中衣斷嗔口也，大衣上衣斷癡心
　　也。」〔註82〕，此外《四分律行事鈔資持記》還以《戒壇經》爲名
　　對《戒壇圖經》進行了數次引用。

（8）日僧永超寬治八年（1094）所撰《東域傳燈目錄》記曰：「《四分律含
　　注戒本》三卷道宣，《戒壇圖經》同上，《祇園圖記》同上」〔註83〕。

〔註77〕　（宋）贊寧，大宋僧史略，卷上//大正新修大藏經，第 54 卷，事匯部‧外教
　　　　　部‧目錄部，二，河北：河北省佛教協會，2009：238。
〔註78〕　（宋）道成，釋氏要覽，卷上//大正新修大藏經，第 54 卷，事匯部‧外教部‧
　　　　　目錄部，二，河北：河北省佛教協會，2009：270。
〔註79〕　（宋）道成，釋氏要覽，卷上//大正新修大藏經，第 54 卷，事匯部‧外教部‧
　　　　　目錄部，二，河北：河北省佛教協會，2009：273。
〔註80〕　（宋）圓照，佛制比丘六物圖//大正新修大藏經，第 45 卷，諸宗部，二，河
　　　　　北：河北省佛教協會，2009：897。
〔註81〕　（宋）元照，芝園遺編，南山律師撰集錄//續藏經，第 105 冊，中國撰述，戒
　　　　　律宗著述部，臺北：新文豐出版公司，1994：571。
〔註82〕　（宋）元照，四分律行事鈔資持記，下一，釋二衣篇//大正新修大藏經，第
　　　　　40 卷，律疏部‧論疏部，一，河北：河北省佛教協會，2009：360。
〔註83〕　（日）永超，東域傳燈目錄//大正新修大藏經，第 55 卷，事匯部‧外教部‧
　　　　　目錄部，三，河北：河北省佛教協會，2009：1156。

（9）高麗王子義天（1055～1101）編著的《新編諸宗教藏總錄》記有「《戒壇圖經》一卷道宣述」〔註84〕。

（10）宋平江景德寺僧法雲（1088～1158）編纂之《翻譯名義集》中《寺塔壇幢篇第五十九》記曰：「《戒壇圖經》云，原夫塔字此方字書乃是物聲，本非西土之號。若依梵本瘞猗屬佛骨所，名曰塔婆」〔註85〕。

（11）日僧實範保安三年（1122）所撰《東大寺戒壇院受戒式》記曰：「私披宣師《四分律鈔》，覺師《鈔批》，憚師《毘尼討要》，並大唐《戒壇圖經》，本朝《法進式》等，抄出茲草一卷了」〔註86〕。

（12）由現存圖經文末題記可知，南宋臥龍景德院住持惟定曾於紹興二十二年（1152）根據舊版校刻過一版《戒壇圖經》〔註87〕。

（13）宋志磐景定（1260～1264）年間所著《佛祖統紀》引用《戒壇圖經》曰：「戒壇從地而立，三重為相，以表三空。帝釋又加覆釜以覆舍利。大梵王以無價寶珠置覆釜上，是為五重，表五分法身梵王寶珠，大如五斗瓶大福德者見之，光照八百由旬，薄福者見之如聚墨。（南山《戒壇圖經》）」〔註88〕。

（14）日僧忍仙所著《律宗行事目心鈔》〔註89〕（1328）提到《戒壇圖經》的名稱。

（15）日僧照遠撰述《資行抄》〔註90〕（1343～1349）多次引用《戒壇圖經》。

〔註84〕（高麗）義天，新編諸宗教藏總錄//大正新修大藏經，第55卷，事匯部‧外教部‧目錄部，三，河北：河北省佛教協會，2009：1174。

〔註85〕（宋）法雲，翻譯名義集，寺塔壇幢篇第五十九//大正新修大藏經，第54卷，事匯部‧外教部‧目錄部，二，河北：河北省佛教協會，2009：1168。

〔註86〕（日）實範，東大寺戒壇院受戒式//大正新修大藏經，第74卷，續諸宗部，五，河北：河北省佛教協會，2009：32。

〔註87〕（唐）道宣，關中創立戒壇圖經//大正新修大藏經，第45卷，諸宗部，二，河北：河北省佛教協會，2009：819。

〔註88〕（宋）志磐，佛祖統紀//大正新修大藏經，第49卷，史傳部，一，河北：河北省佛教協會，2009：156。

〔註89〕（日）忍仙，律宗行事目心鈔//大正新修大藏經，第74卷，續諸宗部，五，河北：河北省佛教協會，2009：107～130。

〔註90〕（日）照遠，資行抄//大正新修大藏經，第62卷，續律疏部‧續論疏部，一，河北：河北省佛教協會，2009：263～860。

（16）日僧惠光應永二年（1395）撰寫之《唐招提寺戒壇別受戒式》記曰：
「《戒壇圖經》云，十師請十方現在諸佛大菩薩聲聞僧眾普會戒壇，
天龍八部遍滿虛空」〔註91〕。

（17）明代萬曆年間（1573～1619）陳耀文所著《天中記》引用《戒壇圖
經》曰：「《戒壇圖經》云依梵本瘞佛骨所名曰塔婆」〔註92〕。

（18）明代釋元賢編著的《泉州開元寺志》（1643）記曰：「建炎二年（1128）
僧敦炤以壇制不盡師古，特考古圖經，更築之」〔註93〕。

（19）清代釋讀體所作《敕建寶華山隆昌寺戒壇銘》（不早於1662）記曰：
「南山宣祖於唐高宗麟德二年在淨業寺建石戒壇，依律授受如制宏
化，撰製《圖經》」〔註94〕。

（20）清嘉慶十三至十九年（1808～1814）董誥領銜編著的《全唐文》中
收錄有《關中創立戒壇圖經序》〔註95〕。

由以上材料可知，從唐乾封二年（667）圖經成書至南宋理宗景定年間
（1260～1264）釋志磐撰寫《佛祖統紀》的近6個世紀間，《戒壇圖經》在漢
地佛教界內廣為流傳，不僅經文內容被《釋氏要覽》等佛教類書引用，北宋
東京太平興國寺及南宋泉州開元寺的石戒壇亦皆以圖經之描述為形制參考。
元代之後關於圖經的記載減少，由於《天中記》（17）引用的經文亦出現在北
宋釋法雲所編《翻譯名義集》（10）中，故目前尚無法判斷作者陳耀文是否見
過《戒壇圖經》原文。同樣，釋讀體的《敕建寶華山隆昌寺戒壇銘》（19）稱
道宣建立石戒壇並撰製《圖經》，因其中沒有經文的引用故不能直接推測作者
讀過《戒壇圖經》。然而從嘉慶年間編纂的《全唐文》收錄圖經序言的情況看，
《戒壇圖經》的文字部分很可能自成書之日起就一直未曾間斷其在漢地的傳
播。然而遺憾的是，雖然唐代釋圓照撰寫的《大唐貞元續開元釋教錄》（2）
稱《關中創立戒壇圖經》「未入一切經藏，今請編入目錄」〔註96〕，但檢索歷

〔註91〕 （日）惠光，唐招提寺戒壇別受戒式//大正新修大藏經，第74卷，續諸宗部，
五，河北：河北省佛教協會，2009：33～34。

〔註92〕 （明）陳耀文，天中記，卷三十六，塔，清文淵閣四庫全書本：55～56。

〔註93〕 杜潔祥，中國佛寺史志匯刊，第2輯，第8冊，209、210泉州開元寺志，臺
北：明文書局，1980.10：20。

〔註94〕 杜潔祥，中國佛寺史志匯刊，第1輯，第41冊，138寶華山志，臺北：明文
書局，1980：21。

〔註95〕 （清）董誥，全唐文10，北京：中華書局，1983.11：9494～9495。

〔註96〕 （唐）圓照，大唐貞元續開元釋教錄，卷中//大正新修大藏經，第55卷，事
匯部・外教部・目錄部，三，河北：河北省佛教協會，2009：765。

代二十五種大藏經目錄,《戒壇圖經》均未收錄其中。現存圖經版本與《祇洹寺圖經》相同,來自民國時期日本的《續藏經》。

圖經在日本的流傳可以追溯至唐天寶十二年(753)的鑒眞東渡,此時距圖經成書還不到 100 年。此後日本僧人撰述的多部經文中均對《戒壇圖經》有所提及(8、11、14、15、16)。根據陳懷宇的考證,鑒眞在東大寺建立的戒壇(759)參考了道宣關中戒壇的形制,現存的十三世紀戒壇也在一定程度上保留了最初的狀態〔註 97〕。圖經至韓國的傳播路徑與時間不明,但根據《新編諸宗教藏總錄》(9)的記載,至遲 11 世紀時,《戒壇圖經》已經開始在高麗傳播,然而由於《新編諸宗教藏總錄》所記的《高麗續藏經》在高麗高宗十九年(1232)時毀於蒙古兵火,現存以《初刻高麗藏》〔註 98〕爲底本的《高麗大藏經》中並未收錄《戒壇圖經》,高宗十九年後圖經在韓國的傳播情況尚不得而知。

3.3　本章小結

本章是《祇洹寺圖經》與《戒壇圖經》的基礎研究,主要內容分爲兩部分。第一部分是圖經寫作背景的梳理以及寫作目的的分析。在道宣所處的初唐時代,漢地佛教受到了統治者的抑制,佛教地位被置於道教之下,僧團規模的發展及寺院建設的數量均不容樂觀。這一時期的宗教環境以及在末法時代僧團表現出的各種不良行爲使道宣深刻的感受到了佛教的危局。他敏銳的察覺出在這樣一種情況下,只有弘揚戒律才可使佛法久住。因此,除了積極參加護法行動,道宣同時通過著書立說來護持及弘揚佛法。他創建的四分律學以及撰寫出的《淨心誡觀法》、《量處輕重儀》等著作都意在建立一套標準的僧團秩序。而本文的研究對象《祇洹寺圖經》與《戒壇圖經》即是在這樣一個前提之下由道宣總結而成的關於寺院建設準則的指南。其寫作的基本目的在於通過對佛教建築空間、式樣及尺度的規定,使寺院建設有法可依,使其建築中的一磚一石都能彰顯佛法的精要,而不至因競相奢靡橫遭統治者詬病。

〔註97〕Chen Huaiyu, The revival of Buddhist monasticism in medieval China, Princeton University, 2005:128～130.
〔註98〕以《開寶藏》初刻本爲底本。

　　本章的第二部分是關於兩本圖經寫作的可能來源以及日後傳播與流佈的探討。根據道宣在圖經中的自述，最初的祇洹寺圖與圖經均爲天人所撰，道宣晚年在與天人感應的過程中獲傳祇洹圖像，進而寫出《祇洹寺圖經》。同時，隋代靈裕法師所撰寫的《寺誥》和《聖蹟記》也是道宣寫作的重要參考。另外根據筆者的考證，道宣在寫作過程中還受到了《賢愚經》等經文以及西域求法高僧的影響。由於在撰出圖經後不久道宣律師即圓寂西歸，這兩本圖經的流傳範圍和時間都沒有達到其應有的高度。在漢地佛教界，《祇洹寺圖經》在北宋時期就已失佚，而《戒壇圖經》可能從成書之日起就一直保持著一個較爲持續的傳播過程，但兩本圖經均未被收入歷代大藏經。與此同時，兩本圖經東傳至日本之後反而得到了較好的保存，現在流傳的圖經版本均爲民國時期從日本翻印所得。

第 4 章　兩部圖經的建築研究

4.1　圖經中寺院的基本格局

4.1.1　《祇洹寺圖經》中寺院基本格局概述

　　根據圖經內容，祇洹寺「大院有二」[註1]，西邊大院「僧佛所居」[註2]，稱作「道場」或「金剛場」（下文均稱「道場」）；東邊大院名「供僧院」，中有果園、竹菜園、造食廚和食林，是寺院的後勤區域。東西兩院之間有一條三里寬的道路，路中種有林樹十八行，東西兩側還有清渠湍流向北。

　　「道場」有牆三重，牆高二丈。東、西、南三面開門。南牆之中共設三門，中門五間三重樓，左右二門（下文記爲東南門和西南門）三間三重樓。東西兩面各有一門[註3]，東門是「四方道俗初來禮覲」[註4]時所入之門，最爲高大壯麗，有十七門十二重；西門情況文中未言明，考慮到這是去世僧人被送離寺院時所出之門，其形制當並不突出。

〔註1〕（唐）道宣，中天竺舍衛國祇洹寺圖經，卷上//大正新修大藏經，第 45 卷，諸宗部，二，河北：河北省佛教協會，2009：883。

〔註2〕（唐）道宣，中天竺舍衛國祇洹寺圖經，卷上//大正新修大藏經，第 45 卷，諸宗部，二，河北：河北省佛教協會，2009：883。

〔註3〕經文在描述比丘尼來請教授之院時提到「一門北對東門街」，推測道場東面除了前述的東門之外在東南角可能還有另外一個朝東開的小門。考慮到院落整體的對稱格局，西面的相應位置可能也有一個朝西開的小門。這種東小門和西小門的設置也與現存的《祇桓寺圖》相吻合。

〔註4〕（唐）道宣，中天竺舍衛國祇洹寺圖經，卷上//大正新修大藏經，第 45 卷，諸宗部，二，河北：河北省佛教協會，2009：884。

　　東西一門之間是　條橫貫全院的大路，經文中稱為「中道」、「中街」、「中永巷」或「大巷」，以下均記為「中道」。以此路為界，整個「道場」被分為南北兩部分。按文中內容所示，南邊諸院落主要用於接待以及接受外部供養。北邊以居中的佛院為主體，環繞以僧房及其他輔助房間。

　　中道之南以南面中門為基準，左右兩邊院巷的格局基本對稱。根據經文的記載，以南面中門和東南門為起點分別有兩條南北方向的「大街」連通「中道」。正南大街由南向北依次為「寺大南門」（即南面中門）、「大橋」、五開間「烏頭門」和九間五門七重樓的「端門」，大街兩旁還成排種植著長滿奇花異果的樹木。東南大街與之類似，從東南門開始經過橋和五道五開間的「烏頭門」〔註5〕與中道相連。南面中門的西邊並未出現有與「大街」相關的字句，但從文中「大中門左右院巷門戶當對水樹交加」〔註6〕的敘述和正南大街西側的院落布局來看，「道場」西邊應該有與東南大街對稱的街道存在。這三門三街將中道之南的二十九個院落劃分為四組。南門與東南門之間有七院，東南門的東邊有九院，南門與西南門之間又為七院，西南門之西有六個院落。幾乎每個院內都設立一座殿堂。

　　中道以北是道場的主體部分，其中部有一大院「唯佛獨居」〔註7〕，被稱為中院，又稱佛院。中院南端的端門在正南大街上，即上文所述「九間五門七重樓的『端門』」。在端門北邊與其相對的是中院的南門，有七門七重樓。進入中院南門即是整個祇洹寺最重要的一組建築群。從南邊種滿蓮花的大方池及其東西兩側的戒壇開始，依次分佈著七層佛塔及佛塔左右二鐘臺，大佛殿及由飛廊連接的東西夾殿，第二大複殿及由飛廊連接的東西樓觀，以及最北邊的三重高閣及由飛廊連接的東西大寶閣。除中軸線上的這一組建築之外，中院北牆的東西兩角還各有一個佛庫，作儲藏花香供具之用。中院東西北三方有永巷環繞，永巷之外另有僧房，亦稱繞佛房，為二層重屋，供佛的弟子及僧眾居住。其外三邊有大巷，巷的南端與中道相連開兩門，分別被稱

〔註5〕「直北跨橋有烏頭門。五道亘入又至五門方達中街。」引自（唐）道宣，中天竺舍衛國祇洹寺圖經，卷上//大正新修大藏經，第45卷，諸宗部，二，河北：河北省佛教協會，2009：884。

〔註6〕（唐）道宣，中天竺舍衛國祇洹寺圖經，卷上//大正新修大藏經，第45卷，諸宗部，二，河北：河北省佛教協會，2009：884。

〔註7〕（唐）道宣，中天竺舍衛國祇洹寺圖經，卷上//大正新修大藏經，第45卷，諸宗部，二，河北：河北省佛教協會，2009：886。

爲中院東門和中院西門。中院東門以東分爲五院，中院西門以西分爲六院，
北部大巷的北側另有東西方向橫列的六所。除此之外，整個道場（包括南部
與北部）的四角還各有一個院落用來放置神像。這就是祇洹寺「道場」的基
本格局。（圖 4.1）

　　如前所述，道場向東三里外有供僧房。供僧房被橫向的兩條巷子（分別
被稱爲南巷和北巷）分爲由南至北的三個大院。與道場相似，供僧房亦爲東、
西、南三面開門。南面正中開一門名爲「寺大園門」，東面在南巷東盡頭開一
個東門，西面在南、北兩巷西盡頭各開一個西門。

　　南端大院沒有單獨的名稱，以「寺大園門」爲起點的南北巷道將大院分
爲東西兩部分，每部分又各自分出三院。中部大院又名「供食院」，橫向分爲
兩院並各有東、西坊，是貯藏食材和烹飪食物的場所。最北大院是「僧食所」，
大院中部有大食堂，東西兩側各分出數個輔助用房。祇洹寺供僧房的布局和
全寺的平面分佈示意如下圖所示。（圖 4.2、圖 4.3）

4.1 《祇洹寺圖經》中祇洹寺「道場」平面格局示意圖

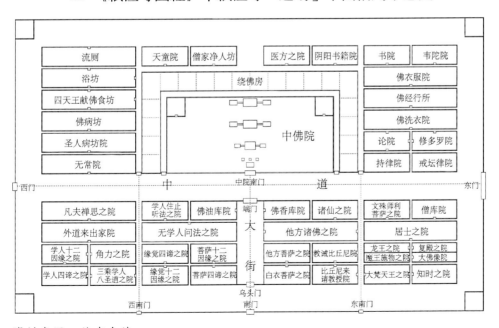

資料來源：作者自繪

圖 4.2 《祇洹寺圖經》中祇洹寺「供僧院」平面格局示意圖

浴室坊	食林	凡僧病人院	病人大小便处
脱着衣院		药库	
		僧净人常行食者小便处	

西門

| 净人院 | 食厨院 | 米面库众院 |
| | 食厨院 | 仓碾碓硙院 |

西門　　　　　　　　　　　　　　　　　　　　東門

| 果园 | 诸王夫人解衣服院 | 解衣车马处 |
| 诸圣人诸天王众出家处 | 凡下出家处 | 竹菜园 |

寺大南门

資料來源：作者自繪

圖 4.3 《祇洹寺圖經》中祇洹寺平面格局示意圖

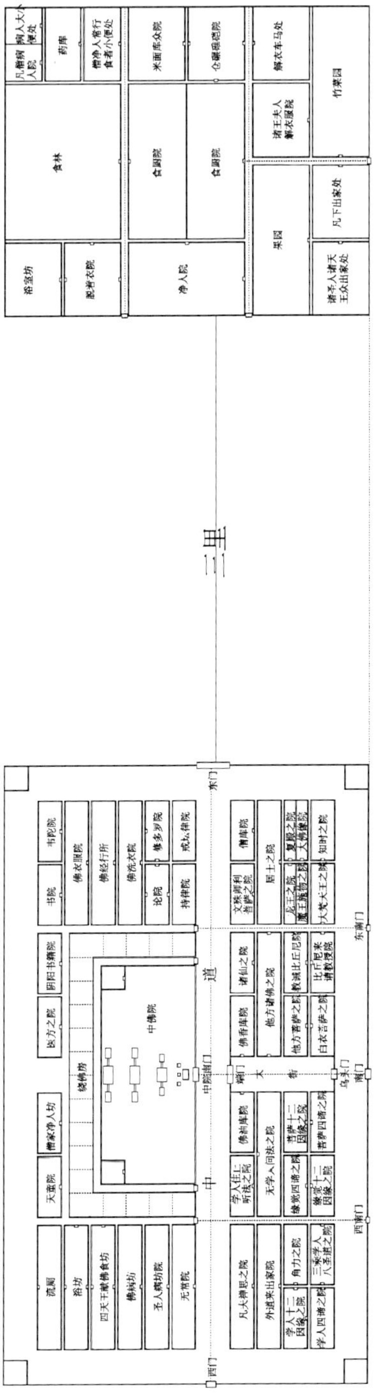

資料來源：作者自繪

4.1.2 《戒壇圖經》中寺院基本格局概述

《戒壇圖經》對其所述祇樹園的描寫較爲簡略。

根據經文內容，祇樹園內共有64院，中間通衢大巷將該園分爲南北兩部分。南側26院，以南院牆上中、東、西三門爲界劃分四個區域。西門之西六院，東門之東七院，中門與西門間7院，中門與東門間六院。

大巷北側正中爲佛院，院內分19所。從院門開始由南至北依次爲：院門內東西兩側戒壇、中軸線上前佛殿及殿東西兩側的三重樓、七重塔及東側鐘臺和西側經臺、後佛說法大殿及東西兩側五重樓、三重樓、九金鑊、方華池和最北面的三重閣及閣東西兩側五重樓。此外還有東佛庫和西佛庫。

佛院外又分十九院，中院東7院，中院西6院，中院北還有6院東西橫列。《戒壇圖經》沒有提到《祇洹寺圖經》中環繞佛院的僧院。但從其文記載大巷北側共開五門並有兩條環繞一周的巷道〔註8〕這一格局來看，《戒壇圖經》中的祇樹園應與《祇洹寺圖經》中的祇洹寺一樣，在佛院外有東西北三邊永巷，南側盡頭開兩道門連接東西大巷；永巷外設一周僧院，僧院外又有三邊永巷開兩道門於東西大巷之上。只有如此才能合理的形成上述大巷北側五門兩周巷的格局。因此，《戒壇圖經》中佛院外應該也是有僧院的。在本文的復原研究中，祇樹園中佛院將按照「佛院-永巷-僧院」的模式進行繪圖。

以上就是《戒壇圖經》中祇樹園的基本格局。由其內容可以看出，《戒壇圖經》裏的祇樹園即相當於《祇洹寺圖經》中祇洹寺的「道場」部分。祇洹寺「道場」部分共有院落53個，《戒壇圖經》的祇樹園除中佛院外共有45個別院，加上中佛院裏包括九金鑊、方華池在內的19處建（構）築物，正好湊齊「64」這個數字。從嚴格意義上來講，稱祇樹園「總有六十四院」〔註9〕並不合適，甚至連道宣自己在行文時也記載「正中佛院之內有十九所」〔註10〕而非十九院。如果祇樹園各別院內均有一座殿堂（或戒壇），那麼整個祇樹園應是「總有四十六院，共六十四所」。

〔註8〕　「在通衢外，巷北自分五門，二巷周通南出。」引自（唐）道宣，關中創立戒壇圖經//大正新修大藏經，第45卷，諸宗部，二，河北：河北省佛教協會，2009：811。

〔註9〕　（唐）道宣，關中創立戒壇圖經//大正新修大藏經，第45卷，諸宗部，二，河北：河北省佛教協會，2009：810。

〔註10〕　（唐）道宣，關中創立戒壇圖經//大正新修大藏經，第45卷，諸宗部，二，河北：河北省佛教協會，2009：811。

　　根據前後文，祇樹園 64 院這一數據當來自《戒壇圖經》所引《聖蹟記》，該書記載祇洹寺「七日所成，大房三百口、六十餘院」〔註11〕。《聖蹟記》現已不存，北涼曇無讖（385～433）所譯《大般涅槃經》中有「須達長者七日之中成立大房，足三百口。禪房靜處六十三所。冬室夏堂各各別異。廚坊、浴室、洗腳之處。大小圊廁無不備足。」〔註12〕的描述。從文意判斷，《聖蹟記》裏關於祇樹園建造時間、房間和院落數量的記載即來源與此。然而，必須要指出的是，《大般涅槃經》對於祇樹園的描寫，無論是大房、禪房靜處或者冬室夏堂、廚坊、浴室等均以「口」、「所」等計，並沒有明確體現出「院」的概念。而道宣轉引的《聖蹟記》，則直接將《大般涅槃經》裏的「禪房靜處六十三所」改成了「六十餘院」。這一轉變，無論是靈裕或者道宣為之，都可以認為反映出的是當時大型佛教寺院採用 「多院式」這一形式所帶來的影響。而將質數 63 改為「六十餘」，最後變成平方數 64，似乎也體現了一種「由西而中」的變化。其實這種轉述時的「中國化」表達尚不只這一處。前文已述，《高僧法顯傳》裏記載「祇洹精舍大院各有二門。一門東向，一門北向。」〔註13〕而道宣轉引的《聖蹟記》則稱「寺有二門，一南一東」〔註14〕。根據現有資料，《聖蹟記》中寺有二門的描寫應來自《高僧法顯傳》，但將東門和北門改為東門和南門，則顯然是一種更適合中國國情的表達。

　　由上所述，可以繪製出《戒壇圖經》中祇樹園的基本格局示意圖。（圖 4.4）

　　道宣所述《祇洹寺圖經》之祇洹寺「道場」與《戒壇圖經》之祇樹園，名稱相異且摹寫詳略甚殊，但二者建築格局卻基本相同。兩寺均被東西方向大街劃為南北兩部分，南部有三門，分四個區域，每個區域內有若干院；北部以居中的中佛院為主體，中佛院東、西、北三個方向各成一個區域並包含數個院落。這一模式與里坊制的唐長安城有異曲同工之處。唐長安城，以金光、春明二門所在橫街為界，可分為皇城所在的北部及皇城以南的南部兩部

〔註11〕　（唐）道宣，關中創立戒壇圖經//大正新修大藏經，第 45 卷，諸宗部，二，河北：河北省佛教協會，2009：812。

〔註12〕　（北涼）曇無讖，大般涅槃經//大正新修大藏經，第 12 卷，寶積部‧涅槃部，二，河北：河北省佛教協會，2009：541。

〔註13〕　（東晉）法顯，高僧法顯傳//大正新修大藏經，第 51 卷，史傳部，二，河北：河北省佛教協會，2009：860。

〔註14〕　（唐）道宣，關中創立戒壇圖經//大正新修大藏經，第 45 卷，諸宗部，二，河北：河北省佛教協會，2009：812。

分，南城牆上開三城門，將南部分爲四個區域，每個區域內有若干里坊；北部以居中的皇城及其北側的東宮、太極宮、掖庭宮爲主體，主體部分東西兩個方向各成一個區域並包含若干里坊。兩相比較，雖然尺度和比例關係大不相同，但唐長安城除去其最北部是宮廷區而非里坊區這一點外，其餘的部分與祇洹寺「道場」和祇樹園基本同構。（圖 4.5）

祇洹寺「道場」和祇樹園與唐長安城的這一同構現象，一方面或許是因爲道宣久居長安城中〔註 15〕，熟悉其規劃模式，當他試圖構建一個遠大於一般寺院尺度的「理想寺院」之時，即比照了唐長安城；而另一方面，如果說道宣之祇洹寺可能是唐代大型多院式寺院的反映，那麼這一現象是否也能夠說明當時大型多院式寺院或許的確類似唐長安城，採用的是一種主體部分位於北部正中，各別院環繞主體部分分佈並多集中於整個寺院的南側的格局形式呢？

圖 4.4 《祇洹寺圖經》中祇樹園平面格局示意圖

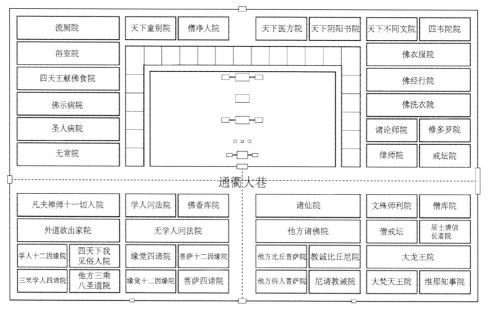

資料來源：作者自繪

圖 4.5　唐長安平面示意圖

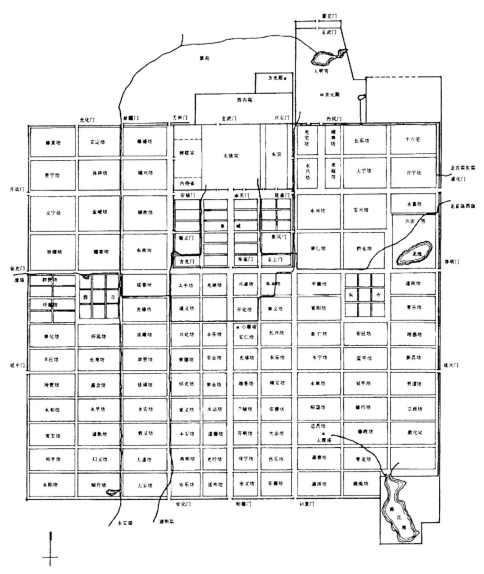

資料來源：傅熹年，中國古代建築史，第 2 卷，兩晉、南北朝、隋唐、五
代建築，北京：中國建築工業出版社，2001.12：318

4.1.3 「祇洹寺圖」〔註16〕中寺院基本格局概述

在討論「祇洹寺圖」中寺院基本格局之前，需要先進行「祇洹寺圖」現存版本及其可能源流的探討。

現存「祇洹寺圖」共有兩張。

其一即大正新修大藏經第45卷，No，1892《關中創立戒壇圖經》之插圖。根據該圖經文末題記，南宋臥龍景德院住持惟定，爲使道宣戒壇之制聞於其時，曾於紹興二十二年（1152）根據舊版校刻過一版《戒壇圖經》〔註17〕。現有研究多認爲該附圖是此次翻印時所刻〔註18〕。（圖4.6）另一張「祇洹寺圖」收錄於伊東忠太《東洋建築の研究》下冊〔註19〕，圖名爲《給孤獨園圖》，出處不詳，伊東忠太稱其當爲《祇洹寺圖經》的附圖〔註20〕。（圖4.7）該圖下方有一簡短文字說明，落款表明此圖爲日本天和三年（1683）三緣山某位僧人翻刻元延祐二年（1315）杭州路南山大普寧寺明晟比丘之圖所得。

〔註16〕 「祇洹寺圖」並非圖名，因圖中描繪內容爲道宣所述之祇洹寺，本文即將此圖稱爲「祇洹寺圖」，以下均同。

〔註17〕 「吾祖之道，猶義和昇於隅夷，則何物不明矣！幸於早年尋師問津，探賾其奧旨，時爲節度僧道，而傳演之道難矣。遂守愚於開元昭慶，會證悟依止，重築戒壇，忝預校量制度。壇將成，因思吾祖戒壇圖經，眞悟記主雖曾鏤板，緣兵火煨燼，深慮湮沒其道，遂遍募同袍，仍將舊本校刻流通，永彰不朽，使末代知壇制之殊勝耳。時紹興二十二年十二月朔臥龍景德院住持比丘（惟定）題」引自（唐）道宣，關中創立戒壇圖經//大正新修大藏經，第45卷，諸宗部，二，河北：河北省佛教協會，2009：819。

〔註18〕 鍾曉青，初唐佛教圖經中的佛寺布局構想，建築師，83，北京：中國建築工業出版社，1998.08：98。並何培斌，理想寺院：唐道宣描述的中天竺祇洹寺，建築史論文集16，北京：清華大學出版社，2002.06：278。

〔註19〕 伊東忠太，東洋建築の研究，下，伊東忠太著作集：伊東忠太建築文獻，第1期，4，東京：原書房，1982。

〔註20〕 「第三は第九九八圖の如きもので給孤獨園圖と稱し、其の解説に由ると、唐乾封中終南山の道宣律師が靈感に由つて作ると雲ふので、即ち前章に述べた祇洹圖經の附圖たるべき性質のものである。」引自伊東忠太，東洋建築の研究，下，伊東忠太著作集：伊東忠太建築文獻，第1期，4，東京：原書房，1982：376。

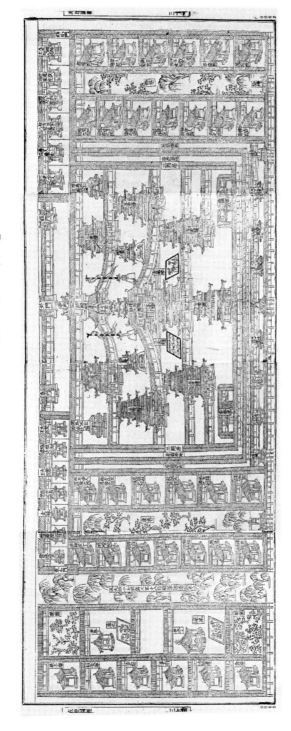

圖 4.6　《戒壇圖圖經》所附「祇洹寺圖」

資料來源：（唐）道宣，關中創立戒壇圖圖經//大正新修大藏經，第 45 卷，諸宗部，二，河北：河北省佛教協會，2009：811～812。

圖 4.7　給孤獨園圖

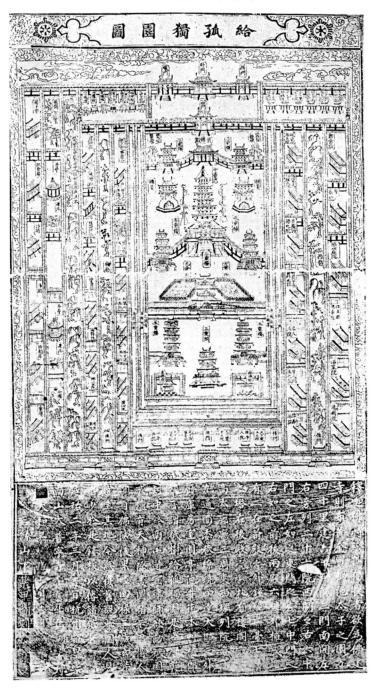

資料來源：伊東忠太，東洋建築の研究，下，伊東忠太著作集：
　　　伊東忠太建築文獻，第 1 期，4，東京：原書房，1982。

對比兩圖即可發現，此二圖圖面內容完全相同，唯比例有異。《戒壇圖經》之插圖爲橫長形，圖面中各別院亦爲橫長或正方形；日本天和三年（1683）所做之《給孤獨園圖》是豎版，同樣的別院在這張圖裏變成了縱長，以至於院落中的殿堂都無法刻印完整。上文已述，豎版的《給孤獨園圖》翻刻自延祐二年（1315）的一張圖，現有《戒壇圖經》之插圖與《給孤獨園圖》內容相同，且圖面的布局和比例都更爲理想，那麼，一個比較合理的推測是，現有《戒壇圖經》的插圖即爲延祐二年大普寧寺比丘明晟所刻之圖，或者至少是其一個較好的翻刻版。同時也就是說，現存這兩張圖的圖面內容最少可以上溯至元延祐二年，即公元 1315 年。而這一「祇洹寺圖」源自何處，以及該圖究竟是延祐二年（1315）之新作，還是如其他研究所述，可能是南宋紹興二十二年（1152）的作品，就是下文需要討論的問題。

有關源流最直接的線索即爲圖畫的文字說明。《戒壇圖經》經文中並未出現關於其插圖的任何解說，天和三年（1683）翻刻的豎版《給孤獨園圖》下方引用了延祐二年（1315）刻圖之圖題，爲方便討論，現錄該圖題全文如下。

> 釋迦佛時，給孤獨長者欲爲佛建寺，則布黃金買祇陀太子之園，方四十里，建六十四院，三門南開，左右旁列二十□院〔註21〕。西門之右六，中門之左如之，東門之左七，中門之右如之。前後兩殿、六樓，外擁戒壇有二在前殿之外，鐘經二臺、七層之塔在後殿之前，北有樓閣最爲高大，廊廡三周，東西環列院各十九。通衢委巷繚繞四達。大路之外，廚、庫、房、室、園、亭、池、井、花木列植，即經所謂祇樹給孤獨園是也。唐乾封中終南山道宣律師欲訪祇園戒壇，有天神將畫指示因傳人間。自佛滅後累經回祿，三藏玄奘嘗至其地，今無復舊觀。此圖人見者少於是鏤版以傳諸信者。
>
> 延祐二年三月吉日杭州路白雲宗南山大普寧寺耆舊比丘明晟重刊
>
> 天和三癸亥歲五月吉日
>
> 三緣山下某甲翻刻〔註22〕

從該圖題內容看，此圖似爲《戒壇圖經》所作。圖題中「建六十四院」、「左右旁列二十六院」、「七層之塔在後殿之前」等描寫均與《戒壇圖經》所述相同，並且該圖右半部分各院的名稱也與《戒壇圖經》中院落名稱完全符

〔註21〕根據後文此處應爲「二十六院」。

〔註22〕伊東忠太，東洋建築の研究，下，伊東忠太著作集：伊東忠太建築文獻，第 1 期，4，東京：原書房，1982：376～377。

合。然而圖題中「大路之列，廚、庫、房、室、園、亭、池、井、花木列植」的說明和圖面左半部分所顯示的「廣三里」的大路及其左側果園、井亭和淨廚等院落卻並非《戒壇圖經》所有，而是《祇洹寺圖經》的內容。如此一來，這張延祐二年所做之「祇洹寺圖」似乎又是《祇洹寺圖經》和《戒壇圖經》兩本經文內容的結合。

　　如果重新檢視本文的研究對象——《祇洹寺圖經》和《戒壇圖經》——可以發現，《祇洹寺圖經》中原有附圖一張，圖名為《祇樹給園圖》，道宣在開始正式描述祇洹寺規模與格局之前在經文中寫有「祇樹給園圖（敘某園寺伽藍，別作精舍。大有因緣致不遑廣引）」〔註23〕的圖名，這張圖的內容推測應與經文內容相互對應，可惜現存經文只餘圖名而不見圖畫；《戒壇圖經》中也有附圖一張，經文中描寫戒壇尺寸的小節——「戒壇高下廣狹第四（並引圖相）」〔註24〕——中「並引圖相」表明此處或附戒壇圖像一張。《戒壇圖經》中另記錄有一段大迦葉與阿難的對話，大迦葉詢問戒壇的尺寸、建造材料、四面形象以及是否安裝舍利等問題，阿難回答的內容「一如此卷中圖相」〔註25〕，這句話明確了《戒壇圖經》中的插圖是戒壇的圖像而非該圖經中提到的「祇樹園」的圖像。由此，道宣在乾封二年（667）寫作之時當為兩本圖經各繪製過一幅插圖，《祇洹寺圖經》中的插圖描繪的是祇洹寺，《戒壇圖經》中的插圖描繪的是戒壇。因此可以肯定，延祐二年（1315）所刻之「祇洹寺圖」——即現有《戒壇圖經》之插圖——並非來自《戒壇圖經》成書之時，當時《戒壇圖經》插圖的內容應是戒壇；而鑒於現圖右半部分院落的名稱以及中佛院建築的排列與《戒壇圖經》中描繪之「祇樹園」相同而與《祇洹寺圖經》中祇洹寺有異，所以這張圖也並不完全是《祇洹寺圖經》中原有插圖的覆刻。

　　上節已述，在兩本圖經成書後的漫長歲月裏，《戒壇圖經》雖未入藏，但歷代文獻均有引用，保持著一個較為持續的傳播，而《祇洹寺圖經》則經歷了散佚、復得又散佚的過程，流佈範圍相對有限。在這樣一個基礎之上，結合上文分析，本研究對延祐二年（1315）所刻之「祇洹寺圖」的來源做出如下推測：

〔註23〕　（唐）道宣，中天竺舍衛國祇洹寺圖經//大正新修大藏經，第45卷，諸宗部，二，河北：河北省佛教協會，2009：883。

〔註24〕　（唐）道宣，關中創立戒壇圖經//大正新修大藏經，第45卷，諸宗部，二，河北：河北省佛教協會，2009：810。

〔註25〕　（唐）道宣，關中創立戒壇圖經//大正新修大藏經，第45卷，諸宗部，二，河北：河北省佛教協會，2009：808。

　　元延祐二年（1315），杭州路南山大普寧寺比丘明晟「重刊」「祇洹寺圖」。彼時在其接觸範圍內，《祇洹寺圖經》已然不存，但其插圖《祇樹給園圖》保留了下來，同時見行的還有《戒壇圖經》。明晟依據《戒壇圖經》的簡略描述，同時結合《祇洹寺圖經》中原有《祇樹給園圖》的圖面內容，重新繪製出了這張「祇洹寺圖」，將其「鏤版」並「重刊」。因其時《祇洹寺圖經》已然失傳，這張「祇洹寺圖」即作為《戒壇圖經》之插圖得以流傳至今。

　　以上論述雖為推測，但在現有文獻條件之下，卻或是唯一邏輯合理之解釋。在這一推測之上，即可對《戒壇圖經》插圖是否為紹興二十二年（1152）所刻這一問題做出判斷。由上文所述，延祐二年（1315）之「祇洹寺圖」為大普寧寺比丘明晟參照《戒壇圖經》的描述並結合《祇洹寺圖經》中原有《祇樹給園圖》的圖面內容重新繪製，並不是兩本圖經原有插圖的直接覆刻；而紹興二十二年（1152）刊印的《戒壇圖經》係「將舊本校刻流通」，這即意味著，紹興二十二年（1152）版的《戒壇圖經》中若有插圖，也應是該圖經原有關於戒壇的插圖，而與寺院格局無關。所以，本節的研究對象「祇洹寺圖」並非南宋年間所作，而是元延祐二年（1315）的作品。圖中除了依據《戒壇圖經》及參考《祇洹寺圖經》原有插圖之外，是否還有元代寺院模式的痕跡？下文將進行此圖中寺院基本格局的探討。

　　現存「祇洹寺圖」中寺院分東、西兩部分。西邊類似《祇洹寺圖經》之「道場」，由佛殿、佛塔、佛閣所在的中佛院及其周圍別院組成；東邊類似「供僧院」，內有果園、淨廚、倉庫等後勤院落。將東、西兩部分隔開的是一條十七里長，三里寬的大路，路中有渠流及十八行樹木。

　　西邊區域四面開門。南面三門，中間大門稱「外門」，東西兩側為「東門」和「西門」；東面和西面各開一門，分別是「東小門」和「西小門」；北面五門，圖中皆作「後門」，整個區域共有十門，此十門間並無互相連接的道路。

　　以「東小門」和「西小門」北側東西方向的院牆為界，整個西邊區域可分為南北兩部分。南側部分又分三區，中區為南面三門正對的橫長形前院，東區橫列七院，即圖題中「東門之左七」，西區橫列六院，即圖題中「西門之右六」。北側部分東西可分五區，中區南面開一「中門」與「外門」相對，「中門」之內是中佛院，軸線之上由南往北依次為前殿、七重塔、後佛說法大殿、三重樓以及三重閣，這一配置和《戒壇圖經》的描述相同。中佛院外東、西、北三面有三周房，再北橫列六院，此六院之北是北面五門中的中間三門。中

佛院以東一區縱列六院，因圖中中佛院之門為「中門」，此區域可能是圖題中「西門之右六，中門之左如之」裏中門之左的六院；同樣，中佛院以西一區縱列七院，當是圖題中「東門之左七，中門之右如之」裏中門之右的七院。這兩個區域東西各有一巷，圖中稱為「東巷」和「西巷」，此二巷分別對應北面院牆之上最東邊和最西邊的兩個「後門」。東巷之東另有一區，為七院縱列，西巷之西也有一區為六院縱列。以上，即為「祇洹寺圖」中寺院西邊區域的基本格局。

寺院東邊區域布局簡單。從圖面上看四面均未設門。這一區域東西方向分兩縱列，西側有五院，中間一院沒有殿堂和院落名稱，推測為交通空間，此區域若有大門也應在此處，即為朝西開門；東側縱列另有六院。

根據上文分析，可以繪製出「祇洹寺圖」中寺院的基本格局。該圖原方向為上南下北，本研究中所有平面圖均以上北下南的形式進行繪製。（圖 4.8）

圖 4.8 「祇洹寺圖」中寺院平面格局示意圖

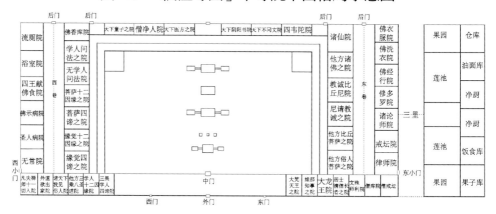

資料來源：作者自繪

4.1.4 東晉至初唐佛教寺院布局概述及其與兩本圖經中寺院基本格局的比較

自「昔漢哀帝元壽元年（前 2 年）博士弟子景盧受大月氏王使伊存口受浮屠經」〔註 26〕至道宣《祇洹寺圖經》成書的唐乾封二年（667），佛教在中國發展已近七百年。在這漫長的歲月裏，佛教及佛教寺院一直在進行

〔註26〕 《三國志‧魏書》裴松之注引魚豢《魏略‧西戎傳》，引自陳壽，裴松之注三國志，下，天津：天津古籍出版社，2009.12：485。

中國化的演變。〔註 27〕上文已經指出，道宣所描繪的祇洹寺可被視作初唐寺院的理想模式。但這一理想模式與現實寺院的關聯是什麼？它是初唐佛教寺院的高度概括嗎？還是道宣爲了對抗「末法時代」而進行的一種空想？爲了明確這一問題，對佛教寺院布局演變的討論無法迴避的。如前章所述，關於這一點，前人已做過大量工作，本節即在現有材料基礎上從遺址發掘和歷史文獻兩方面對其進行簡要梳理，並與兩本圖經中寺院的建築布局進行比較。

　　自 20 世紀 70 年代開始，考古工作者先後發現並發掘了多座北朝至隋唐時期的佛教寺院遺址。其中屬於北朝時期的有北魏平城「思遠靈圖」與龍城「思燕佛圖」遺址，北魏雲岡石窟西部岡上遺址，北魏洛陽永寧寺遺址和東魏北齊鄴南城遺址。屬於隋唐時期的是長安青龍寺遺址和西明寺遺址。

　　《魏書》記載北魏孝文帝太和三年（479）八月幸方山，起思遠佛寺。〔註28〕思遠靈圖寺院遺址坐北朝南，共有兩層平臺，現存建築遺跡有山門、塔基、佛殿和僧房等。除僧房外，其餘建築均位於中軸線上。佛塔在寺院正中心，佛殿居其後，是典型的「前塔後殿」式布局。〔註29〕（圖 4.9）

　　《魏書》記載：「（馮）太后立文宣王廟於長安，又立思燕佛圖於龍城，皆刊石立碑」〔註30〕。經多年考古勘探，現已確認遼寧朝陽北塔下層臺基爲北魏思燕佛圖遺址。該遺址塔基位於中央，周圍環繞每面 11 開間、進深 2 間的殿堂。被認爲是中國早期「堂閣周回」式佛寺的代表。〔註 31〕（圖 4.10）

〔註 27〕　傅熹年，中國早期佛教建築布局演變及殿內的布置，周紹良主編，梵宮，中國佛教建築藝術，上海：上海辭書出版社，2004.05。

〔註 28〕　（北齊）魏收，魏書，第一冊，卷一至卷十二（紀），北京：中華書局，1974.06：174。

〔註 29〕　大同市博物館，大同北魏方山思遠佛寺遺址發掘報告〔J〕，文物，2007.04：4～26。

〔註 30〕　（北齊）魏收，魏書，第二冊，卷一三至卷二九（傳），北京：中華書局，1974.06：329。

〔註 31〕　遼寧省文物考古研究所、朝陽市北塔博物館，朝陽北塔——考古發掘與維修工程報告，文物出版社，2007。

圖 4.9　思遠佛寺遺址平面圖

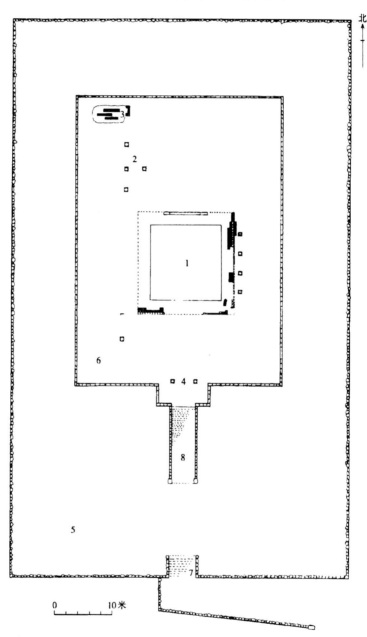

1. 塔心實體　2. 佛殿　3. 僧房　4. 山門　5. 第一層平臺
6. 第二層平臺　7. 第一層平臺踏道　8. 第二層平臺踏道

資料來源：大同市博物館，大同北魏方山思遠佛寺遺址發掘報
告〔J〕，文物，2007.04：7。

圖 4.10 北魏思燕佛圖建築遺跡平面圖

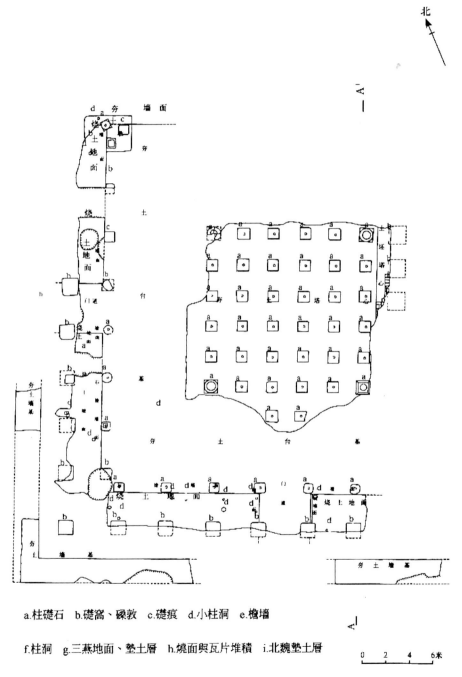

a.柱礎石　b.礎窩、礎墩　c.礎痕　d.小柱洞　e.檐墙

f.柱洞　g.三燕地面、墊土層　h.燒面與瓦片堆積　i.北魏墊土層

資料來源：遼寧省文物考古研究所、朝陽市北塔博物館，朝陽北塔——考古發掘與維修工程報告，文物出版社，2007：8。

　　雲岡石窟西部岡上遺址是一組較完整的北魏時期寺院遺跡，其平面布局爲佛塔居中，周圍迴廊環繞，迴廊後是僧房。〔註32〕（圖 4.11）這座遺址可能是金皇統七年（1147 年）曹衍撰寫的《大金西京武州山重修大石窟寺碑》中所記武州山的「上方一位石室數間」〔註33〕，也就是《高僧傳》所謂「天竺僧陀番經之地」。〔註34〕

圖 4.11　雲岡石窟西部岡上遺址平面示意圖

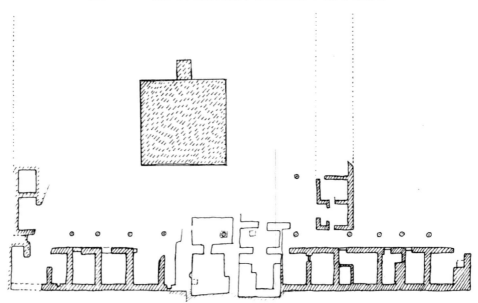

資料來源：李崇峰，佛教考古——從印度到中國，上海：上海古籍出版社，2014.01：269。

　　北魏洛陽永寧寺建於北魏熙平元年（516），《洛陽伽藍記》記載其：「中有九層浮圖一所……浮圖北有佛殿一所……僧房樓觀一千餘間……四面各開一門……」〔註35〕。從文獻看，該寺院是典型的「前塔後殿」式布局。遺址發掘情況也是如此，根據考古勘探，永寧寺平面爲南北向長方形，塔基位於

〔註32〕　李崇峰，佛教考古——從印度到中國，上海：上海古籍出版社，2014.01：267～270。
〔註33〕　（金）曹衍，大金西京武州山重修大石窟寺碑//王新英，全金石刻文輯校，長春：吉林文史出版社，2012.12：65。
〔註34〕　（金）曹衍，大金西京武州山重修大石窟寺碑//王新英，全金石刻文輯校，長春：吉林文史出版社，2012.12：65。
〔註35〕　（北魏）楊衒之，洛陽伽藍記//大正新修大藏經，第 51 卷，史傳部，三，河北：河北省佛教協會，2009：1000。

寺院中心略偏南，塔基以北有大片夯土基址，應是佛殿遺跡。〔註36〕（圖 4.12）
僧房樓觀遺址無跡可尋，根據其「一千餘間」的數量，結合寺院南北 301 米，
東西 212 米的平面尺寸，筆者認為永寧寺的僧房很有可能也是以塔和佛殿為
中心，四周環繞布置而成的。

圖 4.12　永寧寺遺址平面圖

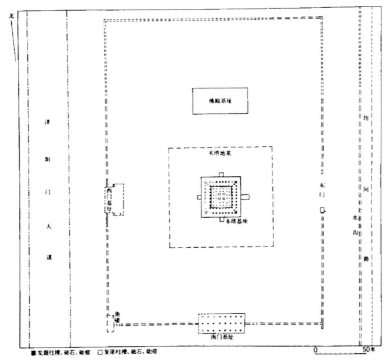

資料來源：中國科學院考古研究所，北魏洛陽永寧寺——1979～1984
年考古發掘報告，中國大百科全書出版社，1996：7.

　　2002 年，考古工作者於東魏北齊（534～577 年）鄴南城發現了一座大型佛
教寺院遺址，該佛寺身份尚不明確。寺院平面近正方形，塔基位於寺院中部略
偏南，塔基後方 240 米處，即佛寺中軸線的北端，有一大型夯土建築遺跡。寺
院東南和西南隅各有一座大型院落，兩院北部正中均有一座佛殿遺址。塔基東
西兩側另有對稱的南北向建築遺跡，東西進深約 8 米。從目前的發掘情況看，
該寺院仍以佛塔為中心，主要建築居於南北中軸線上〔註37〕。（圖 4.13）根據北

〔註36〕　中國科學院考古研究所，北魏洛陽永寧寺——1979～1984 年考古發掘報告，
　　　　中國大百科全書出版社，1996。
〔註37〕　中國社會科學院考古研究所、河北省文物研究所鄴城考古隊，河北臨漳縣鄴

部建築遺跡與佛塔的距離，此二者之間很可能還曾設立過其他大型建築物。此外，該寺院東南與西南隅的大型院落反映出其具有多院落的結構特徵。而塔基東西兩側的建築遺跡似乎又暗示了更多院落存在的可能性。南北中軸線上可能存在的多重建築物排列和已經確認的多院落結構是該寺與上述「思遠靈圖」、「思燕佛圖」、雲岡石窟西部岡上遺址與永寧寺的最大不同，這一點是值得注意的。

圖 4.13　趙彭城北朝佛寺平面圖平面圖

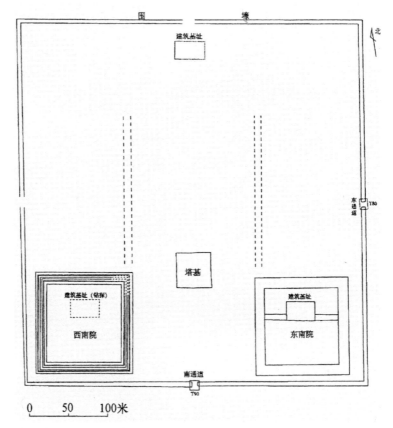

資料來源：中國社會科學院考古研究所、河北省文物研究所鄴城
　　　　　考古隊，河北臨漳縣鄴城遺址趙彭城北朝佛寺 2010
　　　　　～2011 年的發掘//中國社會科學院考古研究所，河北
　　　　　省文物研究所，河北省臨漳縣文物旅遊局，鄴城考古
　　　　　發現與研究，北京：文物出版社，2014.08：112。

城遺址趙彭城北朝佛寺 2010～2011 年的發掘//中國社會科學院考古研究所，
河北省文物研究所，河北省臨漳縣文物旅遊局，鄴城考古發現與研究，北京：
文物出版社，2014.08：111～124。

　　唐青龍寺位於唐長安新昌坊東南隅，其前身爲隋文帝開皇二年（582）所建之靈感寺。考古工作者於 20 世紀 60 年代對該寺進行探查，現發掘出一西塔院坐北朝南，中軸線上由南至北依次爲中三門、佛塔和大殿，其中大殿遺址是早、晚兩期建築遺址的疊加。此西塔院爲「前塔後殿」式布局，發掘者認爲其早期遺址是隋代靈感寺的一部分。塔院東側另有一院，主體建築是居於院落中心的大殿〔註38〕。（圖 4.14）

　　唐西明寺位於唐長安延康坊西南隅，該寺創建於唐高宗顯慶元年（656），顯慶三年（658）六月工畢後，道宣即奉敕爲西明寺上座。《大慈恩寺三藏法師傳》記載該寺「其寺面三百五十步……凡有十院，屋四千餘間」〔註39〕。目前的考古發掘揭露了該寺東部的一座大型院落，其南北中軸線上依次爲三座殿堂遺址，該院南側另有東、西兩座小型院落，院北部均有房址〔註40〕。（圖 4.15）

圖 4.14　青龍寺遺址勘測總圖

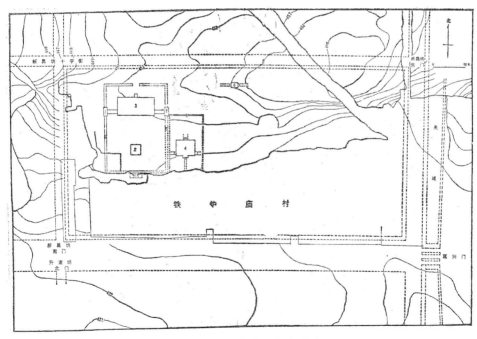

資料來源：馬得志，唐長安青龍寺遺址〔J〕，考古學報，1989，02：232.

〔註38〕　馬得志，唐長安青龍寺遺址〔J〕，考古學報，1989，02：231～263。

〔註39〕　（唐）慧立，大慈恩寺三藏法師傳//大正新修大藏經，第 50 卷，史傳部，二，河北：河北省佛教協會，2009：275。

〔註40〕　安家瑤，唐長安西明寺遺址發掘簡報〔J〕，考古，1990（01）：45～55。

圖 4.15　西明寺遺址已發掘部分平面圖

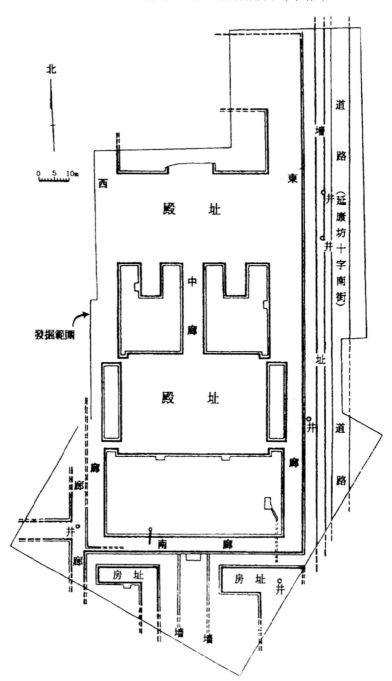

資料來源：安家瑤，唐長安西明寺遺址的考古發現//榮新江，唐研究，
第 6 卷，北京：北京大學出版社，2000.12：350。

　　根據上文梳理，目前考古發掘出的北朝寺院均為寺院整體，並且都以佛塔為中心。其中思遠靈圖和永寧寺為「前塔後殿」式布局，思燕浮圖和雲岡石窟西部岡上遺址為「中心塔」式布局，這四組寺院均為單一院落形式，沒有別院存在。東魏北齊鄴南城佛寺遺址與之不同，上文已述，首先，該寺院中軸之上存在塔、殿等多重建築依次排列的可能性，而非僅為單一的塔或者前塔後殿兩座建築，其次，該遺址東南及西南隅的院落及院落中的大殿展示了多院落的結構特徵，此二院四周環繞廊房式建築並與院中的大殿自成一體，這樣一座院落無論從形式還是性質上都與《祇洹寺圖經》中描繪的別院相近。甚至可以說，該寺院的整體布局，也是能夠與《祇洹寺圖經》中所展現的出的「主要建築物位居中央軸線，四周排列別院」的布局模式進行類比的。

　　唐長安城中的兩座寺院，青龍寺和西明寺，從其已發掘部分的內容、性質和位置關係上看，都不是寺院的中心院落，而應該屬於別院的類別。青龍寺西塔院「前塔後殿」式，西明寺東院「三座殿堂依次排列」，都與《祇洹寺圖經》和東魏北齊鄴南城佛寺遺址中別院為「封閉院落圍繞單一殿堂」的形式不同。究其原因，有一種可能性是青龍寺西塔院即是原隋靈感寺的中心院落，也就是說隋靈感寺為一「前塔後殿」形式的寺院，在寺院的擴建和發展中靈感寺的中心院落成為了青龍寺的一座別院。而西明寺之地本為隋越國公楊素的宅院，寺院建造時可能在一定程度上受到了原有建築格局的限制，又或許該寺院並非「中心院落+別院」的布局，而是一種「多中心」的組合模式，這些問題尚待日後進一步的研究。

　　除我國境內已發掘出的寺院遺址外，鄰近的朝鮮半島和日本也有若干佛教寺院可作為參考。

　　高句麗定陵寺位於平壤東明王陵南側，根據現有研究，該寺院可能與公元 427 年始建的高句麗始祖王陵同一時期建造。定陵寺已發掘的部分為東西寬、南北窄的橫長形平面，東西方向上共分五個區域，每個區域由數量不等的迴廊院組成，各區域間亦通過迴廊分隔。位於中間的區域南北共分四個院落，是寺院的主體部分，中軸線上由南至北依次為大門、第一個院落中的八邊形塔及其東西金堂、第二個院落中的金堂及其東側鐘樓西側經樓、第三個院落中的講堂、以及最北側小院和園林。其餘四個區域推測為後勤用地。（圖4.16）與已發掘出的漢地佛教寺院不同，定陵寺中的主要建築物：塔、金堂、講堂分處於不同的迴廊院中，並未在一個中心院落裏以成組的形式出現。

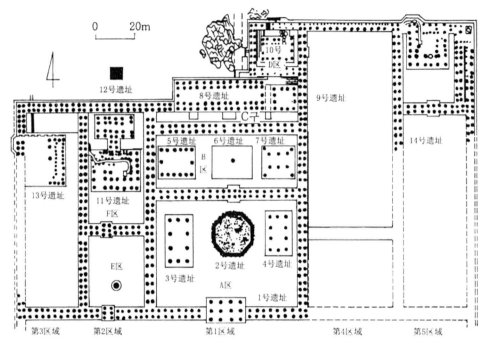

圖 4.16　平壤定陵寺遺址總平面示意

資料來源：尹張燮，韓國の建築，東京：中央公論美術出版，2003.12：117

　　根據韓、日學者的考證，位於平壤的清岩裏寺址即爲《三國史記》中所記載的建於文咨王七年（497）的金剛寺。該寺以八邊形塔爲中心，塔四面均有建築遺跡，通過廊道與塔基相連。塔殿建築群以北橫列三座建築基址，再北又有一處臺基。（圖 4.17）由於此種布局形式在中國未見，現有研究認爲該寺可能由受到占星思想影響的宮殿改建而來。〔註41〕（圖 4.18）

　　佛教於枕流王元年（384）由梵僧摩羅難陀傳入百濟，現存百濟的佛寺遺址多爲泗沘時期（538～660）建造，據信是受到了南朝佛寺的影響。〔註42〕目前已經發掘出的百濟定林寺（圖 4.19）、軍守里寺（圖 4.20）和金剛寺（圖 4.21）其中心院落中軸線上由南至北均爲山門──塔──金堂──講堂的布局，當爲其時的主流形式。

〔註41〕 李華東，朝鮮半島古代建築文化，南京：東南大學出版社，2011.01：74～75。
〔註42〕 李華東，朝鮮半島古代建築文化，南京：東南大學出版社，2011.01：78。

圖 4.17　清岩里金剛寺址實測圖

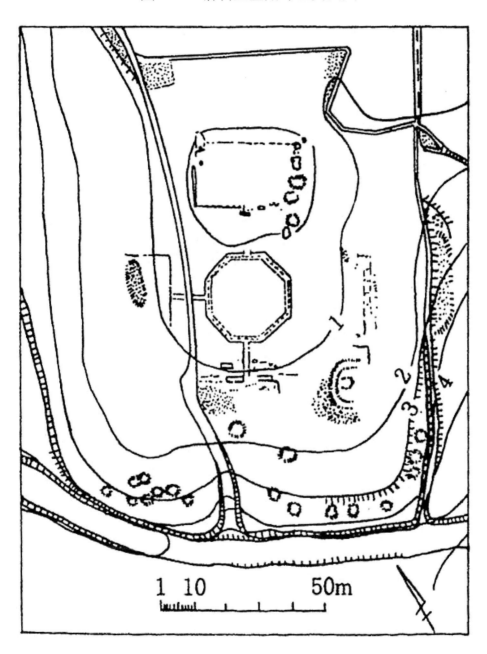

資料來源：尹張燮，韓國の建築，東京：中央公論美術出版，2003.12：116

圖 4.18　金剛寺址布局與五星座的比較圖

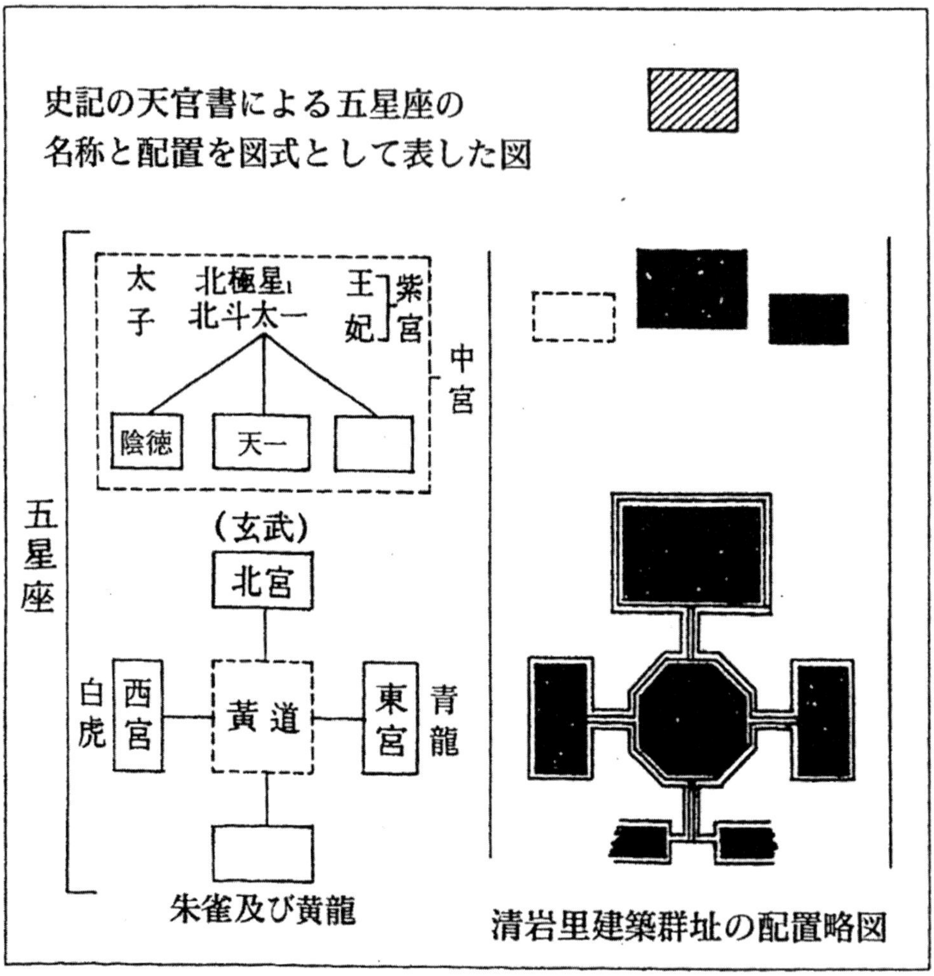

資料來源：尹張燮，韓國の建築，東京：中央公論美術出版，2003.12：116

圖4.19 百濟定林寺平面布局圖

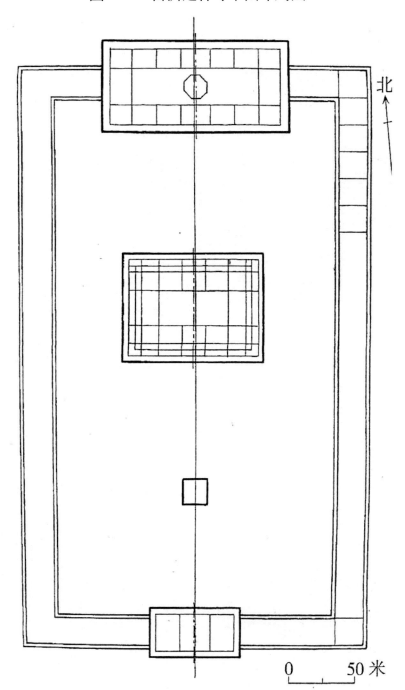

資料來源：楊泓，中國古兵與美術考古論集，北京：文物出版社，
2007.11：318.

圖 4.20　百濟軍守里寺址平面圖

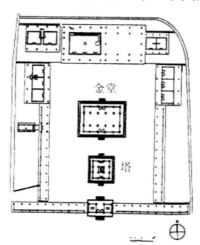

資料來源：李華東，朝鮮半島古代建築文化，南京：東
南大學出版社，2011.01：79。

圖 4.21　百濟金剛寺址平面圖

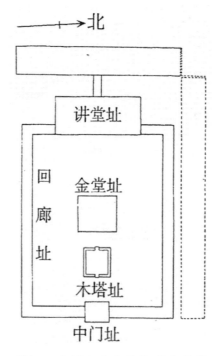

資料來源：楊泓，中國古兵與美術考古論集，北京：文
物出版社，2007.11：325.

　　推測建造於 7 世紀初的百濟益山彌勒寺為多院落式布局，中心院落中軸
線由南至北亦為山門──塔──金堂──講堂的布局，東西兩側為塔院，軸
線布局為門──塔──金堂。（圖 4.22）

圖 4.22　百濟彌勒寺伽藍配置圖

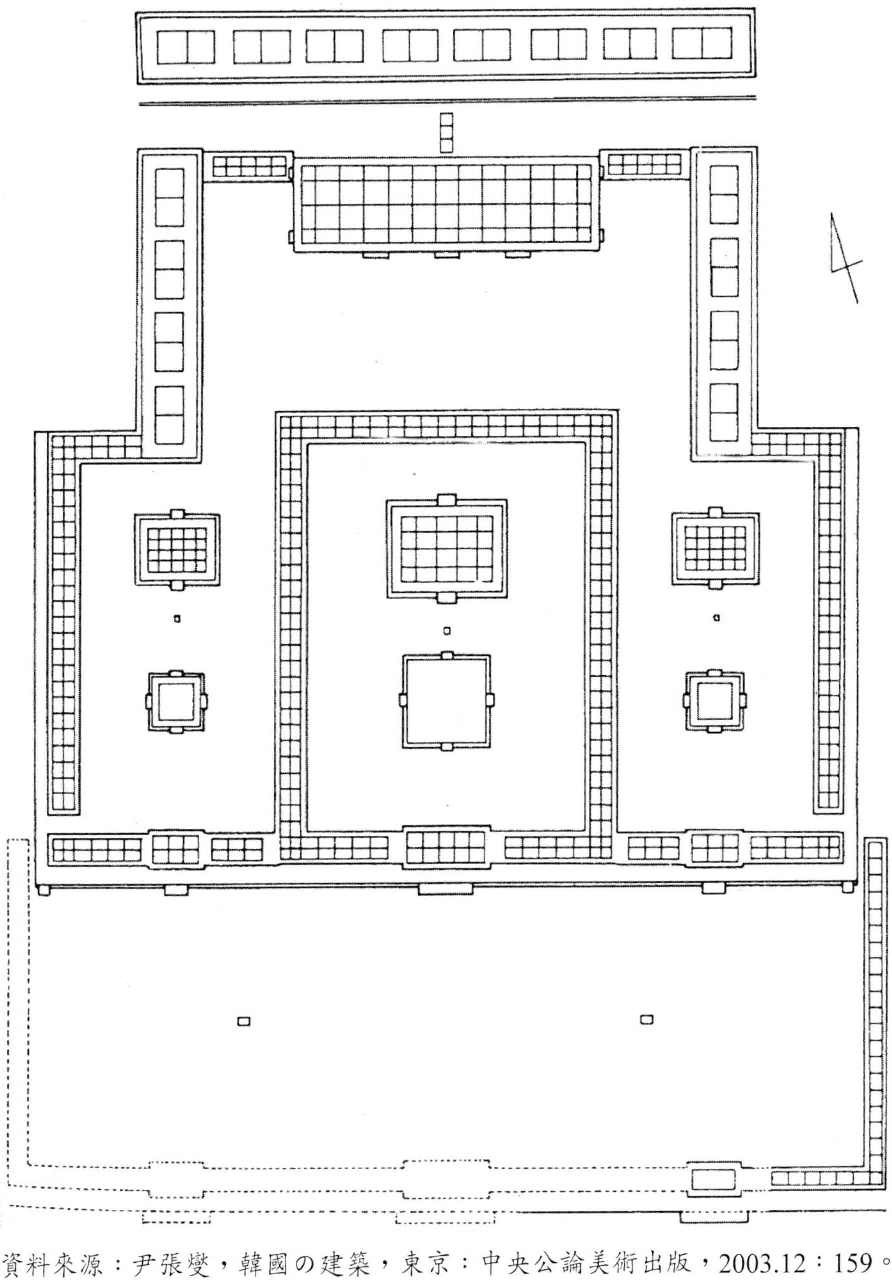

資料來源：尹張燮，韓國の建築，東京：中央公論美術出版，2003.12：159。

　　目前公認佛教於訥祇王時期（411～457）由僧阿道自高句麗傳入新羅。新羅皇龍寺始建於 553 年，初建之時爲東西並列的三組院落，中央院落軸線之上由南至北依次爲塔——金堂——講堂。而在 574 年增建時，將三院並做一院，並於金堂東西兩側各加建了一座金堂。（圖 4.23）

圖 4.23　皇龍寺址創建及重建伽藍配置圖

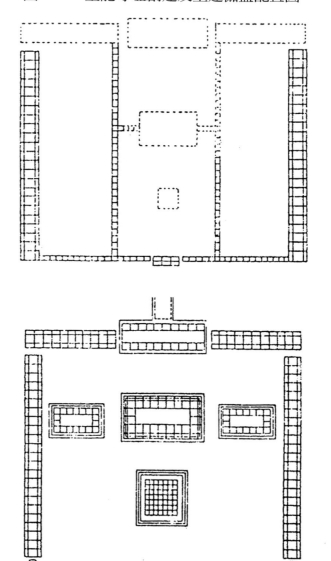

資料來源：尹張燮，韓國の建築，東京：中央公論美術出版，
2003.12：184。

根據日本學者關野貞的研究，佛教自 6 世紀傳入日本後形成了「中國式」和「日本式」兩種佛寺布局形式〔註43〕。其中「中國式」的典型寺院爲四天王寺（圖 4.24）和飛鳥寺（圖 4.25），其主要特點是中心院落中軸線上依次布置門——塔——金堂——講堂，與堂塔並列的「日本式」法隆寺截然不同。然而需要指出，無論是「中國式」的四天王寺、飛鳥寺，「日本式」的法隆寺（圖 4.26），還是之後奈良時代的藥師寺（圖 4.27）、東大寺（圖 4.28），其寺院布局的一個共同特點是，中心院落爲一個帶有院門的完整迴廊院，院外另設大門作爲寺院的山門。這一特點與上述以中心院落院門作爲寺院山門的朝鮮佛寺不同，它強調了中心院落的獨立性，同時暗示了（儘管考古發掘可能並未顯示）別院存在的可能，這與圖經中所描繪的寺院格局是十分相似的。另外，現有研究多認爲飛鳥時期的日本建築屬於中國南朝系統〔註44〕〔註45〕，這種將主要建築群以中心院落的形式在寺院中獨立出來的做法，很可能也是來自中國南朝。

下面來看文獻記載中的寺院布局。

根據文獻資料，早期漢地佛寺是重樓式佛塔居中，周閣環繞的四方式結構。東漢明帝在洛陽修建的白馬寺〔註46〕，丹陽人笮融在徐州創立的浮屠祠〔註47〕均爲此種類型。當代學者認爲，將浮圖建造爲重樓的形式可能與兩漢上層階級修建多層樓觀有關〔註48〕。而甘肅武威出土的陶樓院明器，似乎可以反映出東漢三國時期佛教寺院的形象。（圖 4.29）如上文所述，北魏建立的「思燕佛圖」仍然保留了這種最初的寺院形式。需要指出的是，從文獻上看，白馬寺的建立似乎有安置僧人的用意〔註49〕，但其僧房位置已不可考。而笮融所立之浮屠祠

〔註43〕 （日）關野貞，日本建築史精要，上海：同濟大學出版社，2012.12：29。
〔註44〕 （日）關野貞，日本建築史精要，上海：同濟大學出版社，2012.12：34。
〔註45〕 張十慶，中日古代建築大木技術的源流與變遷，天津：天津大學出版社，2004.05：8～9。
〔註46〕 「自洛中構白馬寺，盛飾佛圖，畫跡甚妙，爲四方式」。引自：（北齊）魏收，魏書，第八冊，卷一〇八至卷一一四（志），北京：中華書局，1974.06：3029。
〔註47〕 「笮融者，丹楊人……乃大起浮圖祠，以銅爲人，黃金塗身，衣以錦綵。垂銅盤九重，下爲重樓，閣道可容三千餘，人悉課讀佛經。」引自：（西晉）陳壽，三國志，鄭州：中州古籍出版社，1996.10：528。
〔註48〕 宿白，東漢魏晉南北朝佛寺布局初探//鄧慶銘，慶祝鄧慶銘教授九十華誕論文集，石家莊：河北教育出版社，1997.02：32。
〔註49〕 「愔仍與沙門攝摩騰、竺法蘭東還洛陽……愔之還也，以白馬負經而至，漢因立白馬寺於洛城雍門西。」引自：（北齊）魏收，魏書，第八冊，卷一〇八至卷一一四（志），北京：中華書局，1974.06：3026。

則更傾向於是一種單一的誦經禮拜場所，其性質與白馬寺和後世佛寺均有所不同。此類布局雖然隨著佛教寺院的發展而漸漸不再採用，但其形式卻在大型佛寺的別院中保留了下來，如東魏北齊鄴南城遺址和「祇洹寺圖」甚至包括「崇善寺圖」中所展示的別院，都暗示了類似的模式。（圖4.30）

圖4.24　四天王寺平面圖

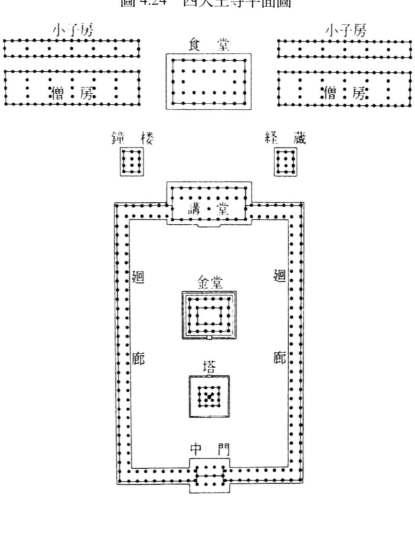

資料來源：（日）關野貞，日本建築史精要，上海：同濟大學出版社，2012.12：25。

圖 4.25　飛鳥寺平面圖

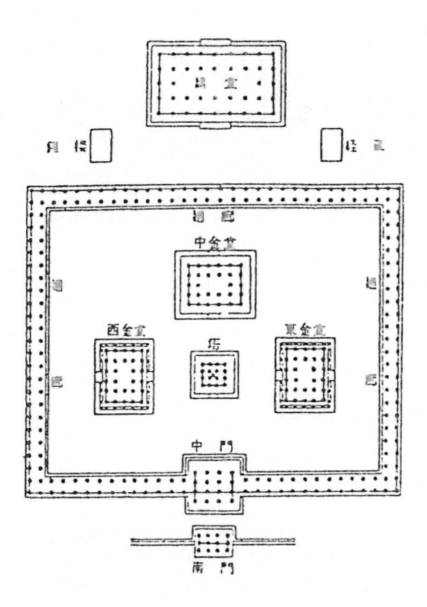

資料來源：中國藝術研究院《中國建築藝術史》編寫組，中國建築藝術史 上，北
　　　　　京：文物出版社，1999.06：385。

圖 4.26　法隆寺平面圖

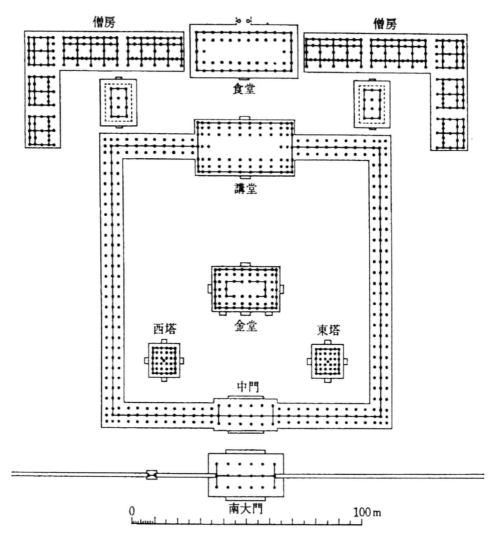

資料來源：（日）關野貞，日本建築史精要，上海：同濟大學出版社，2012.12：
　　　　　25。

圖 4.27　藥師寺平面圖

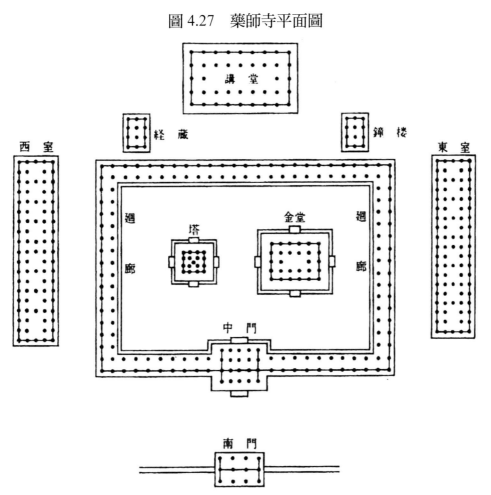

資料來源：（日）關野貞，日本建築史精要，上海：同濟大學出版社，2012.12：
　　　　　43。

圖 4.28　東大寺平面圖

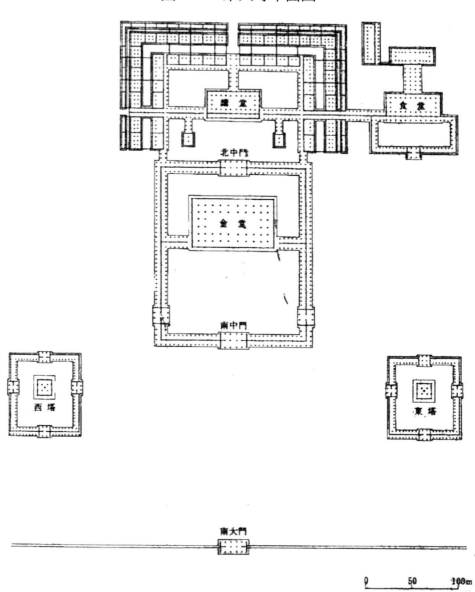

資料來源：（日）關野貞，日本建築史精要，上海：同濟大學出版社，2012.12：
　　　　　43。

圖 4.29　甘肅武威漢墓陶樓院

資料來源：甘肅博物館，武威雷臺漢墓〔J〕.考古學報，1974（02）：87～141。

圖 4.30　崇善寺明代布局圖

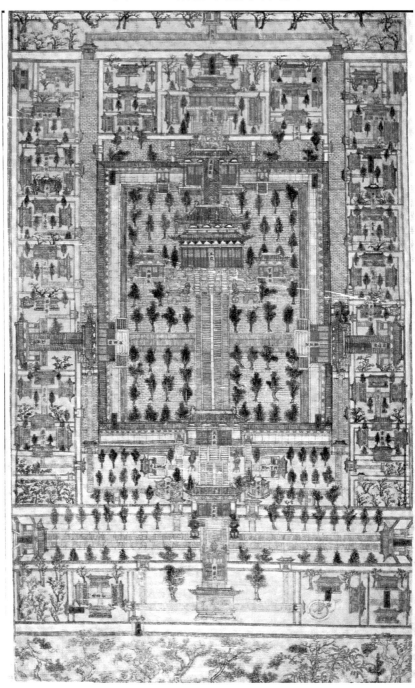

資料來源：曹昌智，中國建築藝術全集 12，佛教建築，北方，北京：
中國建築出版社，1999.05：113.

　　及至東晉十六國，佛教寺院由單塔的形式轉變爲佛塔、佛殿間或帶有講堂的組合。較早的實例是後趙（319～352）時期的鄴城佛寺，內有佛圖、佛殿、別室和東閣〔註50〕。道安於襄陽創立的檀溪寺，「建塔五層，起房四百」〔註51〕，並有佛殿安放丈六佛像〔註52〕。又道安曾在長安居五重寺，該寺除五層佛塔外亦有寺房和講堂〔註53〕。此外，金陵瓦官寺亦爲講堂、佛塔及僧房的配置，該寺還另建有重門。

　　除了寺院主要建築由單一佛塔向佛塔、佛殿、講堂的組合過渡之外，這一時期還出現了雙塔的配置，如孫權於黃初元年（222）所建之武昌昌樂寺，在東晉時期建有東、西二塔。〔註54〕金陵長干寺則於東晉咸安二年（372）由簡文帝、孝武太元末（396）由孝武帝分別豎立一塔〔註55〕。

　　南北朝時期，受到政治格局影響，兩地佛寺的布局風格也有所差異，故分而述之。

　　與北朝佛寺布局相關的文獻記載並不多。從現有資料看，同考古發掘情況相類似，北朝前期之佛寺布局延續了十六國時期的配置模式，新建大寺多是以塔爲中心，兼與佛殿、講堂進行組合的寺院結構。《洛陽伽藍記》中有十餘座佛寺立有佛塔。如靈太后胡氏所立之秦太上君寺，「佛事莊嚴，等於永寧」〔註56〕，

〔註50〕　「至八月澄使弟子十人齋於別室，澄時暫入東閣，虎與後杜氏問訊澄，澄曰，脇下有賊。不出十日，自佛圖以西此殿以東，當有流血，慎勿東行也。」引自（梁）僧祐，高僧傳，卷九，竺佛圖澄傳//大正新修大藏經，第 50 卷，史傳部，二，河北：河北省佛教協會，2009：386。

〔註51〕　（梁）僧祐，高僧傳，卷五，釋道安傳//大正新修大藏經，第 50 卷，史傳部，二，河北：河北省佛教協會，2009：352。

〔註52〕　「於是眾共抽捨助成佛像，光相丈六神好明著。每夕放光徹照堂殿像後。」引自：（梁）僧祐，高僧傳，卷五，釋道安傳//大正新修大藏經，第 50 卷，史傳部，二，河北：河北省佛教協會，2009：352。

〔註53〕　「既至住長安五重寺……寺房既迮處之講堂。」引自：（梁）僧祐，高僧傳，卷五，釋道安傳//大正新修大藏經，第 50 卷，史傳部，二，河北：河北省佛教協會，2009：352～353。

〔註54〕　「時鎮軍謝尚於武昌昌樂寺造東塔，戴若思造西塔」引自：（唐）張彥遠，歷代名畫記，瀋陽：遼寧教育出版社，2001.02：49。

〔註55〕　「東南古越城東廢長干寺內……至東晉咸安二年，簡文立塔三層……至孝武太元末……即從就塔北更築一塔，孝武加爲三層。故寺有兩塔。」引自：（唐）道宣，集神州三寶感通錄，卷上//大正新修大藏經，第 52 卷，史傳部，四，河北：河北省佛教協會，2009：405。

〔註56〕　（北魏）楊衒之，洛陽伽藍記//大正新修大藏經，第 51 卷，史傳部，三，河北：河北省佛教協會，2009：1004。

寺內有五級浮圖，周圍設立誦室和禪堂。北魏晚期「捨宅爲寺」風氣大勝，囿於原有住宅格局，洛陽城中更多的佛寺並無佛塔，只有佛殿。需要指出，由於文獻資料過於貧乏，儘管前文所述之東魏北齊鄴南城佛寺遺址體現了典型的多院落寺院結構形式，但文獻方面並無類似的記錄可供對比。梁釋慧皎《高僧傳》記載名僧僧朗於前秦皇始元年（351）在金輿谷創立精舍「內外屋宇數十餘區」〔註57〕，此即今日之濟南神通寺。道宣《續高僧傳》稱該寺「上下諸院十有餘所，長廊延袤千有餘間」〔註58〕，似乎可作爲北方佛寺多院落布局的一個例證。但該寺畢竟因山勢地形而建，並且性質爲精舍，故其格局終究與東魏北齊鄴南城佛寺遺址的院落模式有所不同。

與北朝相反，儘管至今尚未有任何一座南朝佛寺進行過完整的考古發掘，甚至連南朝建築的完整形象也不曾出現，但與南朝佛寺相關的文獻資料卻頗爲豐富，通過對其進行梳理，南朝佛寺布局的基本情況亦即可見一斑。

總體來說，南朝佛寺繼承了東晉寺院中佛塔、佛殿、講堂的組合模式。宋大明（457～464）年間路太后在建康創立莊嚴寺，起塔七層，寺內有安放佛像及菩薩的佛殿，還有宋世祖修建的講堂。〔註59〕（圖 4.31）荊州上明東寺由道安的弟子曇翼於東晉太元年間創建，最初只有一座面闊十二間的講殿，劉宋時期衡陽文王義季於講堂前造塔並東西二殿安置佛像，遂形成了塔、佛殿、講堂的結構布局。〔註60〕（圖 4.32）

別院的建設是南朝大型佛寺的一個重要特徵，其中最典型的實例是梁武帝普通元年（520）爲其父追福而創建的大愛敬寺。《續高僧傳》記載該寺「中院之去大門延袤七里，廊廡相架簷霤臨屬。旁置三十六院，皆設池、臺，周宇環繞。」〔註61〕大愛敬寺建有七層靈塔，中院正殿內安置高 2.2 丈的栴檀佛像。（圖 4.33）如果說將東魏北齊鄴南城佛寺遺址歸於「中院+別院」模式還帶有較大的推測性質的話，大愛敬寺則是明確且肯定的例證。其主要建築物設

〔註57〕 （梁）慧皎，高僧傳，卷第五，竺僧朗//大正新修大藏經，第 50 卷，史傳部，二，河北：河北省佛教協會，2009：354。

〔註58〕 （唐）道宣，續高僧傳，卷第十，隋西京勝光道場釋法瓚傳//大正新修大藏經，第 50 卷，史傳部，二，河北：河北省佛教協會，2009：507。

〔註59〕 楊澍，《續高僧傳》中建康及荊州幾所佛寺的平面布局//王貴祥，賀從容，李菁，中國建築史論匯刊·第十四輯，北京：中國建築工業出版社，2017：273。

〔註60〕 楊澍，《續高僧傳》中建康及荊州幾所佛寺的平面布局//王貴祥，賀從容，李菁，中國建築史論匯刊·第十四輯，北京：中國建築工業出版社，2017：277。

〔註61〕 （唐）道宣，續高僧傳，卷第一，梁揚都莊嚴寺金陵沙門釋寶唱傳//大正新修大藏經，第 50 卷，史傳部，二，河北：河北省佛教協會，2009：427。

於中院之內、別院在其兩旁並周宇環繞的布局模式與《祇洹寺圖經》和《戒壇圖經》中的寺院格局如出一轍。考慮到前文對道宣佛教思想來源的討論，很難說其寺院規劃策略沒有受到南朝佛寺布局模式的影響。又或者說，北朝後期（直至隋代和初唐，詳見下文）在東魏北齊鄴南城佛寺遺址中體現出的這種多院落布局模式，其來源可能即爲南方。雖然目前並無更多的文獻和考古資料去證明這個推論，但聯想起與大愛敬寺幾乎同時建造的北魏永寧寺〔註62〕採用的仍然是「前塔後殿」的單一寺院模式，這一推測的可能性也就不言而喻了。

圖 4.31　大莊嚴寺平面布局示意圖

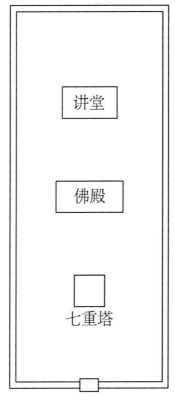

資料來源：楊澍，《續高僧傳》中建康及荊州幾所佛寺的平面布局//王貴祥，賀從容，李菁，中國建築史論匯刊・第十四輯，北京：中國建築工業出版社，2017：273。

<hr />

〔註62〕據《洛陽伽藍記》記載，永寧寺爲孝明帝熙平元年（516）所立。「永寧寺，熙平元年靈太后胡氏所立也。」引自：（北魏）楊衒之，洛陽伽藍記//大正新修大藏經，第51卷，史傳部，三，河北：河北省佛教協會，2009：999。

圖 4.32　上明東寺平面復原示意圖

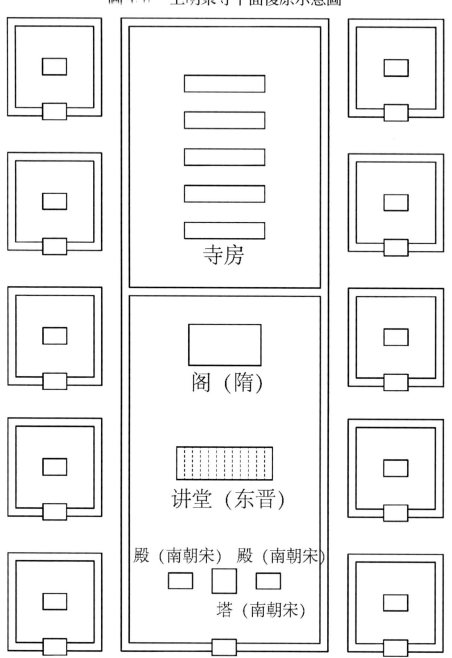

寺房

阁（隋）

讲堂（东晋）

殿（南朝宋）　殿（南朝宋）

塔（南朝宋）

資料來源：楊澍，《續高僧傳》中建康及荊州幾所佛寺的平面布局//王貴祥，
賀從容，李菁，中國建築史論匯刊‧第十四輯，北京：中國建
築工業出版社，2017：277。

圖 4.33　大愛敬寺平面復原示意圖

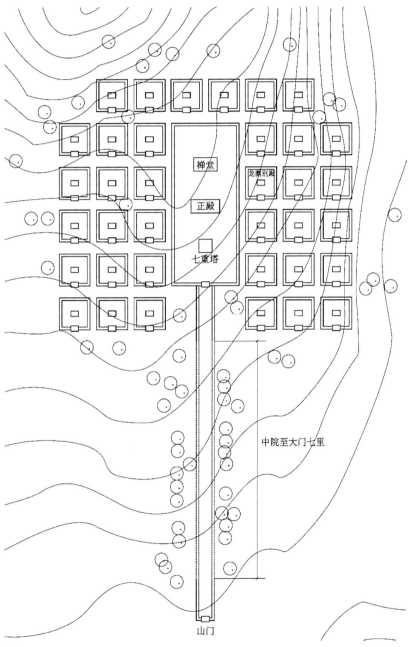

資料來源：楊澍，《續高僧傳》中建康及荊州幾所佛寺的平面布局//
　　　　　王貴祥，賀從容，李菁，中國建築史論匯刊・第十四輯，
　　　　　北京：中國建築工業出版社，2017：267。

另外，南北朝時期的佛教寺院內都出現了雙塔的布局。北魏孝文帝（471～499 在位）時期，宕昌公所立之暉福寺「上爲二聖造三級浮圖各一區」〔註63〕；宋明帝（465～472 在位）創立的湘宮寺〔註64〕和梁武帝（502～549 在位）改建的阿育王寺〔註65〕亦均爲雙塔的配置。但因作爲本文研究對象的兩本圖經中並未出現雙塔布局，故而該項討論並非本文的重點。

隋代南北統一，其佛寺仍沿襲前期以佛塔爲主的布局形式。〔註66〕隋京師清禪寺建塔十一級〔註67〕，京城西南隅兩座禪定寺建塔七級，「崇三百三十尺，周回一百二十步」。〔註68〕仁壽（601～604）年間於諸州建舍利塔，仍以塔爲寺中主要建置。〔註69〕

別院的結構模式在這一時期得到了進一步的發展。并州武德寺建於開皇元年（581），該寺前後十二院，四周閤舍一千餘間〔註70〕，共有廊廡九重〔註71〕。蘄州福田寺是南齊高帝（479～482 在位）所立，寺址在蘄州北之鼓吹山上。隋仁壽（601～604）年間分發舍利時，該寺的布局形式爲三院

〔註63〕 佚名，大代宕昌公暉福寺碑//馬衡，凡將齋金石叢稿，北京：中華書局，1977.10：366。

〔註64〕 「明帝……以故宅起湘宮寺，費極奢侈。以孝武莊嚴刹七層，帝欲起十層，不可立，分爲兩刹，各五層。」引自：（唐）李延壽，南史，長沙：嶽麓書社，1998.06：987。

〔註65〕 「即遷舍利近北，對簡文所造塔西，造一層塔……至四年九月十五日，高祖又至寺設無㝵大會，豎二刹，各以金罌，次玉罌，重盛舍利及爪髮，內七寶塔中。又以石函盛寶塔，分入兩刹下。」（唐）姚思廉，梁書，北京：中華書局，1973.05：790～791。

〔註66〕 宿白，隋代佛寺布局，考古與文物，1997.02：29。

〔註67〕 「高唐公素稟行門偏所歸信，遂割宅爲寺引眾居之……賜額可爲清禪……建浮圖一區……舉高一十一級。」引自（唐）道宣，續高僧傳，卷十七，隋京師清禪寺釋曇崇傳//大正新修大藏經，第 50 卷，史傳部，二，河北：河北省佛教協會，2009：568。

〔註68〕 （宋）宋敏求，長安志，卷十，唐京城四，清文淵閣四庫全書本：14。

〔註69〕 宿白，隋代佛寺布局，考古與文物，1997.02：29。

〔註70〕 「并州造武德寺，前後各一十二院，四周閤舍一千餘間。」引自：（唐）法琳，辨正論，卷三，十代奉佛上篇第三//大正新修大藏經，第 52 卷，史傳部，四，河北：河北省佛教協會，2009：508。

〔註71〕 「乃於幽憂之所置武德寺焉，地惟泥濕遍以石鋪，然始增基通於寺院。周閤千計廊廡九重，靈塔雲張景臺星布。」引自：（唐）道宣，續高僧傳，卷十二，唐并州武德寺釋慧覺傳//大正新修大藏經，第 50 卷，史傳部，二，河北：河北省佛教協會，2009：520。

相接，最頂別院名曰禪居〔註72〕。另外據宿白先生考證，隋京師靜法寺也有別院的建置。〔註73〕

　　此外，隋代寺院中還出現了「三殿堂」及「一閣二樓」的布局形式。黔州刺史田宗顯於開皇十五年（595）爲荊州長沙寺造正北大殿十三間，東西夾殿九間。〔註74〕僧人釋住力於開皇十三年（593 年）爲江都長樂寺建塔五層，後又爲安置瑞像於寺中修建高閣並夾二樓。〔註75〕正殿和東西夾殿組成的「三殿堂」模式，似乎與宮廷建置有所關聯。曹魏洛陽宮正殿太極殿兩側與其並列建有東、西堂。這一形式直到南北朝末年的北齊鄴南城宮殿仍是如此。〔註76〕而「一閣二樓」的形式則在敦煌壁畫中多有體現。如敦煌 361 窟南壁所展示的雙閣布局。（圖 4.34）此外，敦煌壁畫中還有一種「一殿二樓」的平面布局，如第 419、423 窟所繪五間大殿後各有一座三或四層的高閣。〔註77〕（圖 4.35）此三種布局形式，在《祇洹寺圖經》中的「大佛殿及東西夾殿、第二大複殿及東西樓觀，三重高閣及東西大寶閣」上得到了淋漓盡致的反映，因此，這很可能是隋至初唐大型佛寺中的流行模式。

〔註72〕　「仁壽四年下勒造塔，令送舍利于鄲州福田寺……是南齊高帝所立也，三院相接，最頂別院名曰禪居。」引自：（唐）道宣，續高僧傳，卷十一，隋西京日嚴道場釋明舜傳五//大正新修大藏經，第 50 卷，史傳部，二，河北：河北省佛教協會，2009：511。

〔註73〕　宿白，隋代佛寺布局，考古與文物，1997.02：31。

〔註74〕　「黔州刺史田宗顯至寺禮拜，像即放光。公發心造正北大殿。一十三間。東西夾殿九間。」引自：（唐）道宣，集神州三寶感通錄，卷上//大正新修大藏經，第 52 卷，史傳部，四，河北：河北省佛教協會，2009：416。

〔註75〕　「……乃於長樂寺而止心焉。隋開皇十三年，建塔五層……而殿宇褊狹未盡莊嚴……共修高閣並夾二樓。」（唐）道宣，續高僧傳，卷二十九，唐揚州長樂寺釋住力傳//大正新修大藏經，第 50 卷，史傳部，二，河北：河北省佛教協會，2009：695。

〔註76〕　傅熹年，中國古代建築史，第 2 卷，兩晉、南北朝、隋唐、五代建築，北京：中國建築工業出版社，2001.12。

〔註77〕　宿白，隋代佛寺布局，考古與文物，1997.02：31。

圖 4.34　敦煌 361 窟南壁雙閣布局

資料來源：蕭默，敦煌建築研究，北京：機械工業出版社，2003.03：58.

圖 4.35　敦煌 423 窟一殿雙閣布局

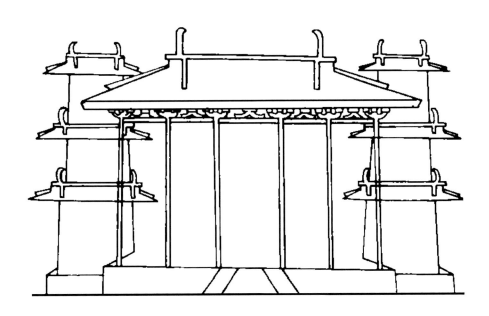

資料來源：宿白，隋代佛寺布局，考古與文物，1997.02：32。

　　從唐取隋而代之（618）至《祇洹寺圖經》成書（667）的五十年間，漢
地佛教及佛教建築在迂迴中繼續發展。這一時期興建的寺院中比較著名的
是唐長安大慈恩寺和西明寺。文獻中所見之慈恩寺建於貞觀二十二年
（648），共有十餘院，一千八百九十七間。西明寺如前文所述建於顯慶元年
（656）。共有十院，屋四千餘間。玄奘法師曾於永徽三年（652）提議在慈
恩寺端門之陽設立石塔安放西域帶回的經像，後因高宗敕令改爲在西院用
磚建造〔註78〕。這一事件被當代學者視爲漢地大興寺院以佛殿代替佛塔作爲
寺院主要建築的開始。〔註79〕大慈恩寺之端門已不可考，《祇洹寺圖經》中的
端門是中院南門南邊的大門，《史記・天官書》將太微垣以南四顆星的中間兩

〔註78〕「三年春三月，法師欲於寺端門之陽造石浮圖，安置西域所將經像。其意恐
　　　人代不常經本散失，兼防火難。浮圖量高三十丈，擬顯大國之崇基，爲釋迦
　　　之故跡。將欲營築附表聞奏勅使中書舍人李義府。報法師云。師所營塔功大
　　　恐難卒成，宜用甎造，亦不願師辛苦，今已勅大内東宮掖庭等七宮亡人衣物
　　　助師，足得成辦。於是用甎仍改就西院。其塔基面各一百四十尺，做西域制
　　　度，不循此舊式也。」（唐）慧立，大慈恩寺三藏法師傳//大正新修大藏經，
　　　第 50 卷，史傳部，二，河北：河北省佛教協會，2009：260。
〔註79〕宿白，試論唐代長安佛教寺院的等級問題，文物，2009.01：30。

顯稱爲端門〔註80〕，可見此端門也有中院以南入門的含義，同樣北魏洛陽宮殿和北齊鄴南城宮殿的端門也都處在同樣的位置，因此，大慈恩寺的端門很有可能也是中院以南的大門，而大慈恩寺的布局亦應是「中院+別院」的結構模式。此外，根據道宣在《律相感通傳》中的記載，前文提到的先造講堂，後於堂前建塔和東西佛殿的荊州上明東寺，在道宣成書之際已發展成爲「別院大小合有十所……寺中屋宇及四周廊廡等，減一萬間」〔註81〕的一方大寺，很顯然，這座寺院也是「中院+別院」的布局。其寺中最主要建築物——塔、佛殿、講堂——安置在中院內，中院兩旁設立別院。可以說，這樣一種模式在初唐已經成爲了大型寺院的盛行布局。

根據上文的梳理不難看出，道宣兩本圖經中的寺院格局反映了漢地佛教發展至初唐這一階段，大型寺院建設時最可能採用的一種形式，即中心院落與別院相組合，主要建築物位於中心院落軸線之上的多院落布局。這一模式最早可能來自於南朝，後向北發展，及至初唐已成爲了整個國家最盛行的結構模式。而道宣圖經中的祇洹寺，從佛教層面上看是用來對抗末法的理想寺院，在建築層面上則可以被認爲是對南北朝以來漢地佛教寺院布局發展的一個總結。

此外還應說明一點，儘管考古發掘出的祇洹精舍遺址和那爛陀寺遺址（圖4.36）等從平面形態上看似乎也呈現出多院落式的布局，但圖經中的祇洹寺形式與其二者有很大區別。犍陀羅和中亞的伽藍中禮拜空間（塔院）、供養空間（萬神殿）和居住空間（僧院）相對獨立〔註82〕，並無「中心」和「外圍」之分；圖經中的祇洹寺裏塔、佛殿以及僧舍則被組合在同一個中佛院內，別院作爲從屬空間圍繞在其四周，已是經過轉譯的漢地佛寺布局。如果說文獻記載中周閣環繞的洛陽白馬寺和徐州浮屠祠還是對西域塔院的模仿，那麼東晉時期佛塔、佛殿、講堂的組合模式則已經是漢化的寺院格局，及至南北朝時期「中院+別院」模式出現，漢地佛教寺院布局就更進一步的向以宮殿爲代表的漢地多進合院空間格局靠攏了。

〔註80〕 「南四星，執法；中，端門；門左右，掖門。」引自：（漢）司漢遷，史記，北京：線裝書局，2006.12：112。

〔註81〕 （唐）道宣，律相感通傳//大正新修大藏經，第45卷，諸宗部，二，河北：河北省佛教協會，2009：878。

〔註82〕 常青，西域文明與華夏建築的變遷，長沙：湖南教育出版社，1992.10：94。

圖 4.36　那爛陀寺遺址平面圖

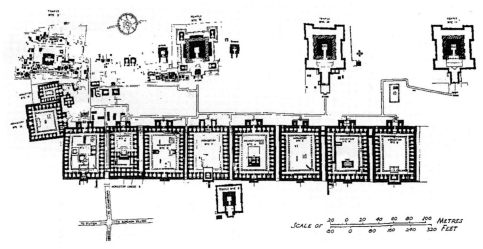

資料來源：李崇峰，佛教考古──從印度到中國，上海：上海古籍出版社，2014.01：
　　　　565。

4.2　兩部圖經中「中佛院」建築布局比較

　　根據上節的分析，《祇洹寺圖經》中祇洹寺的「道場」與《戒壇圖經》裏
祇樹園的平面布局基本相同。道宣在《戒壇圖經》中簡略介紹祇樹園格局後
寫道，「余所撰《祇桓圖》上下兩卷，修緝所聞，統收經律，討譣諸傳，極有
蹤緒」〔註83〕，這似乎表明《戒壇圖經》的寫作時間晚於《祇洹寺圖經》，同
時也證明《戒壇圖經》中祇樹園與《祇洹寺圖經》裏的祇洹寺實爲同一座寺
院。這兩部圖經均撰於唐乾封二年（667），經文裏的兩座寺院格局基本同構，
除去《戒壇圖經》中寺院未描寫「供僧院」部分之外，二者最大的差別在於
「中佛院」中建築的布局。

　　前文已述，《祇洹寺圖經》中祇洹寺「道場」之「中佛院」由南至北依次
爲：端門、中院南門、九金鑊、大方池及其東西壇、七層塔及其兩側鐘臺、
大佛殿及其東西夾殿、第二大複殿及其東西五重樓臺，最北爲三重閣及其東
西大寶樓。《戒壇圖經》裏祇樹園之「中佛殿」由南至北依次爲：佛院門、東
西二戒壇、前佛殿及其東西三重樓、七重塔及其東鐘臺西經臺、後佛說法大

〔註83〕　（唐）道宣，關中創立戒壇圖經//大正新修大藏經，第 45 卷，諸宗部，二，
　　　　　河北：河北省佛教協會，2009：812。

殿及其東西五重樓、三重樓、九金鑊、方華池、三重閣及其東西五重樓。兩圖經「中佛院」內的建築構成,除《戒壇圖經》中沒有關於端門的描寫,並將七層塔西側鐘臺換做經臺,且多了一座三重樓之外,其餘各部分均可視做等同於《祇洹寺圖經》。在此基礎上,本研究將首先對中佛院內各建(構)築物進行梳理,因《戒壇圖經》中各建築只出現名稱而並未另有描寫,所以下文之梳理將先依據《祇洹寺圖經》的經文內容,《戒壇圖經》中相對應之各建築的功能即認為與《祇洹寺圖經》中相同。

4.2.1 兩部圖經中「中佛院」各建築之形式與功能

依據《祇洹寺圖經》,「中佛院」之端門在祇洹寺「道場」東西大巷的南側,與「中佛院」的主體院落有一巷之隔。這座端門高達七層,共九開間,設五個門,每個門高廣均為兩丈。大巷之北正對端門的是中佛院的南門,也是七層,設七個門,門色烏黑。依照端門的配置,南門可能為十一開間,或者同為九開間。根據圖經內容,此門高七層開七門意在象徵「七覺意」,表示該院只有佛能居住。現寺院山門又稱「三門」,取「三解脫門」之意〔註84〕,同樣採用了象徵的表達。

南門向北,在軸線東西兩側有壇。東邊名戒壇,裝飾華麗,形狀似須彌座,旁邊設龕窟安置神像,四周遍佈花草和林木。西邊也有一壇,裝飾、形狀與東邊戒壇相同。根據經文,東邊戒壇由大梵王建造,是樓至比丘請佛所立,佛第一次結戒之時請十方諸佛登壇共論戒法;西邊壇由魔王建造,佛第一次度尼之時「恐滅正法」〔註85〕,遂請諸佛登壇籌議理義,於是就有了四部廣律〔註86〕。因此,此二壇惟佛所登,凡人不能上。「中佛院」東、西戒壇的方位和名稱來自《戒壇圖經》所引《別傳》,在《戒壇圖經》中,東邊戒壇被稱作「佛為比丘結戒壇」,西邊戒壇被稱作「佛為比丘尼結戒壇」。

〔註84〕 北宋道誠《釋氏要覽》曰:「凡寺院有開三門者,只有一門亦呼為三門者何也?佛地論云:大宮殿三解脫門為所入處,大宮殿喻法空涅槃也。三解脫門謂空門、無相門、無作門,今寺院是持戒修道求至涅槃人居之,故由三門入也。」引自:(宋)道誠,釋氏要覽//大正新修大藏經,第54卷,事匯部・外教部・目錄部,二,河北:河北省佛教協會,2009:264。

〔註85〕 (唐)道宣,中天竺舍衛國祇洹寺圖經,卷上//大正新修大藏經,第45卷,諸宗部,二,河北:河北省佛教協會,2009:889。

〔註86〕 即《十誦律》、《四分律》、《僧祇律》和《五分律》。

　　二壇以北是九金鑊、大方池。九大金鑊下周圍怪獸聚集，鑊內外和鑊中有罕見的花、葉散發芳香並閃爍光芒。大方池裏四季種植蓮花，花共四色，即使未開花香亦芬鬱駿烈。大方池正北是大佛塔，塔高七層，宏偉壯麗。塔以異石建造，上掛金鈴，塔下安放的是迦葉佛的爪、髮舍利。七層塔左右兩側各有一鐘臺，左側（應爲東側）鐘及臺由頗梨〔註 87〕製成，右側鐘及臺由金銀製成。此二鐘各受五十斛。以唐代一斛合今約 60 升〔註 88〕計，五十斛爲3000 升，即 3 立方米。如果設該鐘口徑 1.6 米，肩徑 1.2 米，高 2 米，則其體積約略等於五十斛，由此，可對「中佛院」內二鐘的體量有一個大致的概念。

　　七重塔北是大佛殿，又名當陽殿，此殿比各別院內所有佛殿都要高大。大佛殿內簷下角有兩座香山，高一丈二尺。殿內有蓮華藏，高一丈三尺。其外形與人世間的明堂類似，具體爲，臺下九龍盤結作支腳，其上是七寶蓮花，蓮花之上用白銀做八角七層臺。此臺八面開窗，窗下有門，瓦爲紅頗梨所作，臺上有相輪，類塔上相輪，但爲八角形，相輪之上還有寶珠。此寶珠爲金翅鳥形象，上爲普賢菩薩乘白象王。每至六齋日，四眾禮敬此臺，每位欲受戒的比丘也要先來此臺致敬祈請，受戒後再次對臺禮敬。殿內大佛座兩角各有一幢玉塔，塔高一丈六尺，共一百三十層。殿正中爲大立像，高一丈八尺，像身碧玉製作並用金銀雕刻，如來遊方行化之時此像便代替如來向人天說法。大像東畔有兩鋪立像，亦高一丈八尺，紫磨金製成，其上裝飾白銀、七寶。像有侍衛及三百事供養，另有兩金獅子蹲踞在前。當釋尊在忉利天之時，此二像即在殿中爲諸比丘教戒說法。大象西畔是兩鋪坐像，其一由瑪瑙製成，金、銀、玉鏤之，另一像由白銀製成，以黃金鏤之，兩像並用七寶塡之。此二像各坐於寶蓮花之上，高一丈八尺，並有侍衛和八部眷屬共四百二十種。像前兩獅子一白銀製一瑪瑙製，獅子上各有一童子手執白拂。佛涅槃後，以上所述之蓮華藏、二玉塔、大象東畔二立像及西畔二坐像均由娑竭羅龍王收入海中供養。在此需要指出，道宣稱大佛殿內的蓮華藏與人間的明堂形式類似，爲八角七層臺。在圖經成書的乾封二年（667），唐代尚未建有明堂，唐高宗曾在永徽二年（651）下有建造明堂的詔書，詔書中的明堂即爲八角形平面〔註 89〕。

〔註 87〕　佛教七寶之一，即玻璃。

〔註 88〕　盧嘉錫，丘光明，中國科學技術史，度量衡卷，北京：科學出版社，2001.06：332。

〔註 89〕　「下詔造明堂，內出九室樣。堂三等，每等階各十二。上等方九雉，八角，高一尺……」引自：（唐）杜佑，通典 上，長沙：嶽麓書社，1995：631。

因此道宣所說的「狀若此間明堂形」〔註90〕很可能即指唐高宗詔書中明堂的形式。與此同時，聯繫到前文探討過的祇洹寺與唐長安城的同構現象，道宣在此用明堂的形式描述蓮華藏，很可能也是出於將佛教世界的佛陀與人間的帝王相類比的考慮。

　　大佛殿兩側通過飛廊連接東西夾殿，夾殿周圍種滿大樹。東側夾殿上下三層，又稱東側寶樓，其上層有八萬白銀佛坐七寶蓮華，白銀佛像內有八萬四千七寶樓觀，各樓觀中是如來成道、降天魔、轉法輪、入涅槃等像。七寶樓觀內另有一寶池，池中寶花上是諸佛說妙法，寶花及佛像皆由白玉製成。池中又有蓮花院，院內立十六億白銀寶塔，百二十角並百二十層。寶塔表面鑲嵌大寶珠，其形如鳳，鳳上乘文殊師利。塔內有釋迦、多寶二像，說法華經。塔中原有迦葉、維衛二佛說毘尼藏，釋迦如來制戒之時曾於此塔中閱讀討論古律。釋迦如來涅槃時，寶積菩薩於塔前請《大寶積經》，請閉，娑竭龍王將塔收還海宮。寶樓中層內有十六座七寶樓觀，觀內是彌勒菩薩像。觀中又有五百銀臺，臺內各有五百金臺。金臺中有七寶池，池內是千葉金蓮花，隨花有佛。另有極小的七寶蓮華，蓮華中有碧玉製成的須彌山，山上是釋迦如來度諸龍的雕像。如來涅槃之時上述樓觀由忉利天主收往天上。寶樓下層以牛頭栴檀做大梵王及其眷屬雕像，並有帝釋四王及其部下眷屬的雕像。下層中央有大金鐘，帝釋像每日擊之。佛滅十二年後，由大龍收入海殿供養。西側夾殿亦為三層，上層有六十四須彌山，青白碧玉製成。大山中有八十億真珠樓觀，觀內是佛成道、降天魔、轉法輪、般涅槃等像。中心山頂有大寶樓，樓臺中有修多羅藏。臺中心有白銀幢三千級，幢頭有大金翅鳥，其背上是普賢菩薩乘白象王。此臺於佛滅後三年由婆娑羅龍王收入海中。夾殿中層內有大寶蓮花，居七寶池。又有十三億七寶樓，樓中有白玉寶塔，塔內是維摩、文殊對談之相。佛滅後三日蓮花及池隨婆娑龍王入海。夾殿下層為沉香所製大龍王及龍屬之像，並有八金鐘，龍王間或擊打金鐘。佛滅度後，帝釋將其帶入歡喜園中親自供養。

　　大佛殿北是第二大複殿，殿為重簷〔註91〕，高度和寬度都勝於大佛殿。

〔註90〕　（唐）道宣，中天竺舍衛國祇洹寺圖經，卷上//大正新修大藏經，第45卷，諸宗部，二，河北：河北省佛教協會，2009：887。

〔註91〕　「殿簷相屬嵬峨重沓」引自：（唐）道宣，中天竺舍衛國祇洹寺圖經，卷下//大正新修大藏經，第45卷，諸宗部，二，河北：河北省佛教協會，2009：889。

此殿用朱粉塗飾金碧輝煌，所用寶物和所費功力均是天下第一。殿內簷下有四銀臺，兩臺內爲經，兩臺內爲律〔註92〕。大殿鋪地琉璃製成。殿內有池〔註93〕，其下布以金沙，中有大蓮花三十二朵。周圍有龍盤旋的花上坐四面佛，頭戴圓冠，南面用七寶、黃金鏤塡，西面用白銀，北面用青玉，東面用黃金。此佛像常爲人、天說法。大蓮花花蕊中又有十萬小花，小花裏有天龍八部和聲聞菩薩像。環繞著大蓮花的是衛著寶花的十億金龍，寶花中有金、銀、白玉三色佛像，環繞著佛像的是十方八部二乘和萬種蓮花，花中有天童作天伎樂。池四面各有寶樹八行，池四角有金山。在複殿的牆壁之上有釋迦如來自畫的八相變像，是佛將涅槃時此殿內大象爲後代眾生請佛所畫。

　　第二大複殿兩側有飛廊連接東西樓觀。東側樓觀又稱複殿東臺，五重高，皆七寶製作，其上施寶珠，故此樓觀晝夜長明。東臺上層有星宿劫中第二佛全身七寶塔，塔共一千三百級，六十四面，白玉爲臺。塔內有該佛入涅槃像。繞塔四邊有八萬金臺觀，中有說法化佛。塔上安大寶珠形如白象，上有普賢菩薩像。東臺從上至下第二層中爲千葉金蓮，每片葉子上皆有十六金觀，觀中多爲普賢菩薩。花心是盧舍那佛，說華嚴經。在迦葉佛時，中國有人在荊州大明寺所在之處分別抄寫了經和律，經放在蓮花東南臺內，律放在蓮葉西南臺內。第三層內有七寶海。海中是十六億金龍各衛一大寶蓮華。花上金銀共作一臺，臺中有過去佛說律。第四層內是牛頭旃檀塔十六座，每塔各一千三百級，塔內多爲釋迦成道、轉法輪像。塔四角爲七寶覆蓋，並有大金鈴鳴響。第五層內爲玉製釋迦化迦葉兄弟像。佛去世後，上層七寶塔和二層千葉金蓮被收入清涼山金剛窟，三層七寶海入狼蹤山修羅窟，四層旃檀塔入海，五層佛像入北天宮。複殿西臺亦爲五重，頗梨和瑪瑙製成。其臺上層有大摩尼珠，六楞，與舍利塔形狀類似。此珠正面開一門，有白玉臺三重，其上瑪瑙做梁。過去佛曾於其中說法華。西臺其他各層情況經文未詳。

　　最北的高閣共三重，高度大於第二大複殿。如來在祇洹寺中居住二十五年，夏天就住在這個重閣裏，或住上層或住下層隨情況而定。經中所說「重

〔註92〕　「兩臺內有黃金疊修多羅……兩臺內有毘尼」　引自：（唐）道宣，中天竺舍衛國祇洹寺圖經，卷下//大正新修大藏經，第 45 卷，諸宗部，二，河北：河北省佛教協會，2009：889。

〔註93〕　「以瑠璃爲地底岸布以金沙」引自：（唐）道宣，中天竺舍衛國祇洹寺圖經，卷下//大正新修大藏經，第 45 卷，諸宗部，二，河北：河北省佛教協會，2009：889。

閣講堂」〔註94〕即指這個地方。此閣中只有寶座，沒有塑像或畫像，閣中的裝飾與其他各殿類似。重閣東西有大寶樓，通過飛廊與閣連接。天人、聖眾經過東寶樓時繞其盤旋並進入樓中，西寶樓內情況不詳。

閣北桓牆環繞整個「中佛院」一周，廊廡覆蓋並用朱粉裝飾。牆兩角是東西二佛庫，花香供具存於其中。

以上即爲《祇洹寺圖經》中「中佛院」內各建築的詳細情況。在《戒壇圖經》裏各部分名稱稍有不同，「佛院門」即「中院南門」，「前佛殿」即「大佛殿」，「後佛說法大殿」即「第二大複殿」。在當前的討論階段，兩圖經中相對應的各個建築均認爲其形式和功能是完全相同的。

4.2.2 兩部圖經中的「中佛院」與現存或可考寺院之中心院落的比較

至此，兩本圖經中「中佛院」的建築布局已經比較清晰。《祇洹寺圖經》中的「中佛院」，其中軸線（及兩側）由南至北依次爲：大門、東西二戒壇、九金鑊、大方池、七重舍利塔及其東西兩側鐘臺、安置說法立像的大佛殿及東西夾殿、安置說法四面佛像的第二大複殿及東西樓觀以及高達三層的重閣講堂及東西大寶樓。如果只考慮位於軸線上的主要建築物並用更概括的形式進行表達，則《祇洹寺圖經》中「中佛院」的建築布局爲：大門——舍利塔——佛殿〔註95〕——佛殿〔註96〕——講堂（閣）。同樣，《戒壇圖經》中「中佛院」的建築布局是：大門——佛殿——舍利塔——佛殿——三重樓（功能不明）——講堂。

〔註94〕 東晉佛馱跋陀羅譯《大方廣佛華嚴經》卷第四十四，入法界品第三十四之一開篇有「爾時佛在舍衛城祇樹給孤獨園，大莊嚴重閣講堂，與五百菩薩摩訶薩俱。」引自（東晉）佛馱跋陀羅，大方廣佛華嚴經，卷第四十四//大正新修大藏經，第 9 卷，法華部·華嚴部，一，河北：河北省佛教協會，2009：676，道宣《祇洹寺圖經》描述三重閣時稱「經中所謂重閣講堂即其處也」（（唐）道宣，中天竺舍衛國祇洹寺圖經，卷下//大正新修大藏經，第 45 卷，諸宗部，二，河北：河北省佛教協會，2009：890）可能即指《大方廣華嚴經》中記錄的這個祇樹給孤獨園中之重閣講堂。

〔註95〕 文中記載此殿中的立像是如來遊方行化之時代替如來向人天說法之用，似乎該殿堂有講堂的意味。然而鑒於經文中明確指出「中佛院」軸線最北端的三層重閣是「重閣講堂」而此處爲「佛殿」，且考慮到現實世界中的佛像亦爲佛的象徵，現實世界中佛殿供奉佛像的含義與此處並無二致，因此在確定建築物性質時仍將此殿及其後第二大複殿歸於「佛殿」的類別。

〔註96〕 同上。

　　首先來看《祇洹寺圖經》。應該說，《祇洹寺圖經》中「塔——佛殿——講堂」的序列是南朝以來的常見佛寺布局，如前文所述，宋大明間（457～464）建康所立之莊嚴寺及初創於東晉擴建於劉宋時期的荊州上明東寺，以及百濟的定林寺、軍守里寺，日本的四天王寺等都是這樣的模式。圖經中佛寺的不同之處在於其講堂採用重閣形式。從經文的描述上看，該重閣上下分層，並無通高的筒形空間，閣中只有寶座，沒有塑像或畫像，顯然與從南北朝後期即開始流行的建造重閣以安置大像的做法相去甚遠。〔註97〕然而圖經中的形式也並非沒有實例。建於梁天監十三年（514）的鍾山開善寺內即有講堂，講堂北又有閣，沙門智藏曾在此寺爲武帝講《大涅槃經》，法筵結束後「又於北閣更延談論」〔註98〕，顯然這座重閣並非置像所用，而是用來講經或者修行的。然而與隋唐時期大量的「置像高閣」相比，此種類型的講閣數量實在太過稀少，因此筆者認爲，道宣在此經中將軸線末端之建築安排爲重閣講堂，其形式當是依據其所處時代寺院之流行布局（也就是說初唐時期安置大像的重閣可能是在中軸線的最末端），而講堂這一功能的安排則更多是囿於經文（例如《大方廣佛華嚴經》）中「爾時佛在舍衛城祇樹給孤獨園。大莊嚴重閣講堂。」〔註99〕的描寫。

　　此外需要關注的是圖經中的塔。根據經文，位於大佛殿前方的七層塔是迦葉佛的爪、髮舍利塔，異石製成。經文沒有關於其內部的描寫，因此該塔很可能不能攀登。雖然此塔仍被道宣稱作「狀麗宏異」，但很顯然無論從體量還是重要性上該塔都無法和其後方的佛殿及重閣相提並論。而事實上，從整個佛教寺院布局的發展歷程來看，佛塔的地位和重要性的確是在逐漸退化的。從佛教初傳時期的重樓式佛塔居中，周閣環繞的四方式結構，到南北朝時期的「前塔後殿」或者「前塔後佛殿、講堂」，塔從佛寺中的唯一主要建築物變爲了軸線上的主要建築物之一。而塔的性質和功能也在發生著變化。晉太元（376～396）間曇翼於荊州長沙寺建造大塔安置丈六金像〔註100〕，北魏熙平元年（516）洛陽永寧寺將丈八金像安置於佛殿而非塔中，唐永徽三年

〔註97〕　傅熹年，中國古代建築史，第 2 卷，兩晉、南北朝、隋唐、五代建築，北京：中國建築工業出版社，2001.12。

〔註98〕　（唐）道宣，續高僧傳，卷五，梁鍾山開善寺沙門釋智藏傳//大正新修大藏經，第 50 卷，史傳部，二，河北：河北省佛教協會，2009：467。

〔註99〕　（東晉）佛馱跋陀羅，大方廣佛華嚴經，卷四十四，入法界品第三十四之一//大正新修大藏經，第 9 卷，法華部·華嚴部，一，河北：河北省佛教協會，2009：676。

〔註100〕　「後還長沙寺，復加開祐造大塔，並丈六金像」引自：（梁）釋寶唱，名僧傳鈔，南京：南京金陵刻經處，2001。

（652）玄奘法師欲造石塔於大慈恩寺端門之陽卻不得已而改就西院，佛塔在失去安置佛像的功能之時也同時失去了其在寺院布局中的主要位置。在《祇洹寺圖經》中，七重塔雖仍然建造於佛殿之前，但其舍利塔的身份已然表明了其功能和地位。而在《戒壇圖經》裏，此塔竟然被安置於兩座佛殿之間。這也是目前所見最早的將塔立於大殿後方的案例。有研究者認為由於道宣的提議，初唐以來的佛寺建設以佛殿為主，佛塔則降為次要地位〔註101〕，然而從上文的分析可以看出，道宣在《祇洹寺圖經》中所描繪的寺院布局，與其說是他本人的規劃設想，不如說更多的反映了初唐時期的佛寺現狀，也就是說，及至初唐，佛殿已成功代替佛塔成為了佛寺中最重要的建築物，而與此同時重閣的地位也在不斷提高。

圖經中描繪的九金鑊和大方池，也是文獻和圖像中可以考證出的建築要素。根據記載，荊州上明東寺法堂前有四隻鐵鑊，每個容積約十餘斛，中間種蓮花〔註102〕；鎮江北固山甘露寺解脫殿前有二大鐵鑊，是梁武帝於天監十八年（519）親自鑄造，「種以荷葉，供養十方一切諸佛」〔註103〕；建康同泰寺瑞像殿前有一雙銅鑊，每個容積為三十斛〔註104〕。實例方面，湖北宜昌玉泉寺中存有一口鑄造於隋大業十一年（615）的鐵鑊，腹深 0.6 米、最大腹圍 4.13 米，約合唐代 13.6 斛。浙江樂清能仁寺北宋元祐七年（1092）所鑄鐵鑊口沿外徑 2.7 米，深 1.65 米，根據記載重達三萬七千斤。〔註105〕此外，泗州大聖寺亦出土元代延祐年間（1314～1320）鑄造的大鐵鑊口直徑近 3 米、深約 1.9 米。關於佛寺中大鑊的功能，現代學者認為從甘露寺鐵鑊上的梁武帝刻銘判斷，其最主要的功用是「植蓮供佛」。究其背後之思想，蓋因在佛教中鐵鑊象徵「地獄苦鑊」，蓮花則是佛教聖花，因此「鐵鑊植蓮」便有了「地獄苦鑊變為七珍寶池，地獄沸湯化為八功德水」〔註106〕的意味

〔註101〕馬得志，唐長安青龍寺遺址，考古學報，1989，02：244。
〔註102〕「殿前有四鐵鑊，各受十餘斛以種蓮華」引自：（唐）道宣，律相感通傳//大正新修大藏經，第45卷，諸宗部，二，河北：河北省佛教協會，2009：878。
〔註103〕（梁）蕭衍，甘露寺鐵鑊銘//（明）梅鼎祚，釋文紀，卷二十一，梁，清文淵閣四庫全書本：43。
〔註104〕「勅於同泰寺大殿東北起殿三間兩廈……又施銅鑊一雙，各容三十斛。」引自：（唐）道宣，集神州三寶感通錄//大正新修大藏經，第52卷，史傳部，四，河北：河北省佛教協會，2009：416。
〔註105〕霖滌，元祐大鐵鑊之謎〔J〕，風景名勝，1994（第6期）：21。
〔註106〕（梁）蕭衍，甘露寺鐵鑊銘//（明）梅鼎祚，釋文紀，卷二十一，梁，清文淵閣四庫全書本：43。

〔註 107〕。這也就是道世《法苑珠林》中提到的「願令修福悉皆懺悔。當願鑊湯清淨變作華池」〔註 108〕。在此思想基礎上反觀圖經原文，就會發現經文「池南有九大金鑊下施足跡，周外怪獸塡突羅烈合沓勇猛，相狀紛綸鑊內外，中諸奇花葉紛披重香光色相暉」〔註 109〕中雖用「奇花葉」代替了蓮花，但表達的也是同一種含義。由此可見作爲「鑊湯清淨變作華池」〔註 110〕這一佛法宏願在現實世界的象徵物，「鐵鑊植蓮」最遲在南朝已經出現，及至初唐仍然是寺院中重要的建築元素。九大金鑊以北是大方池，池中四季種植蓮花，方池正北即是佛塔。蓮池在漢地佛寺中出現的很早，北魏孝文帝（471～499 在位）在洛陽修建的大覺寺即是「名僧繼踵法侶排肩，朝步蓮池暮栖香閣」〔註 111〕。而北周武帝（561～578 在位）於京下創立的寧國、會昌、永寧三寺亦爲「夏户秋窗，蓮池柰苑」〔註 112〕。但蓮池在寺中的位置似乎並不固定，道宣《續高僧傳》所載諸寺院中有十餘座建有水池，有些建在別院之內〔註 113〕，有些立於塔後或塔側〔註 114〕，還有的位於樓閣前或佛殿後〔註 115〕。比較明確的造

〔註 107〕 羅志，古泗州鐵鑊小考〔J〕，文物鑒定與鑒賞，2015（第 8 期）：59。
〔註 108〕 （唐）道世，法苑珠林，卷第十一//大正新修大藏經，第 53 卷，事匯部·外教部·目錄部，一，河北：河北省佛教協會，2009：322。
〔註 109〕 （唐）道宣，中天竺舍衛國祇洹寺圖經，卷上//大正新修大藏經，第 45 卷，諸宗部，二，河北：河北省佛教協會，2009：886～887。
〔註 110〕 （唐）道世，法苑珠林，卷第十一//大正新修大藏經，第 53 卷，事匯部·外教部·目錄部，一，河北：河北省佛教協會，2009：322。
〔註 111〕 （唐）法琳，辯正論，卷三，十代奉佛上篇第三//大正新修大藏經，第 52 卷，史傳部，四，河北：河北省佛教協會，2009：507。
〔註 112〕 （唐）法琳，辯正論，卷三，十代奉佛上篇第三//大正新修大藏經，第 52 卷，史傳部，四，河北：河北省佛教協會，2009：508。
〔註 113〕 如鍾山大愛敬寺「旁置三十六院，皆設池臺周宇環遶」。引自：（唐）道宣，續高僧傳，卷一，梁揚都莊嚴寺金陵沙門釋寶唱傳//大正新修大藏經，第 50 卷，史傳部，二，河北：河北省佛教協會，2009：427。
〔註 114〕 如安州景藏寺「塔北有池，沙門淨範爲諸道俗受菩薩戒，乃有群魚游躍，首皆南向，似受歸相」引自：（唐）道宣，續高僧傳，卷十二，隋終南山悟眞寺釋淨業傳//大正新修大藏經，第 50 卷，史傳部，二，河北：河北省佛教協會，2009：517.及許州辯行寺「又於塔側造池供養」。引自：（唐）道宣，續高僧傳，卷二十六，隋京師勝光寺釋道粲傳//大正新修大藏經，第 50 卷，史傳部，二，河北：河北省佛教協會，2009：669。
〔註 115〕 如盧山東林寺「忽有大星天墜，正在西閣大水池中」引自：（唐）道宣，續高僧傳，卷二十五，江州東林寺釋道睠傳//大正新修大藏經，第 50 卷，史傳部，二，河北：河北省佛教協會，2009：599.及餘姚小龍泉寺「佛殿之後忽生一池」。（唐）道宣，續高僧傳，卷十三，唐越州嘉祥寺釋智凱傳//大正新修大藏經，第 50 卷，史傳部，二，河北：河北省佛教協會，2009：538。

池於塔前的實例是《續高僧傳》卷二記載的隋仁壽（601～604）年間之復州方樂寺，其「塔所前池有諸魚繁」〔註116〕，但此池並非蓮池。莫高窟第61窟五臺山圖中有一個蓮花池塔的局部，此蓮池爲不規則形狀，並且從塔旁僧人的位置判斷，此池應在塔的後方。（圖4.37）事實上，按照《戒壇圖經》中的順序，蓮池應位於軸線最末端三重閣的前方，由此判斷，寺院中蓮花池的位置是可以根據需要因地制宜來安排的。

圖 4.37　敦煌第 61 窟五臺山圖中的塔和蓮花池

資料來源：金維諾，丁明夷，中國美術全集 石窟寺壁畫 3，合肥：黃山書社，
　　　　2010.08：571.

此外需要關注的是舍利塔左右的兩個鐘臺，在《戒壇圖經》裏此二臺東爲鐘臺西爲經臺，與《祇洹寺圖經》稍有不同。根據文獻資料，《宋高僧傳》記載長安資聖寺在武周長安年間（701～704）有鐘樓和經樓，是漢地佛寺內同時見有鐘樓和經樓的較早的記錄。雙經樓的文獻最早出自《三國遺事》，統一新羅時期的靈廟寺內設立有左右經樓。〔註117〕根據清華大學玄勝旭博士的研究，由南北朝至隋唐時期，佛寺布局中的鐘樓與經樓，其位置由佛殿後移

〔註116〕 （唐）道宣，續高僧傳，卷二，隋東都上林園翻經館沙門釋彦琮傳//大正新修大藏經，第50卷，史傳部，二，河北：河北省佛教協會，2009：437。
〔註117〕 「又一日將草索絢，入靈廟寺，圍結於金堂，與左右經樓及南門廊廡。」引自：（高麗）一然，三國遺事，卷四，義解，首爾：solbook，1997：228、231。

至佛殿前、由中心院落外移至中心院落內，但左右位置卻無定制，可以是「東
鐘西經」，也可以是「東經西鐘」，還可以是兩座經樓左右對稱。〔註 118〕本文
研究對象兩本圖經中的鐘臺和經臺立於舍利塔兩側，即中心院落內，兩本圖
經「兩鐘臺」和「東鐘西經」的差異又恰巧反映了其左右位置的不確定性，
因此可以說圖經中的布局符合上述對鐘樓與經樓位置演變的推論，這再次從
側面證明了道宣筆下的寺院並非空中樓閣，其建築布局有很明顯的現實依據。

　　最後是戒壇的位置。兩本圖經中的戒壇均在中院院門以北，佛殿以南。
東、西二壇對稱布置，根據《戒壇圖經》，東邊戒壇是「佛爲比丘結戒壇」，
西邊戒壇是「佛爲比丘尼結戒壇」。文獻資料中漢地佛寺戒壇最早始於劉宋元
嘉七年（430），爲天竺僧人求那跋摩在揚都南林寺前竹園設立〔註 119〕。根據
《戒壇圖經》的記載，南朝時期江淮之間共有戒壇三百餘所。然而其所述戒
壇在寺院中的具體位置並不可考。宋代陳舜俞《廬山記》記載東林寺有甘露
戒壇，在寺之東南隅，爲梁太清中襲法師所立。日僧圓仁在其《入唐求法巡
禮記》中描繪了唐代開元寺戒壇的形狀，該戒壇位於戒壇院中。目前存世之
戒壇中泉州開元寺戒壇，始建於北宋天禧三年（1019），在寺院南北中軸線之
上，大雄寶殿之後；北京戒臺寺戒壇，始建於遼咸雍五年（1069），位於寺院
之西北院；北京廣濟寺戒壇，始建於清康熙三十二年（1693），在寺院西路建
築三學堂內。此外還可考證出杭州昭慶寺清代所建之萬壽戒壇位於寺院南北
中軸線之上，大雄寶殿後方，廣州光孝寺戒壇舊在大殿後東北方，清順治初
年重修於寺後街巷自成一區〔註 120〕，泰州光孝寺乾隆四十一年（1776）戒壇
位於最吉祥殿後東北處。由此可見在現存或可考的實際案例中，戒壇位置並
不固定。從方位上看其多位於大雄寶殿後方，或者處於別院。圖經中所描述
之兩壇相對、立於佛殿前方的情況在目前的資料中未曾出現。實際上，在兩
本圖經中，除「中佛院」內一對戒壇之外，別院中亦有戒壇。《祇洹寺圖經》
中有「戒壇律院」位於「中佛院」東門之東，內有戒壇，與「中佛院」中戒

〔註 118〕（韓）玄勝旭，南北朝至隋唐時期佛教寺院經樓、鐘樓布局變化初探〔J〕，
　　　　華中建築，2013（10）：136～141。

〔註 119〕「此土當宋元嘉七年庚午，天竺僧求那跋摩梁雲功德鎧至揚都南林寺前竹園
　　　　立壇，爲比丘受戒爲始也，今稱方等壇者。」（宋）道誠，釋氏要覽，卷上//
　　　　大正新修大藏經，第 54 卷，事匯部‧外教部‧目錄部，二，河北：河北省佛
　　　　教協會，2009：273。

〔註 120〕杜潔祥，中國佛寺史志匯刊，第 3 輯，第 3 冊，光孝寺志，卷 1～卷 12，丹
　　　　青圖書有限公司：72～73。

壇類似但規模較小。《戒壇圖經》也在同一位置設置「戒壇院」。結合上述實例看，似乎將戒壇置於別院之中才是初唐佛寺的主流佈局，而在「中佛院」中將戒壇的重要性提高到如此程度或許與前文所述的道宣希望通過強調持戒以維護僧團發展的策略有關。

　　以上分析主要以《祇洹寺圖經》所述寺院布局爲藍本展開，《戒壇圖經》與其不同之處即上文提到的舍利塔的位置和「三重閣」之前的「三重樓」。然而因《戒壇圖經》的記錄過於簡略〔註121〕，3.4.2 中的平面布局復原也僅是按照行文順序進行推測，並非如《祇洹寺圖經》般具體掌握了各個建築物的方位關係，所以其並不具備嚴謹討論建築布局的條件。只能說依據道宣的描述，《戒壇圖經》的「中佛院」應是「大門——佛殿——舍利塔——佛殿——三重樓——九金鑊——大方池——講堂」的軸線排列方式。兩本圖經創作於同一年，描繪的是同一寺院，其「中佛院」建築布局產生微小差別的原因尚不能明確。只能說，既然根據上文的推論，道宣《祇洹寺圖經》中的建築布局是初唐大型寺院的反映，那麼《戒壇圖經》「中佛院」的結構模式至少應該不會偏離現實太遠。

4.3　兩部圖經中的別院設置

4.3.1　唐代佛教寺院中的別院

　　上文已述，至晚於南朝時期，漢地佛寺中已出現了別院的設置，其代表即爲建於梁普通元年（520）擁有 36 個別院的大愛敬寺。東魏北齊鄴南城佛寺遺址的發掘表明在北方地區這一形式於北朝末期也已開始流行。從道宣《祇洹寺圖經》和《戒壇圖經》中的佛寺布局看，及至初唐，「中院+別院」的結構模式已經是大型佛寺的首選形態。而在文獻資料中，從初唐直至五代，都有大型寺院採用這一結構。應該說，別院的建置是唐代佛教寺院的一個重要特徵。

〔註121〕 「正中佛院之內有十九所（初、佛院門東，佛爲比丘結戒壇。二、門西，佛爲比丘尼結戒壇。三、前佛殿，四、殿東三重樓，五、殿西三重樓，六、七重塔，七、塔東鐘臺，八、塔西經臺，九、後佛說法大殿，十、殿東五重樓，十一、殿西五重樓，十二、三重樓，十三、九金鑊，十四、方華池，十五、三重閣，十六、閣東五重樓，十七、閣西五重樓，十八、東佛庫，十九、西佛庫）。」引自：（唐）道宣，關中創立戒壇圖經，卷下//大正新修大藏經，第 45 卷，諸宗部，二，河北：河北省佛教協會，2009：811。

　　以文獻記載較爲豐富的唐長安城中佛寺爲例，占二分之一坊之地的大慈恩寺、大薦福寺、大安國寺都是多院落布局。前文已述，大慈恩寺共有十餘院，目前可考的有：翻經院〔註122〕、西院〔註123〕、浴堂院、元果院、太平院〔註124〕和東廊院〔註125〕，慈恩寺大殿東廊從北第一院內有鄭虔、畢宏、王維等的畫〔註126〕，但此院名稱未知。《歷代名畫記》記載慈恩寺塔北有殿〔註127〕，因此該塔所在的慈恩寺西院應是「前塔後殿」的布局。根據宿白先生的梳理，大薦福寺可以輯錄出的別院多達 11 個，其中有確切院落名稱的是淨土院、菩提院、律院〔註128〕、聖容院〔註129〕、僧道省院〔註130〕、翻經院〔註131〕和棲白上人院〔註132〕。同樣，大安國寺亦可輯出 11 院。〔註133〕占四分之一坊之地並進行過局部考古發掘的西明寺和青龍寺同爲多院落布局。文

〔註122〕 「初於曲池爲文德皇后造慈恩寺……有令寺西北造翻經院」引自：（唐）道宣，續高僧傳，卷四，京大慈恩寺釋玄奘傳//大正新修大藏經，第 50 卷，史傳部，二，河北：河北省佛教協會，2009：457。

〔註123〕 「半以東大慈恩寺……寺西院浮圖」引自：（宋）宋敏求，長安志，卷八，唐京城二，清文淵閣四庫全書本：11。

〔註124〕 「寺有南池……慈恩浴堂院有牡丹兩叢……長安三月十五日、兩街看牡丹甚勝。慈恩寺元果院花最先開太平院開最後」引自：（清）徐松，唐兩京城坊考，北京：中華書局，1985.06：68。

〔註125〕 「慈恩寺牡丹……時東廊院有白花」引自：（唐）康駢，劇談錄，卷下，清文淵閣四庫全書本：5。

〔註126〕 「慈恩寺……大殿東廊從北第一院，鄭虔、畢宏、王維等白畫」引自：（唐）張彥遠，歷代名畫記，瀋陽：遼寧教育出版社，2001.02：32。

〔註127〕 「慈恩寺……塔北殿前牕間吳畫菩薩，殿內楊庭光畫經變，色損」引自：（唐）張彥遠，歷代名畫記，瀋陽：遼寧教育出版社，2001.02：32。

〔註128〕 「薦福寺淨土院門外兩邊吳畫神鬼，南邊神頭上龍爲沙，西廊菩提院吳畫維摩詰本行變，律院北廊張璪畢宏畫」引自：（唐）張彥遠，歷代名畫記，瀋陽：遼寧教育出版社，2001.02：31。

〔註129〕 「由務本西門入聖容院，觀薦福寺塔」引自：（宋）張禮，遊城南記，北京：中華書局，1985：1。

〔註130〕 「薦福寺僧道省院」引自：（清）徐松，唐兩京城坊考，北京：中華書局，1985.06：116。

〔註131〕 「淨隨駕歸雍京，置翻經院於大薦福寺，居之。」引自：（宋）贊寧，宋高僧傳，卷一，唐京兆大薦福寺義淨傳//大正新修大藏經，第 50 卷，史傳部，二，河北：河北省佛教協會，2009：710。

〔註132〕 （唐）李頻，題薦福寺僧棲白上人院//清，曹寅，全唐詩，卷五百八十九，清文淵閣四庫全書本：4。

〔註133〕 參見宿白，試論唐代長安佛教寺院的等級問題〔J〕，文物，2009.01：39。

獻資料中西明寺可考的院落有三階院〔註134〕、僧廚院和僧院。青龍寺則爲東塔院、淨土院、法全阿闍梨院、故曇上人院、上方院和僧院。同時根據考古發掘情況，青龍寺至少還應有一西塔院。除此之外，唐長安城大興善寺、資聖寺、興唐寺、千福寺等寺都建有眾多別院。〔註135〕

不僅如此，唐大曆元年（766）建於長安城東門外的章敬寺共有四十八院，四千一百三十餘間〔註136〕，是多院落佛寺中大型寺院的代表。可惜此寺目前所能考證出的別院只有淨土院〔註137〕和毗盧遮那院兩所，其中毗盧遮那院又被稱做「上院」〔註138〕。比章敬寺別院數量更多的是唐玄宗於成都建造的大聖慈寺，共九十六院，八千五百區，已接近《祇洹寺圖經》中一百二十院的規模，當代學者目前考證出 79 院〔註139〕。

此外，多院落布局的佛寺亦出現在感通靈異撰述之中。《大宋高僧傳》記載五臺山僧人法照曾見到方圓二十里，共一百二十院的大聖竹林寺〔註140〕。《廣清涼傳》記載唐代道義和尚在五臺山見到金閣寺，三門爲三層樓閣式，上下九間，共有十二院，東廊六院、西廊六院。〔註141〕此類寺院雖未必眞實存在，但從其描述亦可知道多院落布局的寺院是當時最常見的佛寺形式。

根據學者的研究，別院出現的主要可能原因有二，一是佛教宗派的出現和新的信仰對象的流行，如依據宗派劃分出的禪院、淨土院、三階院和律院等，以及以菩薩信仰爲主的文殊院和觀音院；二是寺院功能擴大，寺內職能

〔註134〕 傅熹年，中國古代建築史，第 2 卷，兩晉、南北朝、隋唐、五代建築，北京：中國建築工業出版社，2001.12：485。

〔註135〕 參見宿白，試論唐代長安佛教寺院的等級問題〔J〕，文物，2009.01：27～40。

〔註136〕 （宋）宋敏求，長安志，卷十一，縣一，清文淵閣四庫全書本：16。

〔註137〕 「南嶽沙門法照於上都章敬寺淨土院述」（唐）法照，淨土五會念佛略法事儀贊//大正新修大藏經，第 47 卷，諸宗部，四，河北：河北省佛教協會，2009：474。

〔註138〕 「元和三年憲宗詔入於章敬寺毗盧遮那院安置……暉既居上院爲人說禪要。」（宋）贊寧，宋高僧傳，卷十，唐雍京章敬寺懷暉傳//大正新修大藏經，第 50 卷，史傳部，二，河北：河北省佛教協會，2009：768。

〔註139〕 馮修齊，大聖慈寺九十六院新考〔J〕，文史雜誌，2009.02：18～20。

〔註140〕 「寺前有大金牓，題曰大聖竹林寺，一如鉢中所見者。方圓可二十里，一百二十院皆有寶塔莊嚴。」引自：（宋）贊寧，宋高僧傳，卷二十一，唐五臺山竹林寺法照傳//大正新修大藏經，第 50 卷，史傳部，二，河北：河北省佛教協會，2009：844。

〔註141〕 （唐）延一，廣清涼傳，卷中，道義和尚入化金閣寺//大正新修大藏經，第 51 卷，史傳部，三，河北：河北省佛教協會，2009：1109。

機構增多，如出現翻經院和具有後勤服務功能的庫院等。在兩本圖經中，中院惟佛所居，反映到現實寺院中即爲寺院的主要禮拜空間，而別院承擔的則是寺院除禮拜之外的其他功能。道宣祇洹寺中的別院依據功能的不同在空間上亦分爲單獨院落，其院落形式也因此而有所差異，此兩點將在下文展開。

及至宋代，佛教寺院出現了新的形式——子院。所謂子院，其實是一座大寺院管轄之下的若干小寺院，子院在田產名義上隸屬母院，並需向母院交納貢物〔註142〕。此種類型的子院可以分散各地，並非如唐代多院落佛寺般中院與別院在空間上連爲一體。由於其與本文研究對象的形式不同，在此將不進行實例列舉和詳細討論。當然，唐代的多院落布局在宋代及其以後時期仍然存在。開封大相國寺六十四院〔註143〕，其中至少有東塔院、西塔院、羅漢院〔註144〕等與中院相接。金代眞定府元氏縣開化寺，即今天河北省元氏縣開化寺塔所在之處，據金大安三年（1211）進士劉夔撰寫的《眞定府元氏縣開化寺羅漢院重修前殿碑》記載開化寺「殿閣宏麗，材木森聳，前列兩廊，殊分十院」〔註145〕，其中以羅漢院最爲宏敞，佔據東南一角。其寺院前殿後堂，東廚西僚，按照僧門制度建設而成〔註146〕。《常山貞石記》卷十七《大元眞定路元氏縣開化寺重修常住七間佛殿碑記》中提到了上述十院的名稱，分別爲右邊（即東邊）釋迦院、觀音院、慈氏院、百法院和羅漢院，左邊唯識院、下生院、藥師院、十王院和上生院〔註147〕。元大德十年（1306 年）賀宗儒撰《大元眞定路元氏縣開化寺重修常住七間佛殿碑記》稱：「考諸前識，蓋興於隋唐而盛於宋金，遂甲諸寺，非他邑所及。佔地西南之勝，廣袤千步而區分

〔註142〕 游彪，略論宋代佛教寺院的子院〔J〕，世界宗教研究，1989（03）：30～35。

〔註143〕 「詔相國寺闢六十四院爲八禪二律」引自：志磐，佛祖統紀，卷四十五//大正新修大藏經，第 49 卷，史傳部，一，河北：河北省佛教協會，2009：416。

〔註144〕 王貴祥，北宋汴京大相國寺空間研究及其明代大殿的可能原狀初探//王貴祥，賀從容，中國建築史論匯刊·第十四輯，北京：中國建築工業出版社，2014，01：148～150。

〔註145〕 （金）劉夔，眞定府元氏縣開化寺羅漢院重修前殿碑//（清）張金吾，金文最，卷四十碑，清光緒二十一年重刻本。

〔註146〕 「惟羅漢之宏敞，占東南之一隅。前殿後堂東廚西僚，特按僧門之制度」。引自：（金）劉夔，眞定府元氏縣開化寺羅漢院重修前殿碑//（清）張金吾，金文最，卷四十碑，清光緒二十一年重刻本。

〔註147〕 （清）沈濤，常山貞石志，卷十七//中國東方文化研究會歷史文化分會，歷代碑誌叢書 13，南京：江蘇古籍出版社，1998.04：15。

示意焉。」〔註148〕由此推測開化寺「殊分十院」的規模很有可能是宋金時期才形成的，而前述東西各五院且羅漢院占東南一隅則表明此寺的十個別院應是毗連設置而非分散佈局，因此該寺也是多院落的寺院結構。此外，明洪武（1368～1398）年間擴建的太原崇善寺，其中院東西兩側由南向北各排列別院八座，各具院名，從形式上看該寺亦屬於多院落布局。

儘管如此，擁有眾多別院的多院落布局形式在唐代以後還是逐漸失去了其在寺院結構模式中的主流地位。究其原因，一是經過唐武宗會昌法難及唐末的連年戰亂，漢地佛教由盛轉衰，由上層階級出資建造的大型佛寺數量減少，多院落布局失去了其空間環境；二是法難過後，以佛教經典為據的唯識、華嚴、天台等宗派一蹶不振，而禪宗則得到了較大發展，原來佛寺之中的禪院別院逐漸成為獨立的禪宗寺院，多宗派並存這一形式的瓦解使佛寺多院落布局失去了其生存的內在動因。

4.3.2 《祇洹寺圖經》中別院的功能類別

接下來將要對《祇洹寺圖經》中各個別院進行分類討論，本書所採用的方法是首先以別院所在區域為線索對其進行逐一梳理，然後根據其功能和形式的不同嘗試將之劃分為不同類別並進行比較。

《祇洹寺圖經》中的第一組別院是位於寺院大門東側的七個院落，其名稱分別是：白衣菩薩之院、他方菩薩之院、比丘尼來請教授之院、教誡比丘尼院、他方諸佛之院、佛香庫院和諸仙之院。根據經文內容，白衣菩薩之院是他方俗士菩薩前來朝觀時的經停之所，他方菩薩之院、他方諸佛之院和諸仙之院是他方菩薩、諸佛和眾仙集結的地方，比丘尼來請教授之院供每月晦望比丘尼來請教誡時居住，教誡比丘尼院則是每月兩次比丘尼接受教誡的處所。從字面意思判斷，佛香庫院即為儲存佛香的別院。因此這七個院落除佛香庫院外，都可被視作是用來接待他方賓客的別院，並根據賓客身份的不同區分為單獨的院落空間。

圖經中的第二組別院位於東門之東，共有九個，分別是：大梵天王之院、知時之院、魔王施物之院、大佛像院、龍王之院、複殿之院、居士之院、文殊師利菩薩之院和僧庫院。在這之中大梵天王之院是諸梵集結時初次停留的地

〔註148〕（清）沈濤，常山貞石志，卷十七//中國東方文化研究會歷史文化分會，歷代碑誌叢書13，南京：江蘇古籍出版社，1998.04：13。

方，魔王施物之院是魔王首次下界所到之處，龍王之院是龍王觀佛時的暫留
地，居士之院是居士俗人出入伽藍首先經停的場所。這四院與上文所述的他
方菩薩之院等別院一樣，同屬於賓客別院的範疇。根據經文，知時之院是維
那〔註149〕看相、觀時的地方。該院內曾經設立過一個漏剋院，其中有一個頗
爲奇特的計時器，經文中寫道：「其四樓內各有寶人，時至即出獻打一鼓。
於斯城上露處已有一十二人，各執白拂唱。午時至。南門即開馬從中出。時
過即縮門便還閉。」〔註150〕從描述中看，這個裝置似乎具備了機械時鐘的性
質。此院爲計時所用，應當歸於寺院後勤功能的類別。文殊師利菩薩之院內
有佛堂，文殊菩薩在院中爲諸菩薩說法。與賓客別院不同，這一別院是文殊
菩薩說法的處所，對應至現實中的佛寺即爲別院中的「文殊院」，屬於因信仰
對象不同而劃分出的別院空間。大佛像院和複殿之院經文中未做詳細描寫，從
其名稱推測兩院中應分別設置有大佛像和大殿，此二院應屬於禮拜空間。最
後，僧庫院內「僧家財寶資具並積藏中」〔註151〕，其與佛香庫院一樣，均爲
寺院中承擔後勤服務功能的院落。

　　圖經中的第三組別院位於大門西側，共有七院，其名稱分別爲：菩薩四
諦之院、菩薩十二因緣之院、緣覺十二因緣之院、緣覺四諦之院、無學人問
法之院、學人住止聽法之院和佛油庫院。這一組別院很有特色。首先，四諦
和十二因緣都是原始佛教的基本教義〔註152〕。四諦即四種眞理，包括苦諦、
集諦、滅諦和道諦。苦諦即指世俗界的一切本性爲「苦」，集諦指明煩惱和業
是「苦」的原因，滅諦是說佛教的修行即是要斷滅諸「苦」，道諦講的是斷滅
諸「苦」到達「涅槃」的理論與方法。十二因緣亦稱「十二緣起」，包括：一
「無明」、二「行」、三「識」、四「名色」、五「六入」、六「觸」、七「受」、
八「愛」、九「取」、十「有」、十一「生」、十二「老死」，是人「生死輪迴」

〔註149〕 維那，又稱都維那、悅衆、寺護。僧官名。十六國時後秦置，「維」，衛華言
　　　　「綱維」之維，有統攝僧衆之意：「那」，爲梵文「羯摩陀那」（Karmadana）
　　　　之省略，意譯則爲授事、悅衆。維那爲寺院中管理總務的知事僧，位次於寺
　　　　主、上座。參見：胡守爲，楊廷福，中國歷史大辭典，魏晉南北朝史，上海：
　　　　上海辭書出版社，2000.12：658。
〔註150〕 （唐）道宣，中天竺舍衛國祇洹寺圖經，卷上//大正新修大藏經，第45卷，
　　　　諸宗部，二，河北：河北省佛教協會，2009：884。
〔註151〕 （唐）道宣，中天竺舍衛國祇洹寺圖經，卷上//大正新修大藏經，第45卷，
　　　　諸宗部，二，河北：河北省佛教協會，2009：885。
〔註152〕 趙振強，《心經》四宗注疏研究，北京：宗教文化出版社，2012.08：92。

因果鏈條的十二個環節，四諦與十二因緣的關聯在於從「無明」至「老死」順觀十二因緣生可得出「苦諦」，從「老死」至「無明」逆觀十二因緣生得出「集諦」，從「無明」至「老死」順觀十二因緣滅得出「滅諦」，從「老死」至「無明」逆觀十二因緣滅得出「道諦」。在以上別院中，菩薩四諦之院是諸菩薩講述四諦的場所。菩薩十二因緣之院內有金色小狗定時講說菩薩四諦與十二因緣。緣覺即爲聽佛說十二因緣之理而悟道者〔註153〕，緣覺十二因緣之院內有金鐘每年四月八日誦迦葉佛《涅槃經》，四眾成聽。緣覺四諦之院內佛依據眾緣覺性人的根性爲其講述四諦與十二因緣二法。因此，此四院可被視作用於講經的別院，其講述內容是四諦和十二因緣。學人即學道之人〔註154〕。無學人問法之院是前來問法的諸大阿羅漢聚集的處所，內有大佛堂，並有一竹鐘，每年春天竹鐘在此院中說十二部經，舍衛城中的童子悉來觀聽，聞法獲果。學人住止聽法之院內有大梵天王所造銀箜篌，定時吹響，舍衛城中諸淫女多來觀聽，並悟初聖道。最後是佛油庫院，該院由沙彌負責，四部弟子〔註155〕所供養之佛油都在此院。因此，從性質上看，菩薩四諦之院、菩薩十二因緣之院、緣覺十二因緣之院和緣覺四諦之院是講述四諦與十二因緣的別院，無學人問法之院和學人住止聽法之院分別是供童子和淫女聽經的別院，佛油庫院是後勤別院。

圖經中的第四組別院在西門之西，共分六院，分別是：他方三乘學人八聖道之院、學人四諦之院、學人十二因緣之院、角力之院、外道來出家院和凡夫禪思之院。八聖道即爲八種通向涅槃解脫的正確方法或途徑〔註156〕。在他方三乘學人八聖道之院中有一口鐘，定時自鳴，講說菩薩行八聖道。王舍城和舍衛城中有八千名年僅八歲的童子菩薩每天三次來此院中聽佛說法。又每年夏三月安居之時，二十八天八百億童子從天而下來此院聽佛說法。因此此院似乎也可視作是供童子聽經的別院。學人四諦之院和學人十二因緣之院裏各有一口銅鐘，分別爲舍衛城中長者子須繼那和娑竭龍王第三子所造，此二院功能不明，從其名稱判斷應該是供學人學習四諦與十二因緣的別院。角力之院內居住的是諸四天下我見、諸魔王欲與佛角道力者。四天下，即須彌

〔註153〕陳義孝，佛學常見詞彙，財團法人佛陀教育基金會，2002.03：298。
〔註154〕陳義孝，佛學常見詞彙，財團法人佛陀教育基金會，2002.03：301。
〔註155〕即比丘，比丘尼，優婆塞，優婆夷。參見：丁福保，佛學大辭典，北京：文物出版社，1984.01：392。
〔註156〕張岱年，中國哲學大辭典，上海：上海辭書出版社，2010.12：270。

山東南西北之四大洲。「我見」是對自我觀念的執著〔註157〕，是一切煩惱、苦的根源〔註158〕。四天下我見可理解為天下一切執著於自我的人。院中有十二金鼓，長五丈寬二丈一尺，每當有外道俗人等試圖對佛法發起挑戰時，鼓就會自動鳴響。這時十方諸佛、十地菩薩都會來此，鼓聲中又講述菩薩不可思議神化法門，眾角力者即得以聞悟獲果。因此，此院應做感化外道之用。外道來出家院是所有外道皈依佛法時首先經停的地方，內有箜篌，外道聞之證第三果。凡夫禪思之院則是修十一切入者停留的場所，內有石磬，形如鈴舌聲聞二十里，也屬於講經的別院。

　　圖經中的第五組別院是僧院，即在西、北、東三側環繞「中佛院」的房屋，從西側開始是他方菩薩及佛陀眾弟子的住所，北側西半部分是無學人的住所，東半部分是三果人的住所，東側居住的是內外凡僧和遠方凡僧。從功能上看，這一組院落是《祇洹寺圖經》中的居住空間。

　　圖經中的第六組別院在中院東門之東，一共有七個院落，其名稱分別為：持律院、戒壇律院、論院、修多羅院、佛洗衣院、佛經行所和佛衣服院。持律院收藏「律藏」並供律師居住，戒壇律院中有戒壇，論院內收藏「論藏」並供論師居住，修多羅院則是收藏「經藏」並供經師居住的地方。除戒壇律院外的三個院落兼具藏經和宗派別院〔註159〕的性質。佛洗衣院內有大堂、周房三匝和石質圓池，院中花草和林木交替種植，佛在此洗衣，是為後勤院落。佛經行所內有大堂，院內名花奇樹倍勝於前院，佛常遊此處，因此該院可能具有山水庭院的功能。佛衣服院內亦有大堂，阿難常在此院看護佛衣。這一設置可能來自於《四分律》中阿難縫製袈裟的典故〔註160〕。此院具備儲藏功能，故也屬於後勤院落。

〔註157〕蕭振士，中國佛教文化簡明辭典，北京/西安：世界圖書出版公司，2014.03：202。

〔註158〕蕭振士，中國佛教文化簡明辭典，北京/西安：世界圖書出版公司，2014.03：250。

〔註159〕據日僧覺譽之《大原談義選要鈔》卷上載，於宗派有經、論、釋三宗，經宗即真言宗、華嚴宗等；論宗即俱舍宗、成實宗、法相宗、三論宗等；釋宗如天台宗。對經宗、釋宗而言，論宗指依論而立宗旨者，以俱舍宗、成實宗、三論宗為其代表。引自：寬忍，佛學辭典，北京：中國國際廣播出版社：香港華文國際出版公司，1993.09：542。

〔註160〕（後秦）佛陀耶舍，竺佛念，四分律//大正新修大藏經，第22卷，律部，一，河北：河北省佛教協會，2009：855。

圖經中的第七組別院在中院以北，共有六院，由東至西分別是：違陀院、書院、陰陽書籍院、醫方之院、僧家淨人坊和天童院。違陀院中收藏的是普天之下的違陀之文。違陀，即吠陀，傳世有《四韋陀》，是婆羅門教的根本經典。曾經有一個時期，佛允許比丘誦讀韋陀之文以降服外道。此院中的韋陀之文集中在周閣之中。書院中收藏的是大千世界中的不同文書，均置於院中的大重閣。佛允許僧人讀此類書籍以順服世俗中人。陰陽書籍院彙集了天下所有的陰陽書籍，佛允許比丘不時閱讀以瞭解不同的方法和技藝。此院之中曾經有一個百億世界渾天圖。醫方之院裏則有天下所有醫方。以上四院均可視作藏書之用，其所藏之書並非佛教經典，而是佛教之外的各類文化著作，甚至包括異教典籍。關於這種現象的討論將在後文展開。僧家淨人坊中居住的是十八歲至二十歲的青年男性，他們的工作是打掃院落。天童院裏則常有三百天童爲供佛居住其中。

圖經中的第八組別院在中院西門以西，共分六院，由南至北分別爲無常院、聖人病坊院、佛病坊、天王獻佛食坊、浴房和流廁。從名稱上看，這也是一組後勤服務院落。無常院，是臨終僧人的最後處所，僧人圓寂後，其遺體從「道場」西牆上的西門離開祇洹寺，所有的無常都要經過此路。聖人病房院是舍利弗等諸大聖人生病時居住的地方，凡人不能停留。佛病坊中佛爲眾生在此示疾。天王獻佛食坊中向佛供養食物的四天王在此停留。浴坊內各種洗浴用具配置齊全，經文中沒有明示此院供何人使用，但從後文「供僧院」中的浴坊配置來看，此處的浴坊並非是所有僧人共享。最後一院是流廁，院內有三重高閣，通過兩側飛廊通往閣上。高閣下方砌築有隱藏的孔洞作爲廁坑。有大渠從大院西北方進入廁院流入孔洞，再從北方流出會於大河。整個廁院非常清淨沒有臭氣，所有的比丘都在此便利。

除以上八組別院，祇洹寺「道場」的四角內各有一院。西北角名曰地神堅牢院，內有天金做成的地神堅牢、散脂大將神像。東北角院內是碧玉做成的諸龍王像。東南角曰大千世界力士院，其中的力士像由銀製成，西南角內爲七寶所成的大千世界大梵天王、摩王和帝釋。至此祇洹寺「道場」內的別院梳理完畢。

「供僧院」中別院又可分爲三組。最南側一組中有諸聖人諸天王眾出家處、凡下出家處、果園（或曰佛經行地）、竹荣園、解衣車馬處和諸王夫人解衣院。諸聖人諸天王眾出家處功能不明，從其名稱判斷似乎爲聖人、天王出

家的地方。凡下出家處是凡人出家的處所，出家之時忉利天王會下凡至此。
果園又名佛經行地，院內充滿著各種形狀的山池，曲水圍繞著泉林流轉，整
個院落十分清淨並充滿香氣，佛曾多次在此遊歷。此院和「道場」中的「佛
經行所」一樣，都具備了山水庭院的功能。竹菜園即種植竹子與蔬菜的院落。
解衣車馬處是諸國王前來禮拜時除去王服並安置車馬侍從的別院。同理，諸
王夫人解衣院是諸王夫人更衣的場所。中間一組別院統稱「供食院」，其中又
分幾個小院分別是維那院、牛馬坊、淨人坊、食廚、倉碾碓磑坊、米麵庫坊
和典座院。維那院和典座院分供維那和典座〔註161〕居住。牛馬坊、倉碾碓磑
坊和米麵庫坊分別為飼養牛馬，放置穀倉、碾、碓和石磨以及存放米麵和各
類工具的場所。淨人坊中居住造食的淨人，只有十八歲以上並經過良好禮儀
訓練的男子才可進入其中。食廚亦即廚房，內有東西橫列的三十六個爐灶。
此食廚中還有一食堂〔註162〕，供淨人就食。最北一組別院統稱僧食所，分為
食林、小便院、藥庫、凡僧病人院、病者大小便處、脫著衣院和浴室坊。食
林中有大食堂，堂前列植樹木，其間有渠流灌注。凡僧多在林中就餐，若是
下雨天則進入堂內。小便院即為來此吃飯的僧人和淨人小便的地方。藥庫給
生病的比丘提供藥品。凡僧病人院和病者大小便處為生病的凡僧所居。脫著
衣院與浴室坊相鄰，應類似現代之更衣室，浴室坊內立有兩堂，東是衣堂西
是浴室，洗浴的用具非常充足。以上即為「供僧院」中所有別院。根據道宣
在經文中的記載，只有年老病弱無法乞食的比丘才能進入此廚〔註163〕。每日
就餐時刻，這些年老病弱者即從「道場」東門魚貫而出，自「供僧院」北巷
西門向北進入脫著衣院，將大上衣脫下置於此院中，換上舊衣服從該院東門
進入食林，用餐完畢後進入浴室坊，將舊衣服除去入浴室，洗浴完畢再次進
入脫著衣院，換上入寺的禮服〔註164〕從南門出，自西巷從南進入「道場」。每
天皆是如此。除此之外，服務於僧團的淨人無論男女老幼皆住在「供僧院」
中，除去上文描述的部分，寺院還有大量的田產。

〔註161〕（職位）禪林主大眾床座及齋粥等雜事之役也。參見：丁福保，佛學大辭典，
　　　　北京：文物出版社，1984.01：648。
〔註162〕「南院北門之右食廚之地置一食堂。凡造詫淨人持之來置此堂。不入北院時
　　　　至。」引自：（唐）道宣，中天竺舍衛國祇洹寺圖經，卷下//大正新修大藏經，
　　　　第 45 卷，諸宗部，二，河北：河北省佛教協會，2009：895。
〔註163〕應指上文的食林。
〔註164〕應指前文「大上衣」。

　　回到關於別院功能的討論。根據上文梳理，可將祇洹寺中各個別院按功能分為五種類型。第一種是居住類別院，對應至現實寺院中或即為「僧院」。祇洹寺中的居住類別院又可下分為三個類別。一是供外來賓客居住的別院，即白衣菩薩之院、他方菩薩之院、比丘尼來請教授之院、教誡比丘尼院、他方諸佛之院、諸仙之院、大梵天王之院、魔王施物之院、龍王之院和居士之院。這些別院均位於「中道」以南，其主要功能是為外來賓客提供臨時休憩的場所，不同賓客分住在各自的院落空間。二是供祇洹寺中的修行者居住的別院，亦即環繞「中佛院」西、北、東三側的「繞佛房」及天童院。「繞佛房」中亦有他方菩薩的住所，但與前述他方菩薩之院不同，此處並非臨時停留場所，若對應現實中的寺院，或可將其視作外來駐錫高僧之僧房。三是供在寺院擔任雜務工作的淨人居住的別院，即「中佛院」以北的僧家淨人坊。當然，圖經中明確指出「中佛院」惟佛所居，但考慮到本書的一個著重點在於分析圖經中寺院與現實寺院的對應關係，在這種情況下，惟佛所居的中佛院就應被視作寺院的禮拜空間而非居住空間了。圖經中的第二種別院類型是講經類別院，包括菩薩四諦之院、菩薩十二因緣之院、緣覺十二因緣之院、緣覺四諦之院、無學人問法之院、學人住止聽法之院、他方三乘學人八聖道之院、學人四諦之院、學人十二因緣之院、角力之院、外道來出家院和凡夫禪思之院。這些別院內多置有各種材料製成的鐘或箜篌等法器，並根據受眾的差別分類講述不同的法門。第三種別院類型是宗派別院，最典型的即為持律院、戒壇律院、戒壇院、論院和修多羅院，其中戒壇律院內立有戒壇，其他三院分別收藏律、論、經三藏並供律師、經師和論師居住。此三院雖兼有藏經和居住功能，但其依宗派而分的意味更加明顯。在祇洹寺中另有文殊師利菩薩之院，屬於因信仰對象不同而劃分出的別院空間，因此類別院只此一處，故也劃歸為宗派別院的類型。第四種別院類型是後勤別院，即為寺院日常生活提供服務的各個院落，包括佛香庫院、知時之院、僧庫院、佛油庫院、佛洗衣院、佛經行所、佛衣服院、違陀院、書院、陰陽書籍院、醫方之院、無常院、聖人病坊院、佛病坊、天王獻佛食坊、浴房和流廁以及供僧院中的所有院落，這些別院的功能上文已經明確闡釋，此處不再贅言。第五種別院類型是禮拜別院，除已經提到的「中佛院」外，還有大佛像院和複殿之院。根據以上分類可繪出祇洹寺別院功能分區圖。需要指出的是，道宣描繪的祇洹寺圖景為佛陀在世時的情況，故其行文中難免出現一些惟佛所用或供天人、聖人

居住，從而無法與現實寺院對應的別院類型。在此種情況下本書的分類以圖經中呈現出來的功能類別為判斷依據，忽略天人與凡人的差別，如將諸仙之院、大梵天王之院、魔王施物之院等均歸為居住類別院，特此說明。

4.3.3 《祇洹寺圖經》中別院的形式類別

　　《祇洹寺圖經》中的別院除各具功能外，其形式亦有所差別。本文首先通過圖表將寺中別院的形式特徵進行梳理，再對其加以比較和總結。因圖經中對「供僧院」內別院的形式描述較少，故本項討論主要集中在祇洹寺「道場」的別院之上，而「道場」的別院恰恰也是寺院裏更加重要的那一部分。

表 4.1　祇洹寺「道場」各別院形式特徵

名　稱	堂	林	池	其　他
白衣菩薩之院	●	●	×	頗梨獅子，形如拳大
他方菩薩之院	●	●	×	銅龍
比丘尼來請教授之院	●	●	×	剎杆，高三丈
教誡比丘尼院	●	●	×	×
他方諸佛之院	●	●	●	十二方石、摩尼天鼓
佛香庫院	●	●	×	×
諸仙之院	●	●	×	七寶所製天樂
大梵天王之院	●	●	●	天螺一十二枚
知時之院	●	●	×	漏克院
魔王施物之院	●	●	×	摩尼寶所作七楞七角鐘
大佛像院	●	●	●	寶城
龍王之院	●	●	×	堂內有琉璃寶瓶，院中有玉磬三重
複殿之院	●	●	×	×
居士之院	●	●	×	四銅鐘
文殊師利菩薩之院	●	●	●	大鐘臺並有大鼓
僧庫院	●	●	×	×
菩薩四諦之院	●	●	×	金鐘三重
菩薩十二因緣之院	●	●	×	金猶子
緣覺十二因緣之院	●	●	×	金鐘
緣覺四諦之院	●	●	●	銅鐘
無學人問法之院	●	●	●	竹鐘

學人住止聽法之院	●	●	●	銀筶篌
佛油庫院	●	●	×	×
他方三乘學人八聖道之院	●	●	●	八楞鐘，容二十石
學人四諦之院	●	●	×	大銅鐘，須彌山形
學人十二因緣之院	●	●	×	七楞銅鐘
角力之院	●	●	×	黃金須彌山，又有十二金鼓
外道來出家院	●	●	×	銀筶篌
凡夫禪思之院	●	●	×	石磬
持律院	●	×	×	房繞三匝，銅鐘三萬斤，臺高七丈
戒壇律院	×	●	●	中立戒壇，院內有大鐘臺高四百尺，上有聖鐘
論院	●	×	×	周房四繞，有一銅鐘
修多羅院	三重高閣	●	●	周房四繞，有一石鐘，可受十斛
佛洗衣院	●	●	●	周房三匝，天樂一部
佛經行所	●	●	×	天樂兩部
佛衣服院	●	×	×	銅磬
違陀院	周閣	×	×	七寶小鼓
書院	大重閣	×	×	小銀鼓，石人
陰陽書籍院	×	×	×	六小鼓，百億世界渾天圖
醫方之院	×	×	×	銅鈴
僧家淨人坊	×	×	×	×
天童院	×	×	×	×
無常院	●	×	×	四白銀四頗梨鐘
聖人病坊院	●	×	×	有醫方藥庫
佛病坊	●	●	×	堂宇周列，八部樂器
四天王獻佛食坊	●	●	×	黃金鐃
浴坊	×	×	×	浴室諸具充足
流廁	三重大高屋	×	×	×
西北角院	×	×	×	地神堅牢散脂大將像
東北角院	×	×	×	諸龍王像
東南角院	×	×	×	大千世界力士像
西南角院	×	×	×	大梵天王魔王帝釋像

　　從上表可以看出，祇洹寺別院常用的建築配置是堂或閣，有些別院還配有周房，別院常用的景觀配置是林與池，各院依據功能不同另配置有各種法器，如鐘、鼓、磬、箜篌等。「道場」內共有 52 個別院，除戒壇律院中設立戒壇，四角四院安置神像外，其餘 47 個院落內都應設有建築物。根據經文的描述，明確建有「堂」的別院有 38 座；建有閣的別院有 3 座，分別是建有「三重高閣」的修多羅院、中有「周閣」的違陀院和建有「大重閣」的書院；建有高屋的別院有一座，即為流廁。此外陰陽書籍院、醫方之院、僧家淨人坊、天童院和浴坊內未明確為何種建築物，從其功能判斷，陰陽書籍院、醫方之院與韋陀院及書院相同，為藏書性質，其院內建築可能為高閣，僧家淨人坊和天童院是居住空間，院中應設堂房，浴坊內建築物根據「供僧院」裏的「浴室坊」推測也應為堂。由此，祇洹寺「道場」47 座設置建築物的別院中，41座為堂、5 座為閣，1 座為高屋。根據經文的記載並結合「祇洹寺圖」的描繪，祇洹寺別院中建築物的位置應在院落中央，如文中所述「……龍王之院，門向東闢中有大堂」〔註 165〕，「……居士之院，門向南巷開中有一堂」〔註 166〕等。而「中有三重高閣，周房繞之」〔註 167〕的修多羅院也從側面證實了其高閣矗立在周房之中而非緊鄰任何一側院牆。因此，在本文的復原圖繪製中，將所有別院內的主要建築物均繪製在其院落的幾何中心。

　　除去建築配置，祇洹寺別院中還有一定數量的景觀配置。根據上表統計，祇洹寺「道場」52 座別院中，種植花木的共有 35 座，設置水池的共有 12 座，既有花木又有水池的別院數量也是 12，這似乎說明水池是一個較為高級的景觀要素。「中道」以南的所有別院都至少是「堂+樹」的組合，還有一些建有水池。根據經文，「中道」以南的別院中都有清渠流淌〔註 168〕，可以想見這些院落的環境設計都應處於較高的水平。中佛院以北的違陀院、書院、陰陽書籍院、醫方之院、僧家淨人坊和天童院都未有景觀配置的記錄，其原因大概是

〔註 165〕　（唐）道宣，中天竺舍衛國祇洹寺圖經，卷上//大正新修大藏經，第 45 卷，
　　　　　　諸宗部，二，河北：河北省佛教協會，2009：885。

〔註 166〕　（唐）道宣，中天竺舍衛國祇洹寺圖經，卷上//大正新修大藏經，第 45 卷，
　　　　　　諸宗部，二，河北：河北省佛教協會，2009：885。

〔註 167〕　（唐）道宣，中天竺舍衛國祇洹寺圖經，卷上//大正新修大藏經，第 45 卷，
　　　　　　諸宗部，二，河北：河北省佛教協會，2009：892。

〔註 168〕　「上諸院內各一大堂林，流交澓如諸院說」引自：（唐）道宣，中天竺舍衛國
　　　　　　祇洹寺圖經，卷上//大正新修大藏經，第 45 卷，諸宗部，二，河北：河北省
　　　　　　佛教協會，2009：886。

前四院為儲藏性質，對景觀環境要求不高，後兩院則是次要的居住院落，等級比較低。此外，浴坊和流廁中也沒有景觀配置，可能是受到其功能的限制。

　　如前所述，祇洹寺各個別院內根據功能需求配有各種法器，此項內容與建築相關程度較低，且涉及多個佛教典故，故在本書的討論範圍內不做進一步展開。需要指出的是，「中道」以南東門之東有文殊師利菩薩之院，該院中「有大鐘臺並有大鼓銀口金面」〔註169〕，這似乎是一個鐘鼓相對的例子。然而此處鐘下有鐘臺，鼓卻不見鼓臺或鼓樓的設置，因此該處僅能說明在初唐佛教寺院中可能就已出現了鐘、鼓同時使用的情況，但似乎還並沒有將二者置於樓臺之上形成固定的建築布局。

　　最後要談的是院落立面，也就是院牆。圖經中並沒有關於院牆的描寫，然而通過經文信息還是可以依據院落維護結構的不同將院落分為三種類別。第一種可被稱為「房院型」，以持律院、論院、修多羅院和佛洗衣院為代表。這類別院的布局模式是：矩形平面、周房四繞、中央設堂（閣）。如持律院「中有大堂，律部律師多集住中。房繞三匝諸持律眾於此諮受」〔註170〕，論院「中有大堂，周房四繞」〔註171〕，其東側修多羅院「中有三重高閣，周房繞之」〔註172〕，此兩院北側的佛洗衣院「中有大堂，周房三匝，方石圓池天之所作」〔註173〕。從功能上看，持律院、論院和修多羅院是收藏律、論、經三藏且供律師、論師、經師說法並居住的場所。這兩個別院既承擔教化職責同時又有居住空間的需求。正如持律院的描述中所寫，眾律師住於中央大堂，持律的眾人在周房中諮受，因此將中央大堂（或閣）與四周長房結合設置是與其功能需要相符合的。而佛在佛洗衣院內洗衣之時天人同集〔註174〕，其「房院型」的設置可能也是出於功能的考慮。

〔註169〕（唐）道宣，中天竺舍衛國祇洹寺圖經，卷上//大正新修大藏經，第45卷，諸宗部，二，河北：河北省佛教協會，2009：885。

〔註170〕（唐）道宣，中天竺舍衛國祇洹寺圖經，卷上//大正新修大藏經，第45卷，諸宗部，二，河北：河北省佛教協會，2009：890。

〔註171〕（唐）道宣，中天竺舍衛國祇洹寺圖經，卷上//大正新修大藏經，第45卷，諸宗部，二，河北：河北省佛教協會，2009：892。

〔註172〕（唐）道宣，中天竺舍衛國祇洹寺圖經，卷上//大正新修大藏經，第45卷，諸宗部，二，河北：河北省佛教協會，2009：892。

〔註173〕（唐）道宣，中天竺舍衛國祇洹寺圖經，卷上//大正新修大藏經，第45卷，諸宗部，二，河北：河北省佛教協會，2009：893。

〔註174〕「佛樂洗衣天人同集」引自：（唐）道宣，中天竺舍衛國祇洹寺圖經，卷上//大正新修大藏經，第45卷，諸宗部，二，河北：河北省佛教協會，2009：893。

　　第二種別院類型是「坊牆型」。唐代城市實行里坊制度，初唐長安 108 坊，各坊都建有夯土築成的坊牆。《祇洹寺圖經》中以「坊」作爲名稱的別院有聖人病坊院、佛病坊、四天王獻佛食坊、浴坊和僧家淨人坊，不難看出這些別院因爲自身功能的原因都有與其他院落隔離的要求——例如聖人病坊院出於衛生，浴坊出於私密，僧家淨人坊出於僧俗有別的需求等等——因此採用坊牆限定院落空間。坊牆院內或中有一堂，或堂房周列，視具體情況而做出不同選擇。由此也可推想，在唐代的大型多院式佛寺中或許同樣存在著用坊牆作爲分隔的別院類型。

　　第三種別院類型是「廊院型」，當然將此類院落的圍護結構定義爲「廊」帶有一定的推測性質，事實上道宣在圖經中並未明示別院周邊廊的存在。本文做出此項推測基於以下兩個原因：首先，如上文所述，經文中已明確定義了兩種類型的院落維護結構，即周房和坊牆，剩餘未定義的別院，可以視作並非此兩者中的任何一種。其次，現有文字和圖像史料以及考古發掘成果都證明迴廊院是唐代大型建築群最常用的一種院落形式，宮殿、住宅、佛教寺院均是如此。例如，《歷代名畫記》記載唐長安大慈恩寺「大殿東廊從北第一院，鄭虔畢宏王維等白畫……兩廊壁間閻令畫。中間及西廊，李果奴畫行僧」〔註 175〕，說明大慈恩寺的別院爲迴廊院。敦煌盛唐第 148 窟南壁彌勒經變中的佛寺爲三院相接的形式，三個院落全部由迴廊圍繞〔註 176〕。根據考古發掘報告，唐長安青龍寺塔院四周也環以迴廊〔註 177〕。因此這些未被定義維護結構的院落極有可能都是以迴廊院的形式存在的。換句話說，或許正是因爲迴廊院爲最常見的一種院落形式，所以道宣在經文中並沒有刻意加以強調。由此，本文將祇洹寺別院的第三種類型定義爲「廊院型」，這一類型的院落模式是：矩形平面、四周迴廊、中央設堂。上文已述，院中的堂根據功能的不同還可能出現其他建築類型，如文殊師利菩薩之院和無學人問法之院中特別強調爲「佛堂」，違陀院中爲「周閣」，書院中爲「大重閣」等等。這一類型的別院在祇洹寺「道場」中數量最多，共有 43 個，占到了總量的 80% 以上。（圖4.38）

〔註 175〕　（唐）張彥遠，歷代名畫記，瀋陽：遼寧教育出版社，2001.02：32。
〔註 176〕　蕭默，敦煌建築研究，北京：機械工業出版社，2003.03：64。
〔註 177〕　馬得志，唐長安青龍寺遺址〔J〕，考古學報，1989，02：241～242。

圖 4.38　圖經中的三種別院類型

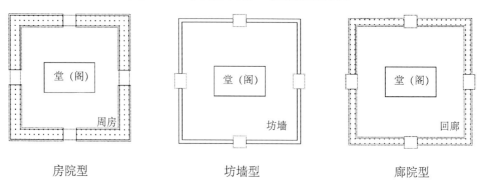

房院型　　　　　　　　　坊墻型　　　　　　　　　廊院型

資料來源：作者自繪

　　至此，可對祇洹寺「道場」中別院的形式做一個簡單的總結。祇洹寺之別院，根據院落圍護結構的不同可分為「房院型」、「坊牆型」和「廊院型」三種類型。每種類型的院落依據其功能的需求選用不同形式的中心建築物（堂、閣或屋），再根據院落的功能和等級選取各自的景觀配置，如花木樹林或水池。通過這些組合與變化，祇洹寺與其別院最終呈現出一種豐富又各具形態的整體面貌。最後需要說明一點，根據圖經的描述，祇洹寺中所有院落的開門方向和院門數量都依其所處位置的不同而有所區別，並沒有統一的標準。在本文的復原繪圖中，院落中的主要建築物（即堂或閣）均以坐北朝南的形式展示，不因院門之方向而另做調整。

4.3.4　《祇洹寺圖經》中幾個特殊的別院功能配置

　　通過對祇洹寺中別院的梳理，除明確其功能類別和形式類別外，還可以瞭解到初唐寺院功能配置的一些特點。

　　首先是世俗之人在寺院中的位置。祇洹寺「道場」中與世俗之人有關的別院有三個。「中道」之南有「他方白衣菩薩之院」和「居士之院」，分別是前來朝觀的他方俗士菩薩和初到寺院的居士落腳停留的地方。「中道」以北中院北側的橫向六所中有僧家淨人坊，供十八到二十歲的淨人居住，負責整個寺院的清潔維護。隋唐時期世俗之人在寺院停留並參與宗教活動的例子並不罕見，道宣《續高僧傳》卷二《隋西京大興善寺北賢豆沙門闍那崛多傳》記載：「開皇五年（585）……於大興善更召婆羅門僧達摩笈多，並勒居士高天

奴、高和仁兄弟等同傳梵語」〔註178〕，可見其時世俗之人進入寺院除禮佛外
還能參與譯經工作。然而在道宣的另一部著作《四分律刪繁補闕行事鈔》中，
他特別指出了僧侶頻繁接觸世俗生活的危害，提出修行人「不應近白衣外道」
〔註179〕，「不得共白衣同浴室」〔註180〕等等。因此圖經中爲他方白衣菩薩和
居士單獨設置別院的布局方式應在一定程度上反映了道宣心中理想寺院的一
個重要標準，即僧俗應予以隔離。前文已經指出，僧家淨人坊爲「坊牆型」
的別院，用坊牆圍繞淨人居住的院落應同樣也是出於這一需求。此外，在供
僧院中還有兩個別院分別爲「解衣車馬處」和「諸王夫人解衣服院」，供前來
禮佛的諸國國王及夫人換衣服並存放車馬。由此推斷，在初唐時期，貴族家
庭的女性可能就可以單獨或跟隨丈夫一起進入寺院禮拜，並且大型寺院中或
許還設置有專門的別院供其停留。同樣，如前文所述，「道場」中有「學人住
止聽法之院」專供舍衛城中的淫女聽經，這似乎暗示著道宣時代的寺院中也
設置有供女性聽經的別院。然而就目前看到的文獻，現實中的寺院還未有關
於俗人或女性專用別院的記錄。如圓仁《入唐求法巡禮行記》卷二記載，唐
開成四年（839）十一月十六日「山院起首講《法花經》……男女道俗同集院
裏」〔註181〕，又有同卷記唐開成五年（840）五月五日「竹林寺齋禮佛式：午
時打鐘，眾僧入堂。大僧、沙彌、俗人、童子、女人，依次列座了。」〔註182〕
此二者都是男女僧俗同時聽經或禮拜的案例。因此爲俗人和女性專設別院究
竟是初唐佛寺的眞實反映還僅僅是道宣心中理想寺院的標準目前還無法做出
判斷。但敦煌文獻中可能作於五代的《往五臺山行記》（S.397）卻描繪了另外
一種情況，《行記》記載大安寺有大悲院、彌勒院、經藏院、文殊院、門樓院、
三學院和藥師院等別院，其中三學院內「長有諸方聽眾……六時禮懺，長者
布衣，不見夫人娘子」〔註183〕，這一記載似乎暗示著大安寺三學院內講經是

〔註178〕（唐）道宣，續高僧傳，卷二，隋西京大興善寺北賢豆沙門闍那崛多傳//
　　　　大正新修大藏經，第 50 卷，史傳部，二，河北：河北省佛教協會，2009：
　　　　434。
〔註179〕（唐）道宣，四分律刪繁補闕行事鈔//大正新修大藏經，第 40 卷，律疏部．
　　　　論疏部，一，河北：河北省佛教協會，2009：19。
〔註180〕（唐）道宣，四分律刪繁補闕行事鈔//大正新修大藏經，第 40 卷，律疏部．
　　　　論疏部，一，河北：河北省佛教協會，2009：85。
〔註181〕（日）圓仁，入唐求法巡禮行記校注，石家莊：花山文藝出版社，2007.11：190。
〔註182〕（日）圓仁，入唐求法巡禮行記校注，石家莊：花山文藝出版社，2007.11：271。
〔註183〕鄭炳林，敦煌地理文書匯輯校注，蘭州：甘肅教育出版社，1989.12：312。

不允許女性進入的，但寺中是否單獨設置了供女性聽經的場所暫時還不得而知。

其次需要注意的是祇洹寺內非佛學書籍的收藏。上文已述祇洹寺「中佛院」以北有違陀院、書院、陰陽書籍院和醫方之院四個別院，這四院均作藏書之用，然而其所藏之書並非佛教經典，而是佛教之外的各類文化著作。此項設置在道宣的撰述中也能找到相應的思想根源。在其成書於貞觀十一年（637）的作品《量處輕重儀》中道宣羅列了僧團使用的佛教和非佛教書籍。其中非佛教書籍包括道、儒、名、法、墨、縱橫、陰陽、農、雜組成的九流史籍和史傳、雜說、文紀及醫書等，這些都屬於寺院財產，說明在初唐時期的佛教寺院中確實有這類書籍的收藏。根據陳懷宇的研究，在道宣的理想僧團裏，所有成員都應在寬廣的文學背景下學習，並且將書籍當做其日常生活的重要組成部分〔註184〕。這一思想反映在圖經中即爲違陀院、書院、陰陽書籍院和醫方之院的設置。而事實上，從現存的文獻資料看，現實中的寺院的確收藏各類非佛教書籍。道宣《續高僧傳》卷二十六《潤州牛頭沙門釋法融傳》記載：「（法融）又往丹陽南牛頭山佛窟寺……有七藏經畫：一佛經，二道書，三佛經史，四俗經史，五醫方圖符。昔宋初有劉司空造寺，其家巨富，用訪寫之，永鎮山寺相傳守護。」〔註185〕可見此寺中除佛經及佛經史外，還藏有道書、俗經史和醫書，並且藏書的目的是用來鎮守山寺。但是，與俗人別院相同，在現有史料中尚未發現現實寺院中專供收藏外教書籍的別院。

最後一個值得指出的地方是「中道」以北、中院西門以西的無常院。根據道宣的記載，無常院是臨終僧人最後的處所，所有即將圓寂的僧人都將在無常院裏迎接最後時刻的到來。此院內以白銀爲堂，堂四面走廊充滿白花，院內各處都繪有白骨。道宣《四分律刪繁補闕行事鈔》卷三說「祇洹西北角日光沒處爲無常院，若有病者安置在中」〔註186〕，指的也是這個地方。與圖經相比，《行事鈔》中的記錄更貼近現實寺院的情況，在此不妨引來一觀。承接上文，「以凡生貪染，見本房內衣缽眾具，多生戀著，無心厭背，故制令至別處，堂號無常。來者極多，還反一二，即事而求，專心念法。其堂中置一

〔註184〕 Chen Huiyu, The revival of Buddhist monasticism in medieval China, Princeton University, 2005.

〔註185〕 （唐）道宣，續高僧傳，卷第二十六，潤州牛頭沙門釋法融傳//大正新修大藏經，第50卷，史傳部，二，河北：河北省佛教協會，2009：604。

〔註186〕 （唐）道宣，四分律刪繁補闕行事鈔//大正新修大藏經，第40卷，律疏部·論疏部，一，河北：河北省佛教協會，2009：144。

立像，金薄塗之，面向西方，其像右手舉，左手中繫一五綵幡，腳垂曳地。」
〔註187〕從這段文字看，設立無常院及無常堂之用意在於防止僧人因目睹自己
房內事物而心生眷戀不能安心往生，故將其移至它處。另外，無常堂中還設
立有一座金像。在關於唐代高僧的傳記中常見僧人圓寂於別處的記載，如贊
寧所出《宋高僧傳》卷十四記載恒濟寺僧懷素「於本寺別院忽示疾」〔註188〕，
西明寺僧崇業「開元中微疾。囑弟子曰，吾化窮數盡，汝曹堅以防川無令放
逸。語訖終於所居寺之別院」〔註189〕，但文獻內均未有關於這些別院名稱的
記錄。事實上，若檢索整個大藏經，會發現關於無常院的實際案例只有宋道
遠所出《景德傳燈錄》記載金陵牛頭山第四世法持禪師「於唐長安二年九月
五日，終於金陵延祚寺無常院。」〔註190〕一處。這似乎暗示了在唐代無常院
的設置與命名就與道宣的理想情況有所偏差，而道宣在其著作中屢次提到無
常院可能也是他對同時期寺院隨意而爲的布置方式的一種對抗。到了宋代，
無常院這一名稱被「延壽堂」或「涅槃堂」取代，宋道誠《釋氏要覽》卷三
記曰：「無常院，《西域傳》云：祇洹西北角日光沒處爲無常院……今稱延壽
堂、涅槃堂者，皆後人隨情愛名之也」〔註191〕。從現存之龍華院本《大宋名
藍圖》看，宋代寺院中「延壽堂」或「涅槃堂」的位置亦不固定，天童寺「涅
槃堂」位於寺院東南角，萬年寺「延壽院」則位於寺院西南角。（圖4.39、圖
4.40）元照律師曾在其所著《四分律行事鈔資持記》中對這一現象做出批評，
《資持記・釋瞻病篇》記曰：「《壇經》云西方爲無常之院，由終歿於天傾之
位也。今寺亦有，但方隅不定，不知法故。以下出別堂所以，今號延壽，豈
非相反。」〔註192〕由此看來，道宣於寺院西北設置無常院的這一理想終究未
能在漢地佛教寺院中得以貫徹和實施。

〔註187〕 （唐）道宣，四分律刪繁補闕行事鈔//大正新修大藏經，第40卷，律疏部・
論疏部，一，河北：河北省佛教協會，2009：144。
〔註188〕 （宋）贊寧，宋高僧傳，卷第十四，唐京師恒濟寺懷素傳//大正新修大藏經，
第50卷，史傳部，二，河北：河北省佛教協會，2009：792。
〔註189〕 （宋）贊寧，宋高僧傳，卷第十四，唐京兆西明寺崇業傳//大正新修大藏經，
第50卷，史傳部，二，河北：河北省佛教協會，2009：795。
〔註190〕 （宋）道遠，景德傳燈錄，卷第四//大正新修大藏經，第51卷，史傳部，三，
河北：河北省佛教協會，2009：228。
〔註191〕 （宋）道誠，釋氏要覽//大正新修大藏經，第54卷，事匯部・外教部・目錄
部，二，河北：河北省佛教協會，2009：306。
〔註192〕 （宋）元照，四分律行事鈔資持記，下一，釋二衣篇//大正新修大藏經，第
40卷，律疏部・論疏部，一，河北：河北省佛教協會，2009：411。

圖 4.39　天童寺伽藍配置

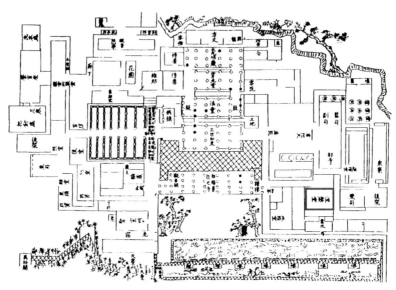

資料來源：張十慶，五山十剎圖與南宋江南禪寺，南京：東南
大學出版社，2000.01：114。

圖 4.40　萬年寺伽藍配置

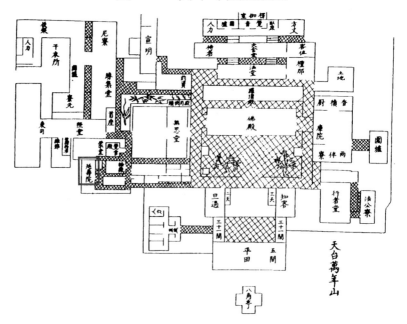

資料來源：張十慶，五山十剎圖與南宋江南禪寺，南京：東南
大學出版社，2000.01：116。

4.4　兩部圖經之戒壇研究

對道宣所撰寫的兩部圖經進行建築研究，關於戒壇的討論必不可少。《祇洹寺圖經》裏共有三座戒壇，分別是「中佛院」中軸線東側由大梵王建造的戒壇和西側由魔王建造的戒壇，以及「中佛院」東門之東「戒壇院」中的戒壇。《戒壇圖經》裏共有四處出現戒壇名稱，除與《祇洹寺圖經》相對應的三處外，在「中道」以南、大院東門之東另有一處被稱作「僧戒壇」。但從《戒壇圖經》轉引《別傳》所述的「祇桓一寺，頓結三壇」來看，該寺內的戒壇數量仍應是三個，因此在當前的討論範圍內，暫不將「僧戒壇」列入《戒壇圖經》的戒壇個數之中。另外，在《戒壇圖經》裏，中院內的兩座戒壇分別被稱作「佛爲比丘結戒壇」和「佛爲比丘尼結戒壇」。本節對兩本圖經中的戒壇進行討論，首先將從文獻的角度對唐代漢地佛教戒壇進行梳理，然後再對兩本圖經中所描繪的戒壇分別展開研究。

4.4.1　唐代漢地佛教戒壇概覽

根據《戒壇圖經》的記載，在佛教歷史上，最初的戒壇共有三座，都建造於祇樹園（即祇洹寺）中，是佛應樓至比丘所請而立，作結戒受戒之用，此三座戒壇即爲上文所述兩本圖經中的三所。依贊寧《大宋僧史略》所記，漢地佛教戒壇之始是曹魏嘉平（249～254）至正元（254～256）年間，曇摩迦羅在洛陽譯出《僧祇戒心》後所立之戒壇。〔註193〕

〔註193〕「有曇摩迦羅三藏及竺律炎維祇難等，皆傳律義。迦羅以嘉平正元中，與曇帝於洛陽出僧祇戒心。立大僧羯磨法。東土立壇。此其始也。」引自：（宋）贊寧，大宋僧史略，卷上//大正新修大藏經，第 54 卷，事匯部・外教部・目錄部，二，河北：河北省佛教協會，2009：238，道宣《戒壇圖經》引《高僧傳》稱漢地佛教戒壇之始是劉宋元嘉七年（430）天竺僧人求那跋摩在揚都南林寺前竹園設立的戒壇。（「今明東夏創立戒壇之源……至元嘉十一年，有僧伽跋摩者，時號三藏法師，與前三藏同至楊都，爲諸僧尼等，於南林寺壇重受具戒。」引自：（唐）道宣，關中創立戒壇圖經//大正新修大藏經，第 45 卷，諸宗部，二，河北：河北省佛教協會，2009：812～813.）這一說法後亦被《釋氏要覽》的作者道誠及《佛祖統記》的作者志磐採用（「天竺僧求那跋摩梁雲功德鎧至揚都南林寺前竹園立壇，爲比丘受戒爲始也。」引自（宋）道誠，釋氏要覽，卷上//大正新修大藏經，第 54 卷，事匯部・外教部・目錄部，二，河北：河北省佛教協會，2009：273.以及「十一年，求那跋摩於南林寺立戒壇，爲僧尼受戒，爲震旦戒壇之始。」引自（宋）志磐，佛祖統紀//大正新修大藏經，第 49 卷，史傳部，一，河北：河北省佛教協會，2009：344.）。然而道宣下文其所羅列之戒壇看，東晉時期法汰、支道林、支法存、

由晉至初唐，江淮之間共立戒壇二百餘處，根據道宣在《戒壇圖經》中通檢《別傳》所做的考證，這些戒壇包括東晉時期法汰在楊都（南京）瓦官寺所立戒壇，支道林在石城棲光寺和沃洲〔註 194〕兩處分別設立的戒壇，支法存在謝敷隱居的若耶山所立之壇，竺道壹在洞庭山所立之壇，竺道生在虎丘所立之壇，劉宋時天竺僧人求那跋摩在揚都南林寺前竹園設立的戒壇，智嚴在上定林寺所立之壇，慧觀在石梁寺所立之壇，蕭齊時僧敷在蕪湖所立之壇，蕭梁時法超在南澗寺（南京）所立之壇，以及僧祐在上雲居寺、棲霞寺、歸善寺和愛敬寺四座佛寺中所立之壇。另外初唐時期荊州四層寺、長沙寺的塔基之下，大明寺的前湖之中都曾經是戒壇。然而根據圖經內容，山東、河北、關內和劍南地區卻少有戒壇的記載。且當時的戒壇形式尚不固定，贊寧在《大宋僧史略》中稱「或巨摩規地，或以木構層築泥分級，俱名壇也」〔註 195〕，甚至如道宣在《續高僧傳》卷六記載，梁武帝曾在梁天監中於宮內設立圓壇〔註 196〕。直至唐乾封二年（667）道宣在終南山淨業寺創立戒壇，撰寫出本文的研究對象之一——《關中創立戒壇圖經》，漢地佛教戒壇形式才首次具備了文字定義。道宣的淨業寺戒壇上下三層，下兩層爲石砌的方形須彌座，壇身列置龕窟，周圍布置石勾欄。下層縱廣二丈九尺八寸，高三尺，中層縱廣二丈三尺，高四尺五寸。第三層是邊長七尺，高僅四寸的小型方臺，其中心安放佛舍利，上置覆釜。

道宣之後的唐代，戒壇的設立遍佈全國。現按照時間順序，將文獻中記載的唐代戒壇梳理如下表。

竺道壹、竺道生所立之壇都在求那跋摩於劉宋時期所立戒壇之前，所以求那跋摩南林寺戒壇是漢地佛教戒壇之始的說法恐不能成立，至少這條史料在道宣《戒壇圖經》的經文內部就是自相矛盾的。因此，本書在此採用贊寧《大宋僧史略》中的觀點，即東土戒壇始於曹魏嘉平至元年間，爲曇摩迦羅於洛陽所立。

〔註 194〕原文做「泼洲」，考道林遊歷地點此處應該是沃洲，《廣弘明集》中亦寫作沃洲，「東晉沃洲山沙門支道林」，引自（唐）道宣，廣弘明集，卷第三十//大正新修大藏經，第 52 卷，史傳部，四，河北：河北省佛教協會，2009：349。

〔註 195〕（宋）贊寧，大宋僧史略//大正新修大藏經，第 54 卷，事匯部・外教部・目錄部，二，河北：河北省佛教協會，2009：238。

〔註 196〕「天監年中帝請爲家僧……圓壇更造文義斯搆。」引自：（唐）道宣，續高僧傳，卷六，梁大僧正南澗寺沙門釋慧超傳//大正新修大藏經，第 50 卷，史傳部，二，河北：河北省佛教協會，2009：468。

表 4.2　文獻記載中的唐代戒壇〔註 197〕

時　　間	地　　點	史料記載	文獻來源
乾封二年（667）	終南山淨業寺		《關中創立戒壇圖經》
儀鳳元年（679）	廣州光孝寺	昔宋朝求那跋陀三藏建茲戒壇……今慧能禪師正月八日抵此……二月八日，集諸名德，受具足戒。（《光孝寺瘞髮塔記》）	《全唐文》卷九一二
永昌元年（689）	峽山廣慶寺（？）	曲製山池……旁開壇界。	《大唐西域求法高僧傳》卷下
長安四年（704）	嵩山少林寺	粵以長安四年，歲次甲辰，四月七日……是以少林山寺，重結戒壇。（《少林寺戒壇銘》）	《全唐文》卷九一四
約在中宗神龍、景龍年間（705～710）	越州法華山寺	則我元儼律師其人也……遇崇福意律師及融濟律師，皆名匠十方，南山上足……建置戒壇，招集律行……宴坐不出，幾三十載。開元二十四年……（《法華寺戒壇院碑》）	《全唐文》卷三三五
景龍二年（708）	長安實際寺	大和尚諱鑒眞……景龍元年杖錫東都因入長安。其二年三月二十八日於西京實際寺登壇受具足戒。	《唐大和上東征傳》
開元初年（713）	嵩山會善寺	先是有高僧元同律師一行禪師，……甃玉立殿，結瓊構廊，旃檀爲香林，琉璃爲寶地，遂置五佛正思惟戒壇。（《嵩山會善寺戒壇記》）	《全唐文》卷五百十
開元十二年（724）	洛陽廣福寺	（《不空三藏表制集》卷三）	《貞元釋教錄》卷十四
天寶二年（743）	羅浮山延祥寺	天寶元年……此二年……可特立延祥寺華首臺明月戒壇。	《佛祖統紀》卷四十
天寶九年（750）（東晉慧遠所立，至唐仍存）	廬山東林寺	至廬山東林寺。是晉代慧遠法師之所居也。遠法師於是立壇授戒，天降甘露，因號	《唐大和上東征傳》

〔註 197〕依據湛如《戒壇流變史之研究》附表：《晉唐時期戒壇一覽表》繪製。參見：湛如，戒壇流變史之研究//《華學》編輯委員會編，華學第 2 輯，廣州：中山大學出版社：354～355。

		甘露壇，今尚存焉。近天寶九載有志恩律師於此壇上與授戒。	
永泰元年（765）	長安大興善寺	代宗永泰年三月二十八日勑大興善寺方等戒壇，所須一切官供。至四月勑京城僧尼臨壇大德各置十人，永為例程。	《大宋僧史略》卷下
大曆二年（767）	嵩山會善寺	大曆二年十月十三日……恩命於河南府登封縣嵩嶽會善寺常建戒壇，兼抽持律七僧灑掃講律者。（《河南府登封縣嵩嶽會善寺戒壇碑》）	《金石萃編》卷九四
大曆六年（771）	洪州隆興寺	嘗撰本州島隆興寺戒壇碑頗見稱於作者。（《撫州寶應寺建藏院戒壇記》）	《全唐文》卷三三八
大曆六年（771）	撫州寶應寺	請於寺東南置普通無礙禪院院內立鎮海觀音道場……乃命智光等於普通道場東置律藏院創立戒壇。（《撫州寶應寺建藏院戒壇記》）	《全唐文》卷三三八
大曆中	成都寶園寺	釋懷素……大曆中相國元公載奏成都寶園寺置戒壇傳新疏。	《宋高僧傳》卷十四
大曆中	浙陽	釋清江……於浙陽天竺戒壇求法。	《宋高僧傳》卷十四
大曆十三年（778）	長安安國寺	宣勑云，四分律舊疏新疏宜令臨壇大德如淨等於安國寺律院僉定一本流行。	《宋高僧傳》卷十五
貞元十一年（795）	嵩山會善寺	尋有詔申，命安國寺上座藏用，聖善寺大德行嚴，會善寺大德靈珍、惠海等住持，每年建方等道場，四時講律。（《嵩山會善寺戒壇記》）	《全唐文》卷五百十
貞元十二年（796）	嵩山永泰寺	德宗貞元十二年勑永泰寺置戒壇度僧。	《大宋僧史略》卷下
貞元十三年（797）	交城石壁禪寺	而我三壇，角於三都，在西都曰靈感壇，在東都曰會善壇，在北都曰甘露壇。……甘露壇在府之交城縣石壁寺。	《全唐文》卷六百十六

元和十二年（812）	浦城乾元寺	元和十二年勅建州浦城縣乾元寺置兜率壇，始全戒足。	《宋高僧傳》卷十二
長慶四年（824）	泗州	中書令王智興請於泗州建方等戒壇，遇聖誕之日許以度僧。	《佛祖統記》卷四十一
寶曆元年（825）	長安安國寺	寶曆元年，勅兩街建方等戒壇，左街安國寺，右街興福寺。	同上
寶曆元年（825）	長安興福寺	同上	同上
太和二年（828）	五臺山	唯有五臺山戒壇一處，洛陽終山琉璃壇一處，自此二外皆悉禁斷。	《入唐求法巡禮記》卷一
太和二年（828）	嵩山	同上	同上
太和二年（828）	洪州	二年，江西觀察使沈傳師請於洪州建方等戒壇，以聖誕度僧。	《佛祖統記》卷四十一
太和七年（833）	魏州開元寺	去太和七年四月十九日，因公行寺，自有琉璃壇法（《魏州開元寺琉璃戒壇碑》）	《全唐文》卷七四五
開成五年（840）	唐州開元寺	晚際，入戒壇院，見新置壇場：壘磚二層，下階四方，各二丈五尺；上階四方，各一丈五尺。高下層二尺五寸，上層二尺五寸。壇色青碧，時人云：「取璃色」云云。	《入唐求法巡禮記》卷二
開成五年（840）	唐州善光寺	齋後入善光寺，見尼眾戒壇。堂裏縣幡鋪席，以文獻的繩界地。不置壇，平地鋪著，以為戒壇。	同上
開成五年（840）	五臺山竹林寺	開萬聖戒壇，以玉石作，高三尺，八角，底築填香泥。壇上敷一絲毯，闊狹與壇齊。棟樑椽柱，妝畫微妙。	同上
會昌元年（841）前	吳郡開元寺	吳郡太守奏於開元寺置戒壇，相預臨壇之選。	《宋高僧傳》卷十六
大中二年 848	兩京、荊州、揚州、汴州、益州	二年，勅上都東都荊揚汴益等州建寺立方等戒壇，為僧尼再度者重受戒法。五臺山建五寺，各度僧五十人	《佛祖統記》卷四十一
咸通三年 862	長安	咸通三年壬午歲四月一日，勅兩街僧尼，四寺各置方等戒壇	《大宋僧史略》卷下

　　上表所列之唐代戒壇，根據其形式和性質的不同，大致可劃分出三個類別。首先是以道宣為代表、弘揚四分律的學派設立的戒壇。包括道宣創立的終南山淨業寺戒壇、其法孫貞固於峽山設立的戒壇、道宣之再傳弟子玄儼於越州設立的法華山寺戒壇以及紹繼南山的鑒真在日本奈良東大寺等地設立的戒壇等。此類戒壇，雖無明確文字佐證，但其形式都應與《戒壇圖經》中規定的式樣相差不遠〔註198〕。第二是以義淨和金剛智為代表的留學求法僧在洛陽創建的戒壇。即義淨所建之嵩山少林寺戒壇和金剛智於洛陽廣福寺建造的一切有部石戒壇。此二戒壇的式樣可能更多偏向印度風格，如義淨在其《大唐西域求法高僧傳》中記錄了那爛陀寺戒壇的結構，並稱道宣所創之戒壇及描繪的寺院與其截然不同。〔註199〕因此這類戒壇的形制當與關中戒壇有很大差別。第三則是自永泰元年（765）於大興善寺敕設戒壇後開始興起的方等戒壇。根據贊寧在《大宋僧史略》中的論述，方等戒壇的最大特點是周遍包容，只要發菩提心，就可納受戒品，而無需拘泥於受戒者的根基差別〔註200〕。方等戒壇的設立打破了傳統的律儀觀念〔註201〕，其是否有統一的形制從現存文獻中暫時無法考證，但因性質不同，故劃分為第三個類別。

　　此外，從上表所列史料中還可看出，雖有道宣《戒壇圖經》所做之規定，唐代戒壇的形象仍然呈現出豐富多樣的面貌。如一行、元同所建之嵩山會善寺戒壇「瑩玉立殿，潔瓊構廊，旃檀為香林，琉璃為寶地」〔註202〕，似乎表明該戒壇立於殿內，且地面鋪設琉璃。又有圓仁所記之唐州開元寺戒壇「壘

〔註198〕 湛如，戒壇流變史之研究//《華學》編輯委員會編，華學 第2輯，廣州：中山大學出版社：337。

〔註199〕 「曾憶在京見人畫出祇洹寺樣，咸是憑虛」引自：（唐）義淨，大唐西域求法高僧傳，卷上//大正新修大藏經，第51卷，史傳部，三，河北：河北省佛教協會，2009：6。

〔註200〕 「所言方等戒壇者，蓋以壇法本出於諸律，律即小乘教也。小乘教中須一一如法，片有乖違，則令受者不得戒，臨壇人犯罪，故謂之律教也。若大乘方等教，即不拘根缺緣差，並皆得受，但令發大心，而領納之耳。方等者即周遍義也。」引自：（宋）贊寧，大宋僧史略//大正新修大藏經，第54卷，事匯部‧外教部‧目錄部，二，河北：河北省佛教協會，2009：250。

〔註201〕 湛如，戒壇流變史之研究//《華學》編輯委員會編，華學第2輯，廣州：中山大學出版社：339。

〔註202〕 （唐）陸長源，嵩山會善寺戒壇記//（清）董誥，全唐文6，北京：中華書局，1983.11：5185。

磚二層……壇色青碧」〔註203〕爲二層磚砌戒壇，以及五臺山竹林寺萬聖戒壇「以玉石作，高三尺，八角……棟樑椽柱，妝畫微妙」〔註204〕是立於殿內的八角玉石戒壇。其中嵩山會善寺戒壇和五臺山竹林寺戒壇似乎就是圓仁在《入唐求法巡禮行記》中提到的唐元和二年（807）朝廷下令禁斷私壇，只保留「五臺山戒壇一處，洛陽終山琉璃壇一處」〔註205〕的那兩座戒壇。

　　由此可見，有唐一代，戒壇的設立已在全國範圍內得到普及，其規模和形制又因政治及文化背景的不同而各具特色。

4.4.2　兩部圖經中的戒壇

　　前文已述，祇洹寺共有三座戒壇，兩壇位於「中佛院」內，一壇位於「戒壇院」中。「中佛院」內中軸線東側的戒壇是「佛爲比丘結戒壇」，大梵王建造，西側是「佛爲比丘尼結戒壇」，魔王建造，此二壇「惟佛所登，人不敢上」〔註206〕。關於這兩座戒壇的形制《戒壇圖經》沒有提及，《祇洹寺圖經》中有簡略描述稱「其壇華麗非世所有，狀若須彌，旁置龕窟皆安神像」〔註207〕，由此推測該二壇可能爲須彌座的形式，束腰部分設立龕窟安置神像。而「戒壇院」中的戒壇在兩本圖經中均多所著墨，本節即以此爲研究對象展開論述。需要指出的是，兩本圖經中描述的是同一座戒壇，其內容大體一致，惟細節部分各有側重，下文的各項討論將綜合兩圖經中的相關內容，若有差異之處則另行指出。

　　根據《戒壇圖經》的記載，文獻中戒壇的形制來源於第一次集結時大迦葉與阿難的問答，包括戒壇之高下闊狹、是否安置舍利、戒壇四面用何物、戒壇四面臺階如何設置、繞壇四面用何塑像以及戒壇採用何種建築材料等六方面內容。

〔註203〕（日）圓仁，入唐求法巡禮行記校注，石家莊：花山文藝出版社，2007.11：258。

〔註204〕（日）圓仁，入唐求法巡禮行記校注，石家莊：花山文藝出版社，2007.11：270。

〔註205〕（日）圓仁，入唐求法巡禮行記校注，石家莊：花山文藝出版社，2007.11：55。

〔註206〕（唐）道宣，中天竺舍衛國祇洹寺圖經，卷下//大正新修大藏經，第45卷，諸宗部，二，河北：河北省佛教協會，2009：890。

〔註207〕（唐）道宣，中天竺舍衛國祇洹寺圖經，卷下//大正新修大藏經，第45卷，諸宗部，二，河北：河北省佛教協會，2009：890。

　　首先是戒壇的高下闊狹。關於戒壇之高度，《祇洹寺圖經》和《戒壇圖經》中的記載是一致的。根據圖經內容，昔日光明王佛曾經設立戒壇，高五佛肘，以表五分法身〔註208〕。釋迦如來考慮到此壇為眾生所設，將其高度減為二肘半。〔註209〕戒壇共三層以表三空〔註210〕，第一層高一佛肘，第二層高一肘半，第三層僅高兩寸以表二諦。壇心內安置佛舍利，天帝釋加覆釜形於其上，大梵天王又以無價寶珠置於覆釜之上用以供養舍利。因此，壇高三層外加覆釜及寶珠，仍然表達的是五分法身的含義。如來在世時身高是世人的二倍，普通人身長八尺，佛高一丈六尺，因此，如來的一肘長度即為世人兩肘的肘長。關於肘長的記載，兩本圖經中出現了一個有趣的差異。《祇洹寺圖經》曰：「人肘姬周尺八寸，肘三尺六寸也」〔註211〕，《戒壇圖經》則為：「人肘長唐尺一尺五寸，則佛肘三尺。佛肘既長二肘半，則唐尺七尺五寸也」〔註212〕。也就是說，按照周尺，人肘長為一尺八寸，按照唐尺，人肘長為一尺五寸。由此可以得到一個周尺和唐尺的換算比例，即周尺一尺二寸相當於唐尺一尺。根據弘一法師的考證，南山律尺量皆用周尺〔註213〕，這可能即為《祇洹寺圖經》中出現周尺的原因。在本文的討論範圍內，所有尺寸均以唐尺為標準，故戒壇之高度第一層為三尺，第二層為四尺五寸，根據《戒壇圖經》所述戒壇第

〔註208〕 以五種的功德法，成就佛身，叫做五分法身。參見：陳義孝，佛學常見詞彙（增訂本），《廣東佛教》編輯部：122。

〔註209〕 《祇洹寺圖經》曰：「往昔明王佛形長五丈立戒壇。法制以五肘為基，表五分法身。釋迦如來告曰，娑婆眾生小見小聞恐大難成，或起疲怠，故減成之為二肘半。」引自：（唐）道宣，中天竺舍衛國祇洹寺圖經，卷下//大正新修大藏經，第45卷，諸宗部，二，河北：河北省佛教協會，2009：891.《戒壇圖經》則記載：「昔光明王佛制，高佛之五肘，表五分法身；釋迦如來減為二肘半；上又加二寸，為三層也。」引自：（唐）道宣，關中創立戒壇圖經//大正新修大藏經，第45卷，諸宗部，二，河北：河北省佛教協會，2009：808。

〔註210〕 三空，即三解脫，全稱三解脫門。禪定的一種，佛教稱此為入涅槃之門。參見：蕭振士，中國佛教文化簡明辭典，北京/西安：世界圖書出版公司，2014.03：176。

〔註211〕 （唐）道宣，中天竺舍衛國祇洹寺圖經，卷下//大正新修大藏經，第45卷，諸宗部，二，河北：河北省佛教協會，2009：891。

〔註212〕 （唐）道宣，關中創立戒壇圖經//大正新修大藏經，第45卷，諸宗部，二，河北：河北省佛教協會，2009：810。

〔註213〕 弘一法師，周尺考//弘一法師，李叔同全集02佛學，哈爾濱：哈爾濱出版社，2014.05：233。

三層高二寸是以佛指為單位進行丈量的，故其實際高度當為四寸〔註214〕。戒壇之平面尺寸，《戒壇圖經》記載為：「下層縱廣二丈九尺八寸，中層縱廣二丈三尺，上層晏方七尺。」〔註215〕《祇洹寺圖經》中沒有前兩層的尺寸數據，僅稱第三層「方七尺許」〔註216〕。由此，本文已取得了「戒壇院」中戒壇的基本控制尺寸。

按照描述構築物的一般順序，下面討論戒壇的具體形象及勾欄、階級等附屬構件。根據圖經內容，戒壇的第一第二層為石製，形狀類似須彌座，其上下安有色道（即疊澀），上三下四，用以遮蔽壇身龕窟內的諸神王。從現存須彌座的形制判斷，此龕窟當位於座身的束腰部分。第一層龕數不定，依據《優波斯那咒經》及《灌頂經》臨時分像，第二層每面七窟，用以安置二十八星神。此二層臺基上均施有石勾欄，勾欄之下有獅子塑像與神王相間排列。四角的勾欄上另安裝有石金翅鳥銜龍的塑像。第一、二層臺基四角立高石柱，石柱外置四角神，下層四角神為金剛力士、金毘羅、散脂等，上層四角神是四天王。第三層臺面不立柱，但有獅子安於四角，其背上有九個孔洞以安插帳竿。戒壇第一、二層均設有階級，下層南面二階，東、西、北三面各有一階，設三級踏步，上層北面一階，其餘三面均為二階，踏步數未標明。因第三層僅有四寸高，故不設階級。以上階級兩側均布置有眾多神像。戒壇覆釜的形製圖經中未有描述，贊寧曾做《覆釜形儀》作為補充，可惜此書已佚。覆釜之上立九龍承寶蓮花，蓮花之上再承以寶珠。此外需要指出，道宣在《戒壇圖經》中稱「今據文求相，不言戒壇，然此戒壇即佛塔也，以安舍利。靈骨瘞中，非塔如何？」〔註217〕即表明此壇以覆釜覆蓋舍利子，實際上即為佛塔，而上述神王亦即佛塔的守護神。

此戒壇安置在戒壇院中，其四周一丈之內種有四時花藥，其外又種植花樹八行。戒壇前有石材或木材製作而成的兩座明燈，該燈高度超過戒壇上層

〔註214〕「其第三層高二寸者，以佛指二寸為量，則當中人四寸也。」引自：（唐）道宣，關中創立戒壇圖經//大正新修大藏經，第45卷，諸宗部，二，河北：河北省佛教協會，2009：810。

〔註215〕（唐）道宣，關中創立戒壇圖經//大正新修大藏經，第45卷，諸宗部，二，河北：河北省佛教協會，2009：811。

〔註216〕（唐）道宣，中天竺舍衛國祇洹寺圖經，卷下//大正新修大藏經，第45卷，諸宗部，二，河北：河北省佛教協會，2009：891。

〔註217〕（唐）道宣，關中創立戒壇圖經//大正新修大藏經，第45卷，諸宗部，二，河北：河北省佛教協會，2009：809。

以代替寶珠照亮戒壇上下。該院中戒壇以北又有大鐘臺，高四百尺，臺立於大池中。池四面砌以白玉，下布銀沙，池內有九金龍向上盤結，每條龍有九十一頭，其頭上用黃金架構樑柱並施玻璃瓦構成鐘臺。鐘臺上承重達十萬斤的金鐘，鐘下亦為九龍相盤，該龍口吐八功德水，受戒人至此龍便吐水灌頂。佛經中並未有鐘臺與戒壇同時參與受戒儀式的記錄〔註218〕，兩本圖經中此鐘臺的設置是非常中國化的布局，似乎暗示了初唐佛寺戒壇院中可能有戒壇和鐘臺同時安放。

最後需要指出，道宣在《戒壇圖經》中對戒壇在佛寺中的位置進行了說明：「原夫戒壇之場，隨依大界僧住，不可恒準方隅，不定東西。多以東方為受戒之場，由創歸於佛法之地也！西方為無常之院，由終沒於天傾之位也！從多為相，餘則隨機。」〔註219〕此段意在表明戒壇在佛寺之中並無固定的方位，因其創歸於佛法之地故多以東方為受戒之所，就像因終沒於天傾之位而將無常院設置在西方一樣。兩本圖經中的戒壇院均位於「中佛院」的東南方向，可能即出於以上原因。

4.5 圖經中的規劃思想

建立在上文對兩本圖經中寺院基本格局、「中佛院」內建築類型以及別院設置情況進行梳理的基礎上，本節將展開關於圖經中體現出的寺院規劃思想的探討。

首先，道宣所描繪的祇洹寺具有明確的功能分區。所有與佛陀及其弟子相關的居住空間以及禮拜、說法、修行、學習等的場所都位於祇洹寺西邊的「道場」之中，而寺院的後勤部分，如廚房、食堂、果菜園以及僧眾洗浴便溺之地都設置在寺東邊的「供僧院」內。與此同時在「道場」內部，以東西方向大街為界，南北兩部分的功能也截然不同。南部二十九個別院主要供寺外僧眾及白衣居住和聽法，是對外的院落。北部中央的中佛院「唯佛獨居」〔註220〕，其餘各院落則是佛陀日常生活以及祇洹寺中僧眾學習、居住的空間，

〔註218〕 Tan Zhihui, Daoxuan's vision of Jetavana : Imagining a utopian monastery in early Tang, The University of Arizona, 2002 : 197.

〔註219〕 （唐）道宣，關中創立戒壇圖經//大正新修大藏經，第45卷，諸宗部，二，河北：河北省佛教協會，2009：811。

〔註220〕 （唐）道宣，中天竺舍衛國祇洹寺圖經，卷上//大正新修大藏經，第45卷，諸宗部，二，河北：河北省佛教協會，2009：886。

為對內的功能。在以上功能分區的基礎上，除中佛院居中、僧院繞中佛院設置，臨終僧人所用「無常院」位於「西北角日光沒處」〔註221〕，以及戒壇雖「多以東方為受戒之場」〔註222〕、但仍然「不可恒準方隅，不定東西」〔註223〕之外，其餘寺院功能並未特意強調需與某一空間方位相對應，因此尚不能從中總結出類似前文「前殿後堂，東廚西僚」〔註224〕等的布局規制。但「道場」中的浴坊、流廁以及「供僧院」內的浴室坊和小便處都被安置在區域範圍的北側，這可能是出於功能空間的私密性以及污水需盡快排出寺院的需要。在此值得一提的是，「道場」內的流廁設計十分精巧，建築為三重高屋，屋下砌築一條暗渠，流水被引入院落、通過暗渠再流出院落，由此即能將穢物帶走。〔註225〕根據道宣的記載，這一時期江淮以南的古寺中都設有類似的流廁，被稱作「都清」，而北方地區的廁所衛生條件則相對堪憂〔註226〕，因此道宣在圖經中著力對流廁進行描寫可能也含有部分推廣「都清」的目的。唐代義淨法師（635～713）在其著作《南海寄歸內法傳》中記錄了他西行周遊佛國時所見僧人的日常行儀法事，根據他的描述，當時的印度寺院仍使用旱廁〔註227〕，相比之下，圖經中的流廁設計已經達到了較為先進的水平。

　　第二，兩本圖經中的祇洹寺都有較為明顯的軸線設置。前文已述，道宣圖經中祇洹寺的基本布局（以《祇洹寺圖經》中的「道場」部分為例）為多

〔註221〕（唐）道宣，四分律刪繁補闕行事鈔//大正新修大藏經，第40卷，律疏部・論疏部，一，河北：河北省佛教協會，2009：144。

〔註222〕（唐）道宣，關中創立戒壇圖經//大正新修大藏經，第45卷，諸宗部，二，河北：河北省佛教協會，2009：811。

〔註223〕（唐）道宣，關中創立戒壇圖經//大正新修大藏經，第45卷，諸宗部，二，河北：河北省佛教協會，2009：811。

〔註224〕（金）劉嶧，真定府元氏縣開化寺羅漢院重修前殿碑//（清）張金吾，金文最，卷四十碑，清光緒二十一年重刻本。

〔註225〕「次北第六院名為流廁，有大高屋三重而立。飛橋雙上甚自清淨，下施廁坑砌以伏竇。天帝手作上無臭氣。大渠從大院北西注，南入廁院伏流入竇，北出會於大河人無見者。一切比丘皆此便利。」引自（唐）道宣，中天竺舍衛國祇洹寺圖經，卷下//大正新修大藏經，第45卷，諸宗部，二，河北：河北省佛教協會，2009：894。

〔註226〕「故江淮巳南諸古寺者皆設都清一所，中巳北周屏澆院，臭處蓬勃伊何可言。」引自（唐）道宣，中天竺舍衛國祇洹寺圖經，卷下//大正新修大藏經，第45卷，諸宗部，二，河北：河北省佛教協會，2009：894。

〔註227〕（唐）義淨，南海寄歸內法傳//大正新修大藏經，第54卷，事匯部・外教部・目錄部，二，河北：河北省佛教協會，2009：218。

院落式。整個「道場」被東西方向大街分爲南北兩部分。南部有三門，對應南北方向的三條大街，這三條大街將南部二十九個院落劃分爲四組，以南面中門對應的大街爲軸線，東西兩邊院巷的格局基本對稱。北部以居中的中佛院爲主體，中佛院東、西、北三個方向各成一個區域並包含數個院落。若以中佛院中主要建築形成的軸線（同時也是南部軸線的延長線）爲對稱軸，則「道場」北部東西兩邊院落格局也是基本對稱的。由此可見，祇洹寺「道場」有一條貫穿南北的中軸線，這條軸線從「道場」南門外飛橋開始，由南至北依次經過五間三重的「道場」南門——南大橋——五開間烏頭門——九間七重的中院端門——七間七重的中院南門——大方池——大佛塔及其左右二鐘臺——大佛殿及其東西夾殿——第二大複殿及其東西樓臺——最後到達最北邊的重閣及其東西大寶樓，全長 700 步左右。與此同時，以「道場」東南門和西南門爲起點，同樣也要經過大橋和烏頭門才能抵達「中道」，因此，此二門對應的兩條大街可以被視作祇洹寺「道場」的兩條次軸線。上文已經談到過祇洹寺「道場」與唐長安城的「同構」現象，在此處，祇洹寺「道場」從大院南門到中院端門的大街與唐長安朱雀大街相對應，「中佛院」中主要建築形成的軸線與唐長安太極宮內承天門——太極殿——甘露殿這一軸線相對應，唯一不同的是唐長安軸線以玄武門結束，而祇洹寺北院牆上並不開門。此外，根據文獻記載，朱雀大街兩側均種植有成排的槐樹，這與道宣對祇洹寺大院南門所對大街「道之左右列種奇花果異樹」〔註228〕的描繪也是可以相類比的。

第三，祇洹寺的規劃意在表達佛法的內涵。本文 2.1.3 中已經談到，道宣認爲在他所處的末法時代，寺院建築沒有可以令人認知的儀式或表相。而《寺誥》中的祇洹寺但凡建造房屋，無論是用木材、石材或者泥土都有所表，因此在撰寫圖經時，道宣特意強調了寺院規劃與佛法的關係。例如在經文中，祇洹寺「道場」外院牆表示「三歸依止外護相」〔註229〕，內院牆表示「三寶因果歸鏡相」〔註230〕，內院牆比外院牆高出 5 尺則表示「三寶因果出過五道」

〔註228〕（唐）道宣，中天竺舍衛國祇洹寺圖經，卷上//大正新修大藏經，第 45 卷，諸宗部，二，河北：河北省佛教協會，2009：886。

〔註229〕（唐）道宣，中天竺舍衛國祇洹寺圖經，卷上//大正新修大藏經，第 45 卷，諸宗部，二，河北：河北省佛教協會，2009：883。

〔註230〕（唐）道宣，中天竺舍衛國祇洹寺圖經，卷上//大正新修大藏經，第 45 卷，諸宗部，二，河北：河北省佛教協會，2009：883。

〔註231〕。又有「道場」東門上下十二重橫列十七門表「始信入道之處」〔註232〕，「道場」南門五間三重表三空門，中院南門七重橫列七門表七覺意。以及前文已經提到的戒壇三重表三空，戒壇第三層高二寸表二諦等等。這些數字象徵是空間形式類似的佛教建築與其他類型建築的最大不同之處。強調和弘揚佛法的建築表達是道宣撰寫圖經的目的之一，同時也是圖經中非常重要的規劃思想。

4.6　兩部圖經對後世的影響

　　本章最後一節探討兩部圖經對後世的影響。在第三章 3.2.2 和 3.2.3 中本書已分別討論過《祇洹寺圖經》和《戒壇圖經》的傳播與流佈，從中可知在漢地佛教界，《祇洹寺圖經》在北宋時期就已失佚，而《戒壇圖經》可能從成書之日起就一直保持著一個較為持續的傳播過程，但兩本圖經均未被收入歷代大藏經。與此同時，兩本圖經東傳至日本之後得到了較好的保存，現在流傳的圖經版本均為民國時期從日本翻印所得。在此基礎上可知兩本圖經對漢地佛教建築的影響是比較有限的，但通過對現有文獻的爬梳，還是能看到圖經發揮其影響力的痕跡。

　　道宣筆下的祇洹寺佔地八十頃，共有一百二十個別院，是一個規模巨大的建築群。同時代長安城的大慈恩寺和西明寺均為十院左右，南朝梁武帝敕建的鍾山大愛敬寺也僅為三十六院。然而圖經成書之後即開始有超大型寺院記載的出現，唐大曆元年（766 年）建於長安城東門外的章敬寺共有四十八院，四千一百三十餘間〔註233〕，而唐玄宗於成都建造的大聖慈寺，共九十六院，八千五百區〔註234〕，已接近《祇洹寺圖經》中一百二十院的規模。不僅如此，根據宋代學者的記錄，唐武后垂拱二年（686）建設的泉州開元寺「堂宇靜深，巷陌縈紆，廊廡長廣，別為院一百二十，為天下開元寺之第一」〔註235〕，其

〔註231〕（唐）道宣，中天竺舍衛國祇洹寺圖經，卷上//大正新修大藏經，第 45 卷，諸宗部，二，河北：河北省佛教協會，2009：883。

〔註232〕（唐）道宣，中天竺舍衛國祇洹寺圖經，卷上//大正新修大藏經，第 45 卷，諸宗部，二，河北：河北省佛教協會，2009：884。

〔註233〕（宋）宋敏求，長安志，卷十一，縣一，清文淵閣四庫全書本：16。

〔註234〕（宋）志磐，佛祖統紀//大正新修大藏經，第 49 卷，史傳部，一，河北：河北省佛教協會，2009：464。

〔註235〕（宋）祝穆·方輿勝覽上，北京：中華書局，2003.06：211。

別院數量與圖經中祇洹寺相同。聯繫到上文所述宋建炎二年（1128）重建的開元寺戒壇係參考《戒壇圖經》所築，泉州開元寺一百二十的別院數量很可能也與道宣所撰圖經有關。除此之外，贊寧《宋高僧傳・法照傳》記載唐代僧人釋法照於大曆五年（770）在五臺山見到的大聖竹林寺「方圓可二十里，一百二十院，皆有寶塔莊嚴。其地純是黃金，流渠、花樹充滿其中」。〔註236〕此事雖然虛構成分較大，所謂大聖竹林寺也未必眞實存在，但其一百二十院的規模、流渠花樹充滿的形式，顯然是受到了《祇洹寺圖經》的影響。因此，本文認爲，兩本圖經中描繪的超大型多院落寺院，可能在一定程度上影響了唐代中後期寺院建設的規模。此外，伊東忠太《日本建築の研究》一書中收錄有法隆寺古平面圖一張，這張平面圖中的法隆寺呈現出「中院＋別院」的布局模式，並有一條東西向的大街將寺院主要區域分爲南北兩部分，與圖經中所描繪的院落格局十分相似，不排除其建造受到圖經影響的可能性。（圖 4.41）

圖 4.41　法隆寺伽藍古平面圖

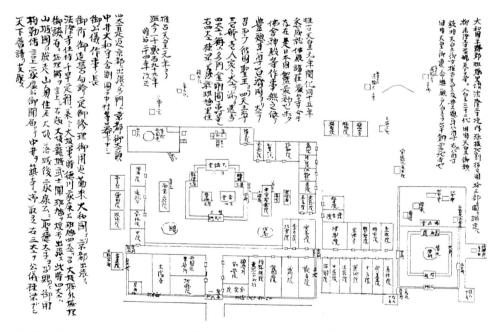

資料來源：伊東忠太，日本建築の研究，東京：原書房，1982：10.

〔註236〕（宋）贊寧・宋高僧傳・卷二十一・感通篇第六之四・唐五臺山竹林寺法照傳//大正新修大藏經，第 50 卷，史傳部，二，河北：河北省佛教協會，2009：844。

　　根據學者梅林的研究〔註237〕，莫高窟 9 至 10 世紀的石窟寺與兩本圖經
中所繪寺院同構，其前室代表祇洹寺外院、主室代表祇洹寺內院，石窟寺的
藏經洞等附洞，又與圖經中寺院的別院有方位上的對應關係。舉例來說，敦
煌 53 窟及其具有藏經洞形制的附窟 469 窟，同時開鑿於中唐時期，469 窟位
於 53 窟主室北壁的東側，因莫高窟坐西向東，所以該附窟的方位實際上相當
於主室的東南方向，這一方位與圖經中存放經藏的修多羅院所在位置是相同
的。與此同時，莫高窟石窟寺中的經變畫也與圖經中的祇洹寺相對應。唐宋
莫高窟前室繪塑的天王護法、龍王禮佛等內容象徵著祇洹寺外院的「大梵天
王之院」和「龍王之院」。主室南壁所繪《觀無量壽經變》則象徵著祇洹寺內
院西側的無常院。然而由於研究者在研究過程中同時採用了《祇洹寺圖經》、
《戒壇圖經》和「祇洹寺圖」三種材料（前文已述，「祇洹寺圖」中的寺院布
局為後人融合《戒壇圖經》經文和《祇洹寺圖經》原有配圖所得，其內容並
不能反映道宣圖經中寺院的真實情況），同時研究者又在類比中將一些位於外
院的別院混淆至內院之中〔註238〕，所以其文章中所列舉的對應關係並非全部
成立（上文所舉之例經核對的確存在對應關係），因此本文對所謂石窟寺與道
宣所撰祇洹寺有同構現象的說法持保留態度。然而由於上述所列之石窟寺其
開鑿時間均在圖經成書之後，又有前文所述的莫高窟晚唐第 9 窟榜題：「祇園
記一百卷，《圖經》云：南方天王第三子⋯⋯」〔註239〕可能與圖經有關，因此
不排除圖經曾傳至敦煌並對敦煌石窟寺的形制和繪塑產生影響的可能性。

　　如果從方位的角度出發，在文獻史料中的確能找到現實寺院與圖經中祇
洹寺在別院位置上的對應關係。例如《益州名畫錄》卷上記載大慈寺三學院
位於寺之東廊〔註240〕，《參天台五臺山記》記錄北宋東京大相國寺的經藏戒律

〔註237〕梅林，469 窟與莫高窟石室經藏的方位特徵〔J〕，敦煌研究，1994（04）：186
　　　　～197.以及梅林，律寺制度視野：9 至 10 世紀莫高窟石窟寺經變畫布局初探
　　　　〔J〕，敦煌研究，1995（01）：111～127。
〔註238〕例如作者將圖經中的「他方俗人菩薩院」與現實世界佛寺裏的維摩詰堂或維
　　　　摩詰院相類比，並與莫高窟石窟寺主室中的維摩詰經變相對應。（梅林，律寺
　　　　制度視野：9 至 10 世紀莫高窟石窟寺經變畫布局初探〔J〕，敦煌研究，1995
　　　　（01）：114.）然而「他方俗人菩薩院」實際上在祇洹寺的外院，按照作者的
　　　　推論應與石窟寺前室而非主室相對。
〔註239〕敦煌研究院，殷光明，敦煌石窟全集 9，報恩經畫卷，上海：上海人民出版
　　　　社，2001.12：014。
〔註240〕「至德二載，起大聖慈寺⋯⋯王蜀先主於寺東廊起三學院⋯⋯」引自：（宋）
　　　　黃休復，益州名畫錄，成都：四川人民出版社，1982.12：23。

院亦在寺院之東〔註241〕，皆與《祇洹寺圖經》中論院、修多羅院及持律院所在方位相同。又如《大唐常州江陰縣興建寺碑銘並序》記載該寺西隅有法華院〔註242〕，白居易《蘇州重元寺法華院石壁經碑文》記載該寺廣德法華院在寺院的西南隅〔註243〕，《參天台五臺山記》中東京大相國寺的法華之院亦在寺院四面廊外的西方〔註244〕，這三座法華院又與圖經中與法華院對應、處於祇洹寺外院西南的學人十二因緣之院、學人四諦之院、學人住止聽法之院、無學人問法之院等〔註245〕方位相當。諸如此類的對應關係有兩種可能來源，一是現實中的寺院設計的確受到了道宣圖經的影響，從而體現出與圖經中祇洹寺相同的布局特徵；二是在歷代寺院的規劃布局裏本來就存在一些不成文的方位慣例，道宣寫作時將其加以總結並應用至經文，現實中的寺院因延續這些慣例而與圖經裏的寺院恰巧相合。

　　與《祇洹寺圖經》相比，《戒壇圖經》對後世的影響比較明確。前文已述，鑒眞在東大寺建立的戒壇（759）參考了道宣關中戒壇的形制，北宋東京太平興國寺及南宋泉州開元寺的石戒壇亦皆以圖經之描述爲形制準則，而道宣法孫貞固於峽山設立的戒壇、道宣之再傳弟子玄儼於越州設立的法華山寺戒壇可能都與《戒壇圖經》有一定聯繫。此外，《戒壇圖經》中記錄的受戒方法還可能對佛教受戒儀式產生了些許影響。

　　簡言之，因受到流傳範圍和傳播時間的限制，兩本圖經對漢地佛教界的影響並未達到其應有的高度。唐宋時期若干戒壇係參照《戒壇圖經》建設而成，唐代中後期超大型多院落寺院的流行可能與《祇洹寺圖經》有一定關係，敦煌莫高窟某些附洞和經變畫的位置也能與兩本圖經中相同功能別院的方位相對應，同時現實中寺院的特定別院亦與圖經中相應別院的位置大體相當。

〔註241〕 「大相國寺東經藏戒律院園則座主來」引自：（日）成尋，參天台五臺山記，石家莊：花山文藝出版社，2008.04：220。
〔註242〕 「暨寶曆元年，於寺西隅造法華院。」引自：（唐）郁羣老，大唐常州江陰縣興建寺碑銘並序//（清）董誥，全唐文 8，北京：中華書局，1983.11：7668。
〔註243〕 「碑在石壁東次，石壁在廣德法華院西南隅，院在重元寺西若干步，寺在蘇州城北若干里。」引自：（唐）白居易，蘇州重元寺法華院石壁經碑文//（清）董誥，全唐文 7，北京：中華書局，1983.11：6926。
〔註244〕 「次禮佛牙堂，使臣開敕封，名法華之院，四面廊外西方也。」引自：（日）成尋，參天台五臺山記，石家莊：花山文藝出版社，2008.04：124。
〔註245〕 梅林，律寺制度視野：9 至 10 世紀莫高窟石窟寺經變畫布局初探〔J〕，敦煌研究，1995（01）：114。

然而建築的形式與布局總是隨著社會、經濟、歷史、文化的發展而變化，並非一套「規範」所能定格，宋代以後佛教式微，現存實物和文獻資料中再難尋覓到多達幾十上百個別院的佛教寺院。儘管從上文所舉特定功能別院位置等例子來看，在佛教寺院建築漫長的發展過程中，還是會有一些模式逐漸沉澱而固定下來，最終形成了晚期佛寺定型化的寺院布局。在此基礎上本文認為，刻意強調圖經對後世寺院的深刻影響並無意義，道宣兩本圖經中的祇洹寺是他本人對當時寺院建築的一種理想化總結，同時也是漢地佛教建築發展至其高峰時期有幸被凝固的一段華采篇章。

4.7　本章小結

　　這一章是《祇洹寺圖經》和《戒壇圖經》的綜合研究。

　　對兩本圖經中寺院的基本格局進行梳理可知，道宣《戒壇圖經》描繪的「祇樹園」與《祇洹寺圖經》中祇洹寺的「道場」部分建築格局基本相同。二者在總平面上皆被東西方向大街劃為南北兩部分，南部有三門，分四個區域，每個區域內有若干院；北部以居中的中佛院為主體，中佛院東、西、北三個方向各成一個區域並包含數個院落。在《祇洹寺圖經》中「道場」向東三里還有一座「供僧院」，是寺院的後勤區。通過對比發現，《戒壇圖經》的「祇樹園」以及《祇洹寺圖經》祇洹寺的「道場」部分與里坊制的唐長安城基本同構，這一現象可能是因為道宣久居長安城中，當他試圖構建一個遠大於一般寺院尺度的「理想寺院」之時，即選取了長安城為參照標準，另外還可能是出於將佛陀與人間的帝王相類比的考慮。

　　《戒壇圖經》中另附一張「祇洹寺圖」，圖中寺院格局與圖經中所述有較大差異。經過筆者考證，這張「祇洹寺圖」應為元延祐二年（1315）杭州路南山大普寧寺比丘明晟根據《祇洹寺圖經》的插圖《祇樹給園圖》結合《戒壇圖經》裏的文字，重新繪製而成。通過將東晉至初唐漢地佛教寺院的發展情況與兩本圖經中的寺院進行對比可以看出，道宣筆下「祇樹園」和「祇洹寺」的寺院格局反映了漢地佛教發展至初唐這一階段，大型寺院建設時最可能採用的一種形式，即中心院落與別院相組合，主要建築物位於中心院落軸線之上的多院落布局。兩本圖經中的寺院可以被認為是對南北朝以來漢地佛教寺院布局發展的一個總結。

　　兩本圖經中最重要的部分「中佛院」內的建築布局略有差異，《祇洹寺圖經》裏「中佛院」軸線上依次為：大門——舍利塔——佛殿——佛殿——講堂（閣），《戒壇圖經》中則是是：大門——佛殿——舍利塔——佛殿——三重樓（功能不明）——講堂。通過與現存或可考寺院之中心院落相比較可知，《祇洹寺圖經》中「塔——佛殿——講堂」的序列是南朝以來的常見佛寺布局，而《戒壇圖經》裏，塔被安置於兩座佛殿之間，這也是目前所見最早的將塔立於大殿後方的案例。此外，圖經中描繪的九金鑊、大方池、東西鐘臺以及戒壇，都是文獻和圖像中可以考證出的建築要素，這再次證明道宣圖經中所描繪的寺院是基於現實寺院模式寫作而成，而非印度大陸上的祇洹寺，更不是作者本人的憑空想像。

　　別院的建置是唐代佛教寺院的一個重要特徵。祇洹寺中各個別院按功能可以分為居住類別院、講經類別院、宗派別院、後勤別院和禮拜別院五種類型。按院落圍護結構的不同又可分為「房院型」、「坊牆型」和「廊院型」三種類型。每種類型的院落依據其功能的需求選用不同形式的中心建築物（堂、閣或屋），再根據院落的功能和等級選取各自的景觀配置，如花木樹林或水池。通過這些組合與變化，祇洹寺與其別院得以呈現出一種豐富又各具形態的整體面貌。

　　圖經中的戒壇也是本研究的關注對象之一。漢地佛教的戒壇始於曹魏時期的洛陽，由晉至初唐，江淮之間共立戒壇三百餘處。唐乾封二年（667）道宣在終南山淨業寺創立戒壇，並撰寫出《戒壇圖經》。該戒壇上下三層，下兩層為石砌的方形須彌座，壇身列置龕窟，周圍布置石勾欄。下層縱廣二丈九尺八寸，高三尺，中層縱廣二丈三尺，高四尺五寸。第三層是邊長七尺，高僅四寸的小型方臺，其中心安放佛舍利，上置覆釜。在道宣之後，戒壇的設立已在全國範圍內得到普及，其規模和形制又因政治及文化背景的不同而各具特色。

　　此外，道宣的兩本圖經體現出了一定的寺院規劃思想。他所描繪的祇洹寺具有明確的功能分區，同時有較為明顯的軸線設置，其規劃還著意表達了佛法的內涵。然而由於受到流傳範圍和傳播時間的限制，兩本圖經對漢地佛教界的影響並未達到其應有的高度。目前僅能判斷出唐宋時期有若干戒壇是參照《戒壇圖經》建設而成，唐代中後期超大型多院落寺院的流行可能與《祇洹寺圖經》有一定關係。簡言之，道宣兩本圖經中的祇洹寺是他本人對當時寺院建築的一種理想化總結，刻意強調圖經對後世寺院的深刻影響並沒有太大意義。

第 5 章　兩部圖經中寺院建築 可能形象探討

5.1 《祇洹寺圖經》中寺院總平面復原

5.1.1 《祇洹寺圖經》中寺院的基址規模

　　道宣《祇洹寺圖經》對其所描繪之祇洹寺的基址規模有較爲明確的記載：「經律大明寺之基趾。八十頃地百二十院准的。東西近有十里。南北七百餘步」〔註1〕。

　　前文已述，「八十頃地」這一數字曾在慧覺所出《賢愚經》中出現：「須達歡喜，便勅使人象負金出，八十頃中，須臾欲滿，殘有少地。」〔註2〕道宣《戒壇圖經》中寫有「如《賢愚經》，初構祇栖，在八十頃地中布金買地」〔註3〕，表明其所述祇洹寺佔地面積八十頃這一信息的確來自《賢愚經》。在《賢愚經》成書之前，孫吳時期竺律炎所譯《佛說三摩竭經》以及支謙所譯《佛說孛經抄》均有祇園面積八十頃的記載〔註4〕，可見這一說法由來已久，道宣寫作時亦予以引用。

〔註1〕（唐）道宣，中天竺舍衛國祇洹寺圖經，卷上//大正新修大藏經，第 45 卷，諸宗部，二，河北：河北省佛教協會，2009：883。

〔註2〕（宋）慧覺，賢愚經//大正新修大藏經，第 4 卷，本緣部，下，河北：河北省佛教協會，2009：419。

〔註3〕（唐）道宣，關中創立戒壇圖經//大正新修大藏經，第 45 卷，諸宗部，二，河北：河北省佛教協會，2009：812。

〔註4〕《佛說三摩竭經》云：「國中人言。曾與太子祇共請買園田八十頃持上佛。」引自：（東吳）竺律炎，佛說三摩竭經//大正新修大藏經，第 2 卷，阿含部，下，河北：河北省佛教協會，2009：843，《佛說孛經抄》云：「聞如是。一時佛在舍衛國。太子名祇。有園田八十頃。」引自：（東吳）支謙，佛說孛經抄//大正新修大藏經，第 17 卷，經集部，四，河北：河北省佛教協會，2009：729。

　　道宣之祇洹寺，東西近十里，南北七百餘步。以唐代三百六十步爲一里
計算，東西十里 3600 步。若取南北 700 步，則祇洹一寺東西與南北方向長度
的比值約爲 5：1。現存有關祇園的經文和傳記中沒有祇洹寺寺院長寬尺寸的
記載，《祇洹寺圖經》和《戒壇圖經》裏也沒有該數據是否爲引用以及所引來
源的說明。道宣最重要的參考文獻，靈裕的《寺誥》和《聖蹟記》雖已散佚，
但從其轉述的「又檢《聖蹟記》……又云：『七日所成，大房三百口、六十餘
院。』」〔註5〕來看，此二文所繪之祇洹寺顯然也與道宣這個佔地八十頃有一
百二十個院落的寺院不同。因此，圖經中所述祇洹寺「東西近有十里。南北
七百餘步」〔註6〕的長寬尺寸，很可能是作者道宣自己設定的。至於他選用這
一尺寸和這個長寬比可能的原因，將是後文需要討論的問題。

　　有唐一代，尺制分大尺、小尺，唐小尺一尺 10 寸，大尺一尺 12 寸〔註7〕。
據相關研究，唐小尺沿用北周之鐵尺，長 24.578 釐米，唐大尺長約 29.49 釐
米〔註8〕。與尺制對應，唐代里制亦分大、小里。大里用尺爲大尺，小里用尺
爲小尺。《夏侯陽算經》卷上「論步數不等條」引《田曹》：「以六尺爲步，三
百步爲一里。此古法。」〔註9〕，此即爲小里。隋、唐之前各代均用此里制，
是曰「古法」。《夏侯陽算經》同卷又引《雜令》曰：「諸度地以五尺爲一步，
三百六十步爲一里」〔註10〕，此爲大里。唐大里一里 5 尺×360 步=1800 尺，
一里之長約爲 530.8 米，唐小里也合 1800 尺，一里之長爲 442.4 米。

　　唐代畝制「武德七年，始定律令。以度田之制：五尺爲步，步二百四十
爲畝，畝百爲頃。」〔註11〕，唐以前以六尺爲步，240 平方步爲一畝〔註12〕，
一頃同樣爲一百畝。祇洹寺佔地八十頃，東西近十里，南北 700 餘步。若以
唐代畝制和唐大里計算，祇洹寺東西長十里 3600 步，南北 700 步，其基址面

〔註5〕　（唐）道宣，關中創立戒壇圖經//大正新修大藏經，第 45 卷，諸宗部，二，
　　　　　河北：河北省佛教協會，2009：812。

〔註6〕　（唐）道宣，中天竺舍衛國祇洹寺圖經，卷上//大正新修大藏經，第 45 卷，
　　　　　諸宗部，二，河北：河北省佛教協會，2009：883。

〔註7〕　「凡度，以北方秬黍中者，一黍之廣爲分，十分爲寸，十寸爲尺，一尺二寸
　　　　　爲大尺。」引自：（唐）李林甫，唐六典，北京：中華書局，1992.01：81。

〔註8〕　吳慧，新編簡明中國度量衡通史，北京：中國計量出版社，2006.12：106～107。

〔註9〕　（隋）夏侯陽，夏侯陽算經，北京：中華書局，1985：7。

〔註10〕　（隋）夏侯陽，夏侯陽算經，北京：中華書局，1985：7。

〔註11〕　（後晉）劉昫，舊唐書，北京：中華書局，1975.05：2088。

〔註12〕　吳慧，新編簡明中國度量衡通史，北京：中國計量出版社，2006.12：111。

積爲 3600 步×700 步=2520000 平方步，合 105 頃。若依照唐以前畝制和古法小里計算，祇洹寺東西長十里爲 3000 步，南北 700 步，基址面積爲 3000 步×700 步=2100000 平方步，合 87.5 頃。考慮到文中記載寺院東西長度爲「近有十里」〔註13〕而並未到十里，且後文又有「其地南北周徼八十餘頃」〔註14〕的說明，顯然用小里合算更接近原文設定。

　　前文已述，道宣出生於隋開皇年間，其父曾爲陳朝官員，道宣早年受教之日嚴寺中多爲江南北上的僧人。從其少年時期的學習經歷來看，道宣的里制和畝制概念，很有可能仍爲唐以前的六尺爲步，三百步爲一里，步二百四十爲一畝。因此，本研究中對祇洹寺基址規模的討論即以古法「以六尺爲步，三百步爲一里」〔註15〕，一尺長 24.578 釐米爲標準。

　　據上文，當祇洹寺東西長 10 里 3000 步，南北寬 700 步時，其佔地面積爲 87.5 頃；若以佔地 80 頃反推，則當此寺院東西長 9.2 里 2760 步，南北寬 700 步時，其面積 2760 步×700 步=1932000 平方步，合 80.5 頃，與 80 頃地最爲接近；目前僅憑道宣文中的描述，圖經中寺院的基址尺寸並不能夠完全確定並展開復原，還需要進行更多的探討。在當前的討論階段，暫取東西長 10 里 3000 步，南北寬 700 步作爲祇洹寺的基址規模。基於這一數據，以唐小尺長 24.578 釐米，唐小里一里長 442.4 米計，道宣筆下祇洹寺東西長 4424 米，南北寬約 1032 米，長寬比超過 4:1，佔地形狀非常狹長。

　　另外需要指出，唐以前尺一尺 10 寸，以 6 尺爲步，唐大尺一尺 12 寸，以五尺爲步，唐以前尺計算之「步」與「唐步」並沒有實際長度上的差別。上文之所以展開唐及以前尺制、里制和畝制的討論是因爲道宣敘述中使用了「里」這一計量單位，造成了究竟三百步爲一里，還是三百六十步爲一里的矛盾。鑒於此項討論已經結束，在下文所有有關基址規模的探討中，將統一以「步」作爲單位。同時，根據目前研究，唐代營造尺約在 29.4 釐米左右，即上文所述大尺之尺長，故本文任何涉及到建築物具體尺寸的討論，都將以營造尺長度爲標準。

〔註13〕　（唐）道宣，中天竺舍衛國祇洹寺圖經，卷上//大正新修大藏經，第 45 卷，諸宗部，二，河北：河北省佛教協會，2009：883。

〔註14〕　（唐）道宣，中天竺舍衛國祇洹寺圖經，卷上//大正新修大藏經，第 45 卷，諸宗部，二，河北：河北省佛教協會，2009：883。

〔註15〕　（隋）夏侯陽，夏侯陽算經，北京：中華書局，1985：7。

5.1.2 祇洹寺基址規模與長安城之比較

上文已述，祇洹寺東西長、南北短，長寬比超過 4:1。雖然其內部被一條三里寬的道路分爲西邊「道場」和東邊「供僧院」兩部分，但每一部分仍然是東西長、南北短的佔地形狀。我國現存寺院多爲東西窄、南北長，沿縱向軸線展開空間序列。而唐代寺院，若位於唐長安城的里坊之中，因里坊多爲東西長、南北短，則有可能形成如道宣筆下之祇洹寺般的橫長形狀，如占一坊之地的大興善寺和占四分之一坊的西明寺與青龍寺。根據前文的計算，祇洹寺東西長 4424 米，南北寬約 1032 米，這顯然已經大大超過了一座寺院的規模，因此本研究將置其於唐長安城的尺度之中，與唐長安的里坊和里坊群做一比較。

中國科學院考古研究所於 1957～1962 年對唐長安城遺址進行勘察和部分發掘，其成果以《唐代長安城考古記略》爲題發表於 1963 年第 11 期的《考古》雜誌上。已有學者根據該文所載數據和所附《長安城實測圖》繪製出唐長安城的「復原平面圖」（圖 5.1）。又北宋學者宋敏求著有《長安志》20 卷，其中卷七至卷十詳細記載了唐長安城各區域名稱及尺寸，由《長安志》中的記載可以畫出唐長安城的「文獻復原平面圖」。關於繪圖需要說明以下兩點。第一，《長安志》記載唐長安城「東西十八里一百一十五步，南北十五里一百七十五步」〔註16〕，這一數據與《唐六典》〔註17〕和《呂大防長安城圖題記》〔註18〕所記相同；根據中國科學院考古研究所實測數據，唐長安城東西 9721 米，南北 8651.7 米〔註19〕；以唐代里制 5 尺爲一步，360 步爲一里計算，十八里一百一十五步合 6595 步、32975 尺，兩相比較，則 972100 釐米÷32975 尺=29.48 釐米/尺，這一比值與唐大尺非常接近，同時也證明《長安志》上唐長安城城郭尺寸的記載採用的是唐代大里，由此，則「文獻復原平面圖」中如若涉及到「里」的換算，以 360 步一里爲準。第二，文獻記載唐長安城南北方向十五里一百七十五步，合 5575 步 8220 米，與實測數字差距過大。不僅如此，這一數據與《長安志》內所記載由北至南各街道與各里坊寬度之和也有較大出入。根據文獻，唐長安城由北至南各街道南北向距離之和爲 60 步+60 步+100

〔註16〕　（宋）宋敏求，長安志，卷七，清文淵閣四庫全書本：7。
〔註17〕　（唐）李林甫，唐六典，北京：中華書局，1992.01：216。
〔註18〕　（南宋）趙彥衛，雲麓漫鈔，上海：古典文學出版社，1957.04：116。
〔註19〕　馬得志，唐代長安城考古紀略〔J〕，考古，1963（11）：596。

步+60 步+47 步×10=750 步。由北至南各坊南北距離之和爲 400 步×2+550 步×2+350 步×9=5050 步。兩者相加得 5800 步合 16 里 40 步，等於 8552.1 米，與實測距離的差距在百米以內。可見，各文獻中所記載的唐長安城「南北十五里一百七十五步」〔註 20〕應該是一個錯誤。因此，本研究在繪製「文獻復原平面圖」之時所採用尺寸以各街道和各里坊的分段數據爲準。（圖 5.2）

圖 5.1　唐長安城復原平面圖

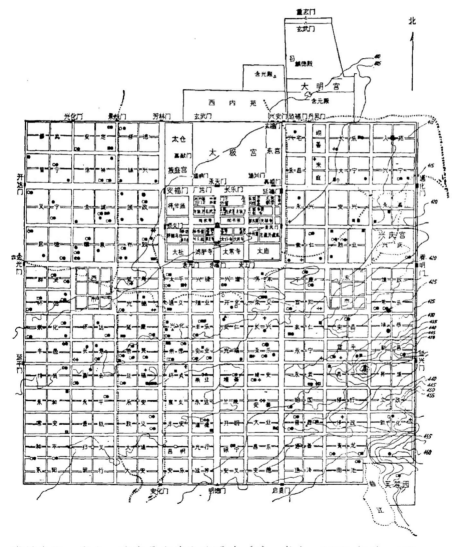

資料來源：宿白，隋唐長安城和洛陽城〔J〕，考古，1978（06）：412。

〔註20〕　（宋）宋敏求，長安志，卷七，清文淵閣四庫全書本：7。

圖 5.2　唐長安城文獻平面圖（大明宮及曲池略）

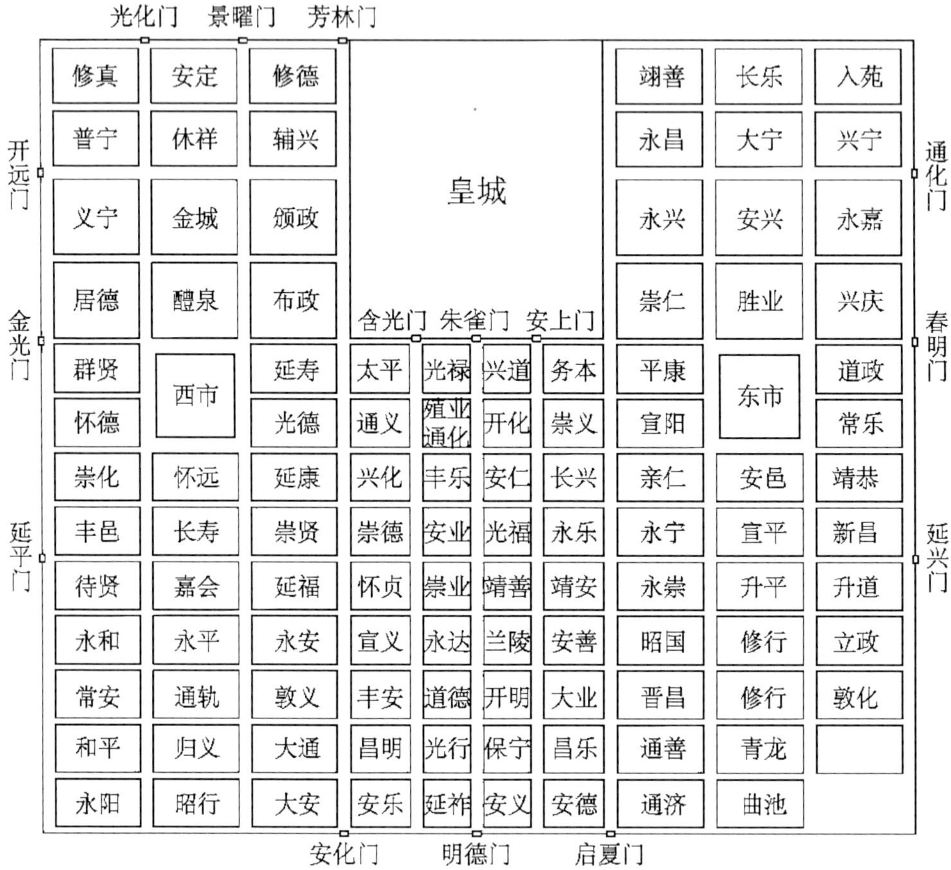

光化门		景曜门		芳林门							

	修真	安定	修德					翊善	长乐	入苑
开远门	普宁	休祥	辅兴					永昌	大宁	兴宁	通化门
	义宁	金城	颁政	皇城				永兴	安兴	永嘉
	居德	醴泉	布政					崇仁	胜业	兴庆
金光门	群贤	西市	延寿	含光门 朱雀门 安上门			平康	东市		道政	春明门
	怀德		光德	太平 光禄 兴道 务本			宣阳			常乐
	崇化	怀远	延康	通义 殖业通化 开化 崇义			亲仁	安邑	靖恭
延平门	丰邑	长寿	崇贤	兴化 丰乐 安仁 长兴			永宁	宣平	新昌	延兴门
	待贤	嘉会	延福	崇德 安业 光福 永乐			永崇	升平	升道
	永和	永平	永安	怀贞 崇业 靖善 靖安			昭国	修行	立政
	常安	通轨	敦义	宣义 永达 兰陵 安善			晋昌	修行	敦化
	和平	归义	大通	丰安 道德 开明 大业			通善	青龙	
	永阳	昭行	大安	昌明 光行 保宁 昌乐			通济	曲池	
				安乐 延祚 安义 安德					

		安化门		明德门		启夏门		

資料來源：作者自繪

在上述兩圖的基礎上，以東西長 3000 步、南北寬 700 步，即東西 4424
米、南北 1032 米為尺寸繪出祇洹寺的輪廓，並將其疊加於以上兩圖，便能夠
發現祇洹寺的東西長度與朱雀街東西第二列至第五列坊的東西長度之和十分
接近，而其南北寬度又與唐長安皇城以南各坊之任意兩坊的南北寬度之和幾
乎吻合。（圖 5.3）

圖 5.3　祇洹寺基址規模與唐長安城的對比

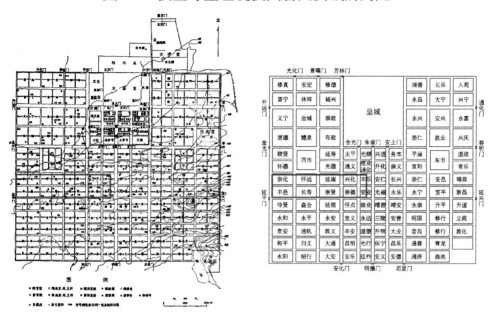

資料來源：作者自繪

　　以道宣曾經駐錫的西明寺所在之延康坊，與其周圍崇化坊、懷遠坊、興化坊以及豐邑坊、長壽坊、崇賢坊和崇德坊組成的八坊之地爲例。

　　根據實測數據，東西方向，朱雀街西側由東向西第二列坊長 683 米，第三列坊長 1020 米，第四列坊長 1033 米，第五列坊長 1115 米。〔註21〕朱雀街西側由東向西第二街北部最寬處寬度 108 米，第三街 63 米，第四街殘寬 42 米。〔註 22〕在南北方向上，皇城南第三排坊，即延康坊所在那一排，南北寬 540 米；第四排坊南北寬 515 米〔註23〕。由外郭城北城內的第一條順城街起，第 8 街，即延康坊南側街道寬度爲 45 米。〔註24〕

　　文獻方面，《長安志》卷七記載：「朱雀街東第一坊，東西三百五十步。第二坊東西四百五十步。次東三坊東西各六百五十步。朱雀街西準此。皇城之南九坊南北各三百五十步。〔註25〕」街道的寬度長安城東西向共有 14 條街，

〔註21〕馬得志，唐代長安城考古紀略〔J〕，考古，1963（11）：604。
〔註22〕馬得志，唐代長安城考古紀略〔J〕，考古，1963（11）：601。
〔註23〕馬得志，唐代長安城考古紀略〔J〕，考古，1963（11）：604。
〔註24〕馬得志，唐代長安城考古紀略〔J〕，考古，1963（11）：600。
〔註25〕（宋）宋敏求，長安志，卷七，清文淵閣四庫全書本：7。

由北向南第五街及其以南九街寬度都是 47 步；南北方向 11 條街道的寬度皆是 100 步。〔註26〕

由以上數據，可以計算出崇化坊、懷遠坊、延康坊、興化坊、豐邑坊、長壽坊、崇賢坊、崇德坊這八坊所組成區域的實測尺寸和文獻尺寸。實測數據東西方向 683 米+108 米+1020 米+63 米+1033 米+42 米+1115 米=4064 米，約合 2756 步，小里 9.2 里；南北方向 540 米+45 米+515 米=1100 米，約合 746 步；佔地面積 2756 步×746 步=2055976 平方步，合 85.7 頃。文獻數據東西方向 450 步+100 步+650 步+100 步+650 步+100 步+650 步=2700 步，小里 9 里；南北方向 350 步+47 步+350 步=747 步；佔地面積 2700 步×747 步=2016900 平方步，合 84 頃。兩者只在東西方向的長度上略有出入，南北寬度幾乎完全相等。（圖 5.4）

圖 5.4　延康等八坊實測平面圖及文獻平面圖

延康等八坊实测平面图　（单位：米）　　　　延康等八坊文献平面图　（单位：步）

資料來源：作者自繪

前文已述，道宣《祇洹寺圖經》中記載祇洹寺「八十頃地百二十院準的。東西近有十里。南北七百餘步」，後文又寫「其地南北周徼八十餘頃」，則在其描述之中可見，祇洹寺的佔地面積、東西長度和南北寬度這三個參數其實均為變量。設祇洹寺佔地面積為 A，東西長度 x，南北寬度 y，根據經文內容，則 A、x、y 三個參數需滿足

80（頃）＜A＜90（頃）；

9（里）＜x＜10（里）；

700（步）＜y＜800（步）；

〔註26〕　《長安志》並未明確記錄城郭內的街道寬度，此處尺寸數據來源於《長安志圖》。《長安志圖》卷上記載唐外郭城「縱十一街，各廣百步許；皇城之南橫街十，各廣四十七步；皇城左右各橫街四，三街各廣六十步，一街直安福、延喜門，廣百步。」引自（元）李好文，長安志圖，卷上，清經訓堂叢書本：9。

－200－

以及

x×y÷24000=A

則其面積、長度和寬度都能符合經文中的描述。

根據上一小節的分析，道宣關於祇洹寺基址規模的描述中，80 頃地這一面積數據來源於《賢愚經》，而東西近十里、南北 700 餘步這一尺寸數據並無可見引用，極有可能是道宣自己設定得出的。現在，根據上文的計算與比較，發現道宣自己設定的祇洹寺的尺寸數據與他曾經駐錫過的西明寺所在之延康坊及其周圍 7 坊所圍合成的八坊之地形狀和規模都極其接近，實在無法認為這僅僅是一個巧合。聯繫到前章關於祇洹寺「道場」與唐長安城同構現象的分析，比巧合更加令人信服的可能性是，道宣基於流傳已久的祇洹寺佔地 80 頃的這一說法，結合他曾經生活過的長安城內延康坊這一片區域的規模，反推出祇洹寺的長寬尺寸，並記錄在經文之上。

誠然，儘管數據相當吻合，以上論述也只能被認為是一種推測。在更多文獻資料被發現之前，道宣所記載之祇洹寺長寬尺寸數據的來源永遠只能停留在假設的層面上。然而，具體到本文，當將一個有尺寸的復原研究作為目標，上述可能性已足以讓本研究採用延康坊所在的這八坊之地的尺寸數據作為道宣文中那三個可變量的具體數值。與此同時，這樣做的另外一個便利之處是，道宣文中對具體尺寸的描述並不多，以八坊之地的面積作為祇洹寺的面積，在後續的復原研究中，就可以將道宣並未提及的諸如道路寬度等數據，參照目前以有的唐長安城的同類研究數據來設定，使復原成果更加合理。

綜上所述，本研究選取唐長安城崇化坊、懷遠坊、延康坊、興化坊、豐邑坊、長壽坊、崇賢坊、崇德坊這八坊所組成區域的尺寸作為《祇洹寺圖經》中祇洹寺復原的基址尺寸。鑒於文獻尺寸中八坊之地的東西長度為 9 里，與「東西近有十里」的記載相比偏小過多，本文選取實測數據，即東西方向 4064 米，南北方向 1100 米作為復原標準。出於計算方便考慮，本文研究將祇洹寺長寬取定為東西方向 2760 步，合 9.2 小里，4069 米；南北方向 750 步，合 1105 米；佔地面積為 2760 步×750 步=2070000 平方步，合 86.25 頃地。這一尺寸與道宣文中祇洹寺「八十頃地百二十院準的。東西近有十里。南北七百餘步」的設定相符合，並且與延康等八坊之地的佔地面積幾乎完全相等。

5.1.3 祇洹寺中院落的數量與佔地面積

在祇洹寺基址尺寸已經確定的基礎上，本節將對寺院中院落的數量和佔地面積做出探討。

如前文所述，道宣撰於唐乾封二年（667）的《律相感通傳》記錄了天人授予其祇洹圖樣的經過。從文中「因從請出祇桓圖相，遂取紙畫，分齊一一諸院」〔註27〕這句推斷，祇洹寺中各別院面積應該相同。以下各表格以區域為單位對《祇洹寺圖經》中能夠統計出名稱的院落進行梳理，內容包括院落名稱、在區域中的位置及相互關係、院落開門方向和佔地面積。從經文中可知道宣所述祇洹寺各院並不等大，但其面積之間存在倍數關係。因「道場」最南側一排院落數量最多，故將這一類型設定為標準院，與它面積相等之院落佔地面積計為「1院」，二倍於它則佔地面積計為「2院」，以此類推。

表 5.1　祇洹寺「中道」南——「大門之東」各院落統計表

名　稱	位置及相互關係	位置及相互關係圖示	開門方向	佔地面積
白衣菩薩之院	南畔西第一院	（圖示）	北	1院
他方菩薩之院	次小巷北一院	（圖示）	南	1院
比丘尼來請教授之院	西院之東南畔一院	（圖示）	東、北	1院
教誡比丘尼院	次以巷北一院	（圖示）	東、南	1院

〔註27〕　（唐）道宣，律相感通傳//大正新修大藏經，第 45 卷，諸宗部，二，河北：河北省佛教協會，2009：881。

他方諸佛之院	前西北有一大院	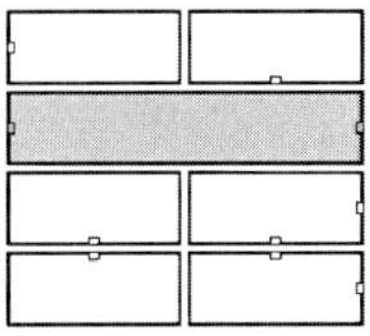	東、西	2 院
佛香庫院	他方佛院巷北又分二院。西邊一院	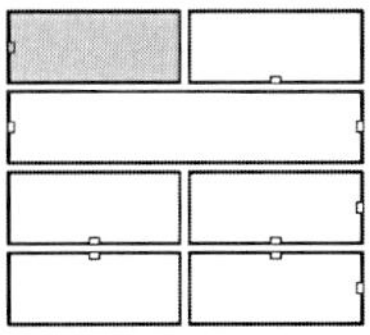	西	1 院
諸仙之院	次東一院	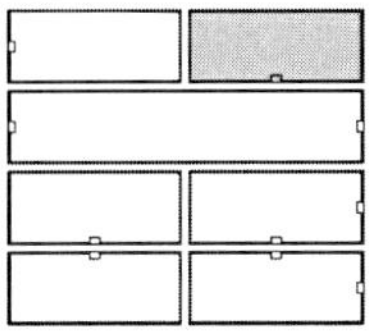	南	1 院

上表中 7 院在南門之東、東南門之西，共占 8 個標準院之地。

表 5.2　祇洹寺「中道」南──「東門之東」各院落統計表

名　稱	位置及相互關係	位置及相互關係圖示	開門方向	佔地面積
大梵天王之院	初南西有一院	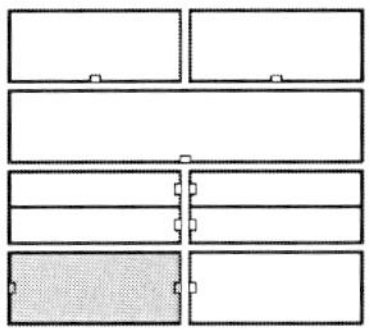	東、西	1 院
知時之院	次東一院	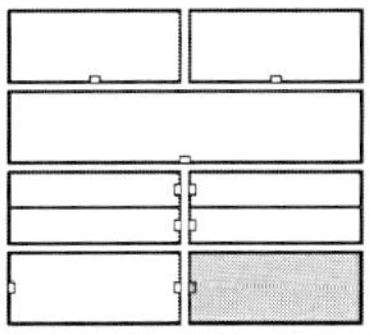	西	1 院
魔王施物之院	二院之北有一大院，即於此大院更分為四院。初西南畔一院	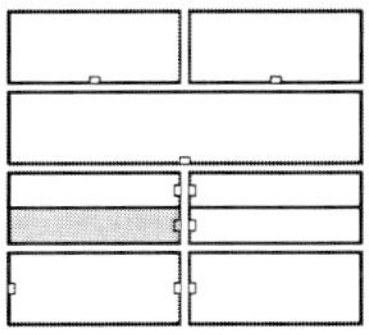	東	1/2 院
大佛像院	又次東一院	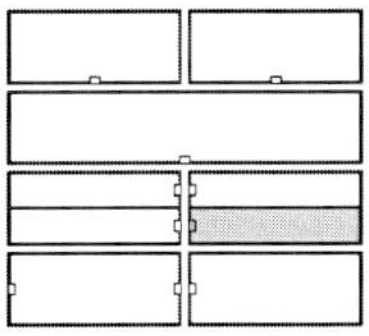	西	1/2 院

龍王之院	兩院北畔復有兩院。次西一院	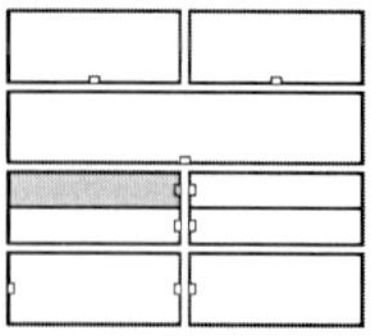	東	1/2 院
複殿之院	又次東一所	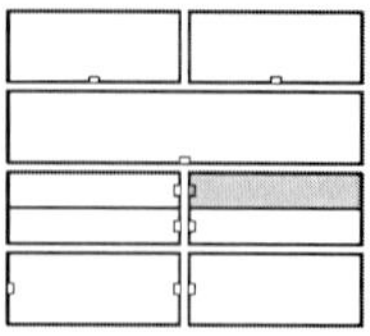	西	1/2 院
居士之院	次北有一大院	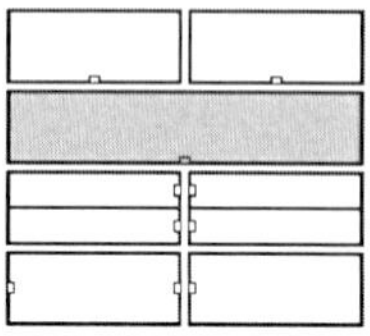	南	2 院
文殊師利菩薩之院	居士院北別有兩院。西畔一院	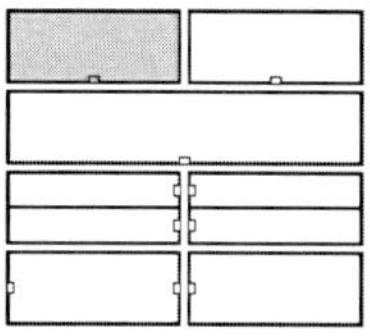	南	1 院
僧庫院	文殊菩薩院東一所	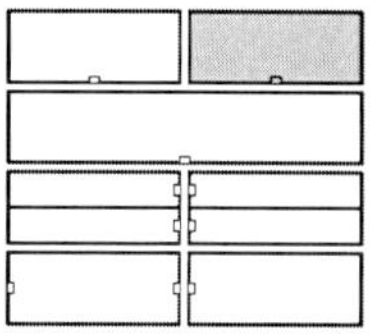	南	1 院

上表 9 院在東南門之東、東院牆之西，共占 8 個標準院之地。

表 5.3　祇洹寺「中道」南——「大門之西」各院落統計表

名　　稱	位置及相互關係	位置及相互關係圖示	開門方向	佔地面積
菩薩四諦之院	最南東邊第一	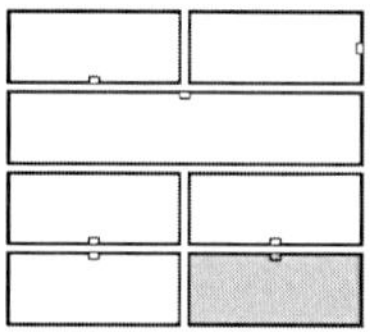	北	1 院
菩薩十二因緣之院	次小巷北一院	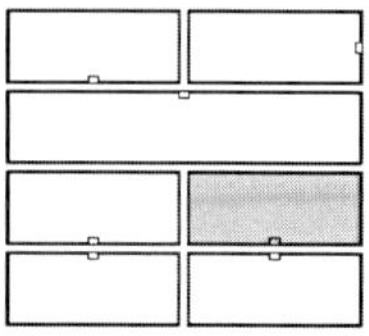	南	1 院

名　稱	位置及相互關係	位置及相互關係圖示	開門方向	佔地面積
緣覺十二因緣之院	院西又有一院。東對菩薩四諦院。		北	1 院
緣覺四諦之院	次小巷北一院		南	1 院
無學人問法之院	此四院北有一大院		北	2 院
學人住止聽法之院	又小巷北東西自分二院。西畔一院。		南	1 院
佛油庫院	次東一院。東隔大街對佛香庫。		未詳。推測為東門.	1 院

上表 7 院在南門之西、西南門之東，共占 8 個標準院之地。

表 5.4　祇洹寺「中道」南——「西門之西」各院落統計表

名　稱	位置及相互關係	位置及相互關係圖示	開門方向	佔地面積
他方三乘學人八聖道之院	南初東第一院		東、西	1 院
學人四諦之院	次小巷西一院		東	1 院

學人十二因緣之院	次小巷北一院		東‧南	1院
角力之院	次小巷東一院		西	1院
外道來出家院	次北有二大院		南	2院
凡夫禪思之院	又小巷北有一大院		南	2院

　　上表6院在西南門之西、西院牆之東，共占8個標準院之地。

　　以上四表中具名院落共有29座，均位於「中道」之南，共占32各標準院的面積。這些院落在東西方向上被三條大街、四條小巷劃為 8 列，南北方向上則由三條小巷將其分為4行。

表5.5　祇洹寺「中道」北——「中院東門之左」各院落統計表

名　稱	位置及相互關係	位置及相互關係圖示	開門方向	佔地面積
持律院	中院東門之左自分五院。南頭巷南又分兩院。西名持律。		三門惟不開	1/2 院（A）/1 院（B）
戒壇律院	東曰戒壇律院		有三門	1/2 院（A）/1 院（B）

論院	次巷北院又分為二。西名論院		東、南、北	1/2 院（A）/1 院（B）
修多羅院	次東一院		西、北	1/2 院（A）/1 院（B）
佛洗衣院	次北大院名佛洗衣院		南	1 院（A）/2 院（B）
佛經行所	次北大院名		南	1 院（A）/2 院（B）
佛衣服院	次北一院		南	1 院（A）/2 院（B）

　　上表 7 院位於「中道」以北，中佛院之東。僅從經文內容上無法判斷此七院中較大的那三座院落究竟是占一個標準院之地還是兩個標準院之地。表格中 A 和 B 分別代表復原方案 A 和方案 B，在目前的討論階段兩種可能性都被羅列在表格中。下表皆同。

表5.6　祇洹寺「中道」北──「大院西巷門西」各院落統計表

名　稱	位置及相互關係	位置及相互關係圖示	開門方向	佔地面積
無常院	南第一院	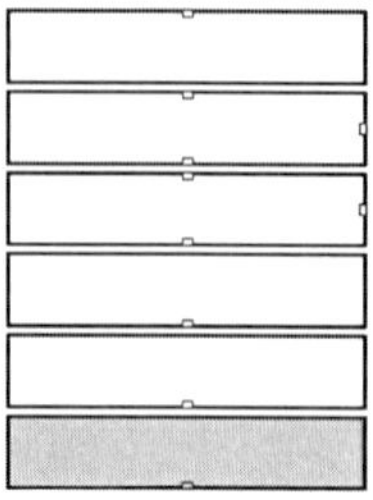	南	1院（A）/2院（B）
聖人病坊院	次小巷北第二院	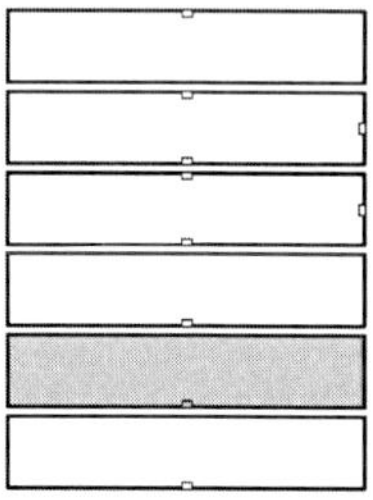	南	1院（A）/2院（B）
佛病坊	次北第三院	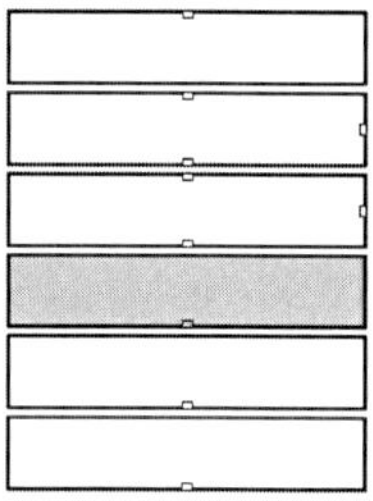	南	1院（A）/2院（B）
四天王獻佛食坊	次北第四院	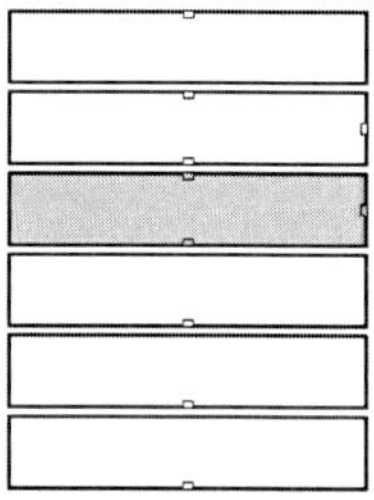	東、南、北	1院（A）/2院（B）
浴坊	次北一院	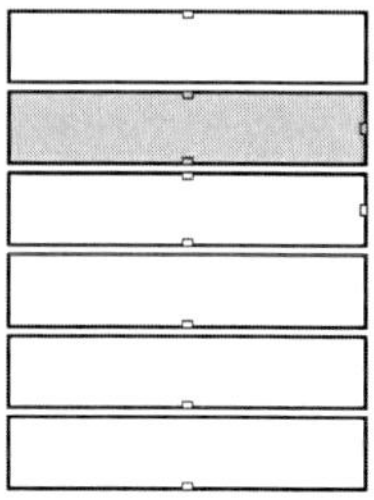	東、南、北	1院（A）/2院（B）

流廁	次北第六院		不詳	1院（A）/2院（B）

上表 6 院位於「中佛院」之西，共占 6（A）或者 12（B）個標準院的面積。此 6 院沿南北軸線排列，因此「道場」「中道」以北，南北方向上被小巷 5 條劃分爲 6 行。根據「中道」以南的院落布局，「中道」以北在東西方向上應當也是 8 列院落。由此，「中道」以北共占 6 行×8 列=48 個標準院的面積。結合「中道」南北兩側之數據，整個「道場」共占 80 個標準院之地。道宣記載祇洹寺「八十頃地百二十院準的」。鑒於部分院落佔有一個以上標準院的面積，實際院落數目的總和應小於此。基於上述分析，在本文的研究中，此「百二十院」即作爲「120 個標準院」進行解讀。

整個祇洹寺佔地 120 個標準院，「道場」占 80 院，則東大路東側的「供僧院」應占 40 院之地。儘管存在東西兩部分中道路所佔面積並不相同的可能性，出於計算方便考慮，在本文的復原研究中，仍根據「道場」與「供僧院」所佔標準院的數目，將這兩部分佔地面積之比值取爲 2：1。經文中記錄「大院東大路之左名供僧院。路闊三里，中有林樹一十八行」。已知「道場」與「供僧院」之間的大路寬 3 里 900 步，整個祇洹寺東西長 2760 步，則可計算出「道場」東西長 1240 步，「供僧院」東西長 620 步。「道場」部分仍爲橫長，長寬比約爲 1.65:1，「供僧院」部分爲縱長，長寬比約爲 1.21：1。

除以上各院外，「道場」「中道」以北還有中佛院和中佛院北面的六所院落，其情況如下表所示。

表 5.7 祇洹寺「中道」北 一「中佛院」和「佛院之北〔註28〕」各院落統計表

名　稱	位置及相互關係	位置及相互關係圖示	開門方向	佔地面積
中佛院	/	/	南。七重橫列七門。	30 院（A）/ 20 院（B）
違陀院	東頭第一		南	1 院（A）
書院	次西第二院		南	1 院（A）
陰陽書籍院	次西第三院		南	1 院（A）
醫方之院	次西第四		南	1 院（A）
僧家淨人坊	次西第五院		南	1 院（A）
天童院	次西第六		南	1 院（A）

　　上表中佛院，在復原方案 A 和方案 B 裏分別占 5 行×6 列=30 或者 5 行×4 列=20 個標準院的面積。中佛院之北另有 6 院，沿東西方向排列，各占一院之地。

　　除以上各表所羅列出的院落之外，在開始對「供僧院」進行描述之前，道宣指出「又寺大院四角內各有一院」〔註29〕。此「大院」有兩種指代可能，一爲「道場」，如「大院有二。西方大院僧佛所居名曰道場」〔註30〕中的「大院」，二爲「中佛院」。如「大院南門內東畔有壇」〔註31〕中的「大院」。根據經文內容，位於「大院」四角的四院分別爲西北角地神堅牢院、東北角諸龍王像院、東南角大千世界力士院部位、西南角大千世界大梵天王摩王帝釋部位。地神堅牢，即堅牢，一作堅牢地神、堅牢地祇。堅牢是大地神女的名字，其意爲地之堅固與神之不壞。〔註32〕龍，梵語那伽（Nāga），八部眾之一。是一種長身無足，有神力，能變化雲雨的動物。其首領被稱爲龍王（Nāgaraja）

〔註28〕原文做「佛院之東」（（唐）道宣，中天竺舍衛國祇洹寺圖經，卷下//大正新修大藏經，第 45 卷，諸宗部，二，河北：河北省佛教協會，2009：893.），根據前後文判斷應爲「佛院之北」。

〔註29〕（唐）道宣，中天竺舍衛國祇洹寺圖經，卷下/大正新修大藏經，第 45 卷，諸宗部，二，河北：河北省佛教協會，2009：894。

〔註30〕（唐）道宣，中天竺舍衛國祇洹寺圖經，卷上//大正新修大藏經，第 45 卷，諸宗部，二，河北：河北省佛教協會，2009：883。

〔註31〕（唐）道宣，中天竺舍衛國祇洹寺圖經，卷下//大正新修大藏經，第 45 卷，諸宗部，二，河北：河北省佛教協會，2009：890。

〔註32〕丁福保，佛學大辭典，北京：文物出版社，1984.01：933。

〔註 33〕。力士，或譯爲「末羅」，即力量。佛荼毗之時由力士抬棺。〔註 34〕隋代灌頂所撰《涅槃經疏》記載「人中力士力敵千人。凡三十萬共爲群黨。無所臣屬以法自持。亦不暴亂即士人也。」〔註 35〕大梵天王是是初禪天之王，帝釋是忉利天之主，均爲佛教之護法神。摩王，根據上下文意應爲「魔王」，即天魔中之王。名波旬。在大乘法門中，魔王是菩薩以大方便力幻化而成，用以教化眾生。〔註 36〕與或「堂樹充滿」〔註 37〕或「中有三重高閣，周房繞之蓮池流渠林樹交影」〔註 38〕的其他院落不同，「大院」四角這四個院落並沒有殿堂的配置，院中安放的是所對應院主的塑像。西北角地神堅牢之像以天金作，東北角院諸龍王像純以碧玉作，東南角力士像用銀作，西南角大梵天王摩王帝釋像則用七寶製成。此處經文中並沒有明示這四個院落的功能，但聯繫文初「西方大院僧佛所居名曰道場……四面龕窟竝安神怪。守護此場院」〔註 39〕的記載，此四個院落應該是護持「道場」之用。同時也明確了這四個院落應在「道場」的四角而非「中佛院」的四角。根據上文的分析，因上述四院中並無殿堂周房的設置，其面積應遠小於標準院落；又因其位於「道場」四角，故在本文的復原研究中，將其包含在「道場」最外圍一圈的道路之中，不再另外佔用院落數量。

通過以上梳理，道宣所述祇洹寺「道場」中具有明確名稱的院落共 53 個，占 80 個標準院的面積。A、B 兩個方案將在下文確定各院落具體尺寸之後，根據院落形態進行比較和選擇。

東大路之東的「供僧院」佔地 40 個標準院，現根據原文中描述梳理爲下表。需要指出的是，經文記載「僧淨廚院自有三所南北而列」〔註 40〕，每一

〔註 33〕　丁福保，佛學大辭典，北京：文物出版社，1984.01：823。

〔註 34〕　南京博物院，梁白泉文集，博物館卷，北京：文物出版社，2013.08：235。

〔註 35〕　（隋）灌頂，大般涅槃經疏//大正新修大藏經，第 38 卷，經疏部，河北：河北省佛教協會，2009：44。

〔註 36〕　丁福保，佛學大辭典，北京：文物出版社，1984.01：1466。

〔註 37〕　（唐）道宣，中天竺舍衛國祇洹寺圖經，卷上//大正新修大藏經，第 45 卷，諸宗部，二，河北：河北省佛教協會，2009：884。

〔註 38〕　（唐）道宣，中天竺舍衛國祇洹寺圖經，卷下//大正新修大藏經，第 45 卷，諸宗部，二，河北：河北省佛教協會，2009：890。

〔註 39〕　（唐）道宣，中天竺舍衛國祇洹寺圖經，卷上//大正新修大藏經，第 45 卷，諸宗部，二，河北：河北省佛教協會，2009：883。

〔註 40〕　（唐）道宣，中天竺舍衛國祇洹寺圖經，卷下//大正新修大藏經，第 45 卷，諸宗部，二，河北：河北省佛教協會，2009：894。

所佔 40/3 個標準院之地，所內再劃分爲各個院落。因此，「供僧院」中各院之佔地面積係在總面積 40 個標準院的情況下計算得出，所以並不是整數。

表 5.8　祇洹寺「供僧院」——「南巷廚院」各院落統計表

名　稱	位置及相互關係	位置及相互關係圖示	開門方向	佔地面積
諸聖人諸王天眾出家處	南橫二大院。門西一院自分南北。南邊東西又分二所。西畔一院。		東	5/3 院
凡下出家處	東畔一院		東	5/3 院
果園（或曰佛經行地）	次北一院		南	10/3 院
竹菜園	門東一院		西	10/3 院
解衣車馬處	竹菜園之東北別有一院		北	5/3 院
諸王夫人解衣服院	次西一院		南	5/3 院

表 5.9　祇洹寺「供僧院」——「次北中大院（供食院）」各院落統計表

名　稱	位置及相互關係	位置及相互關係圖示	開門方向	佔地面積
中央大院	次北中大院名供食院。自分兩所各橫分三大門。		南、北	20/3 院
維那者監護院	院西南角有一小院	/	未詳	在中央大院中
牛馬坊	東南角有一小院	/	未詳	在中央大院中
淨人（坊）	中院西坊		東、南	10/3 院
食廚院	入於中院北入食廚	/	未詳	在中央大院中
倉碾碓磑	院東坊		南、北、西	5/3 院

米麵庫眾院	廚東一院		南	5/3 院
典座所居之院	東北角有一小院	/	未詳	在米麵庫眾院中

表 5.10　祇洹寺「供僧院」──「最巷北大院（僧食所）」各院落統計表

名稱	位置及相互關係	位置及相互關係圖示	開門方向	佔地面積
食林	自開三門中門之北有大食堂		未詳。推測為南門。	20/3 院
僧淨人常行食者小便之院	食林之東有一小院		南	10/9 院
藥庫	院北藥庫		未詳。推測為南門。	10/9 院
僧病人所居	庫北二院。西是凡僧病人所居。		未詳。推測為南門。	5/9 院
病者大小便處	東是病者大小便處		未詳	5/9 院
脫著衣院	食院西方又分二院。南邊一院		東、南、北	5/3 院
浴室坊	北有一院		南	5/3 院

　　根據以上三表，「供僧院」具名院落共有 21 個。結合「道場」，道宣所述祇洹寺共有 74 個具名院落，占 120 個標準院的面積。在目前的討論階段，寺中各院落的位置及其相對關係已經釐清，接下來將進行寺院中各道路的分析，由此便可確定寺中每個院落的具體尺寸。

5.1.4　祇洹寺中的道路

　　根據圖經內容並結合上文分析，道宣所述祇洹寺內的道路情況已經比較明朗。「道場」內部東西方向道路共有 11 條，南、北「順城街」各一條，另有 9 條道路將各院落劃分為 10 行；南北方向道路 9 條，東、西「順城街」各一條，另有 7 條道路將各院落劃分為 8 列。「道場」與「供僧院」間有大路一條，文中稱為「東大路」，將「道場」和「供僧院」分為間隔三里的兩部分。「供

僧院」內部東西方向有大路兩條，整個「供僧院」由此由北至南分成三組；南北方向大路一條，功能是連接「供僧院」的南門；此外「供僧院」內另有若干並不連通的小路負責劃分院落。

按照所處位置和使用功能的不同，祇洹寺內各道路大致可分為四個級別。

級別一：分隔「道場」和「供僧院」的路，即「東大路」，此路寬三里，合 900 步（以一里 300 步計）。

級別二：連接「道場」東門與西門並將「道場」分為南北兩部分的「中道」，文中又稱「中街」、「中永巷」或「大巷」，這條道路屬於第二個級別。連接「道場」南門，北端與「中道」相接，從南至北沿途設有「寺大南門」、「烏頭門」、「九間五門七重端門」的道路也是第二個級別，經文中稱其為「大街」。另外，「道場」外牆內側，環繞整個「道場」，並包含「道場」四角四個守護院落的東、西、南、北「順城街」同樣設定為第二個級別。

級別三：第三個級別是「道場」和「供僧院」內部劃分不同區域的道路。此級別道路「道場」「中道」以南有兩條，經文中亦稱為「大街」，分別對應南院牆上的東南門與西南門。〔註41〕這兩條道路與連接「道場」南門的「大街」一起將「道場」「中道」以南劃分為「大門之東」、「東門之東」、「大門之西」和「西門之西」四個區域。「道場」北側也有兩條三級道路，「道場」「中道」以北被這兩條路分為「中院之西」、「中佛院」和「中院之東」三部分。「供僧院」部分的三級道路即前文提到的「供僧院」內的三條大路。東西方向上兩條，將「供僧院」由北至南分為「僧食所」、「供食院」和「廚院」三組，經文中稱為「大巷」。南北方向的道路位於「廚院」這一區域內部，連接「供僧院」的南門，經文記載其「南北施門南門極大」〔註42〕。這條路道路雖為內部道路，並未劃分不同區域，但鑒於其所連接之南門的規模，似乎也應該被列入第三個級別。

〔註41〕 需要指出一點，這兩條道路雖與級別二中連接「道場」南門的道路均為區域間道路，且在經文中並稱為「大街」。但級別二中道路北端有九開間的端門，此二街所連東南門和西南門僅為三開間，故被劃分至不同的級別。這也與唐長安城考古發掘中朱雀大街的寬度遠大於其他連接各城門的平行道路之寬度的實際情況相對應。

〔註42〕 （唐）道宣，中天竺舍衛國祇洹寺圖經，卷下//大正新修大藏經，第 45 卷，諸宗部，二，河北：河北省佛教協會，2009：894。

級別四：第四個級別是區域內部各院落之間的道路，即除以上三級別外
祇桓寺內其餘的道路。這一級別的道路「道場」和「供僧院」內都有，經文
中通常稱作「巷」，如「東巷」、「南巷」或者直接記作「小巷」。

如前所述，基於祇洹寺基址規模與唐長安城延康坊及其周圍各坊所圍成
之八坊之地規模的對應關係，寺中道路的尺度可參照唐長安城坊間和坊內道
路的尺寸來確定。

已知本文復原方案中祇洹寺南北方向寬度爲 750 步，「道場」之「中道」
將其分爲南北兩部分。這一模式恰與延康等八坊所形成的區域中「兩排坊＋一
條東西向坊間道路」的模式相對應。此「中道」爲祇洹寺之二級道路，因此
這一級別道路或可以唐長安城內坊間道路的寬度爲參考。

祇洹寺「道場」東西方向 1240 步，這一長度被三條道路平分爲四個部分，
在不另行計算道路寬度的情況下，每部分，即每個區域東西方向長 310 步。
前文已經提到，《長安志》記載朱雀街西第三、四、五列坊東西方向均爲 650
步，根據實測數據進行計算則該三列坊長度在 700 步左右。祇洹寺「道場」
各區域東西長度約爲上述坊長的一半。從現有考古發掘成果中已經知道，唐
長安城外郭城東西六十八坊被十字街將坊內用地分爲四部分，每部分的東西
長度即爲一半坊長。由此，祇洹寺劃分各區域的三級道路即相當於唐長安城
坊內的橫街和十字街。

根據現有研究，唐長安城坊內道路大致可分爲「街」、「巷」、「曲」三級。
「街」即指上文所述十字街或橫街。〔註 43〕「巷」連接街與各個住宅，等級
比「街」低一級。因此，祇洹寺內的四級道路，即各個院落之間的道路，應
與唐長安城里坊內的「巷」相對應。

《長安志》記載，延康坊所在之皇城南第三排坊與第四排坊間的道路寬
47 步。此路考古發掘數據爲 45 米，約合 30 步。與這條路相對應的祇洹寺「道
場」內的「中道」，其東端的東門十七門十二重，尺寸未詳。此「中道」與連
接「道場」南門的另外一條二級道路相交之處開有「端門」，圖經中記載此「端
門」共有九間，每間高廣二丈。〔註 44〕將這一開間尺寸用於「道場」之東門，

〔註 43〕 賀從容，(隋大興) 唐長安城坊內的道路//王貴祥，賀從容，中國建築史論匯
　　　　 刊‧第二輯，北京：中國建築工業出版社，2009：219。

〔註 44〕 「中院端門在大巷之南。有七重樓。樓有九間五門。高廣可二丈許。」引自
　　　　 (唐) 道宣，中天竺舍衛國祇洹寺圖經，卷上//大正新修大藏經，第 45 卷，
　　　　 諸宗部，二，河北：河北省佛教協會，2009：885。

則東門寬度為 2 丈×17=34 丈，合 68 步，約為 100 米。鑒於二級道路尺寸應與端門尺寸相匹配，且出於計算方便考慮，本文的復原研究中將這一級別道路寬度定為 70 步，比唐長安城坊間道路尺寸稍大。

按照考古報告，唐長安城坊內橫街、十字街的寬度為 15～20 米，約合 10～14 唐步。〔註45〕與此對應的是祇洹寺中的三級道路。「道場」南側的兩條三級道路分別連接東南門和西南門。此二門均為三間三重。取開間尺寸二丈計算，東南門和西南門均為 2 丈×3=6 丈，合 12 步。這一尺寸在考古成果所示的取值範圍內。在本文的復原研究中，將祇洹寺的三級街道寬度取整，定為 15 步。

唐長安城坊內的巷，考古報告顯示大約為 6 米，即 4 步左右〔註46〕。依照這一數據，將祇洹寺的第四級道路寬度定為 5 步。

綜上所述，祇洹寺內各道路共分為四個級別。結合圖經中所記錄的尺寸數據以及各級別道路相對應的唐長安城內道路的寬度，祇洹寺第一級道路寬 900 步，第二級道路寬 70 步，第三級道路寬 15 步，第四級道路寬 5 步。

5.1.5 《祇洹寺圖經》中寺院總平面的復原

依照祇洹寺各院落的分佈關係，並結合上節所設定之各級道路的寬度，即可對祇洹寺的總體布局進行一個帶尺寸的復原。

已知祇洹寺「道場」東西方向長 1240 步，包括二級道路 3 條（3×70 步），三級道路 2 條（2×15 步）、四級道路 4 條（4×5 步）和院落八列；南北方向寬 750 步，分別是二級道路 3 條（3×70 步）、4 級道路 8 條（8×5 步）和院落 10 行。由此可以計算出標準院落的尺寸，標準院落東西方向為（1240 步-3×70 步-2×15 步-4×5 步）÷8=122.5 步，約合 180 米；南北方向為（750 步-3×70 步-8×5 步）÷10=50 步，約合 74 米。「道場」四角被包含在「順城街」中的四個院落，可按照標準院南北方向的寬度定為 50 步×50 步。根據前文梳理出的院落關係，繪製祇洹寺「道場」平面復原 A 方案和 B 方案如下。（圖 5.5、圖 5.6）

〔註45〕 賀從容，（隋大興）唐長安城坊內的道路//王貴祥，賀從容，中國建築史論匯刊・第二輯，北京：中國建築工業出版社，2009：219。

〔註46〕 賀從容，（隋大興）唐長安城坊內的道路//王貴祥，賀從容，中國建築史論匯刊·第二輯，北京：中國建築工業出版社，2009：230。

圖 5.5　祇洹寺總平面復原 A 方案圖

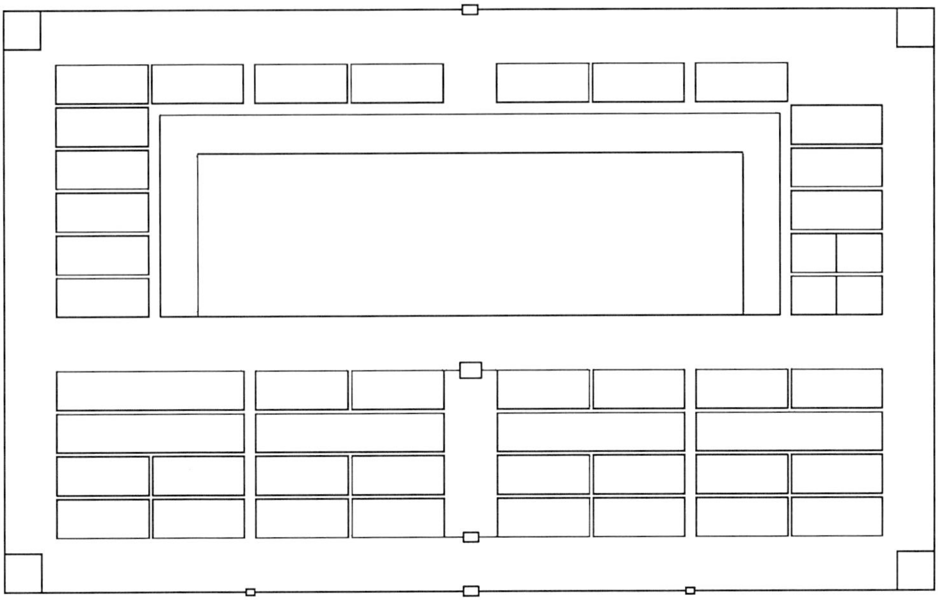

資料來源：作者自繪

圖 5.6　祇洹寺總平面復原 B 方案圖

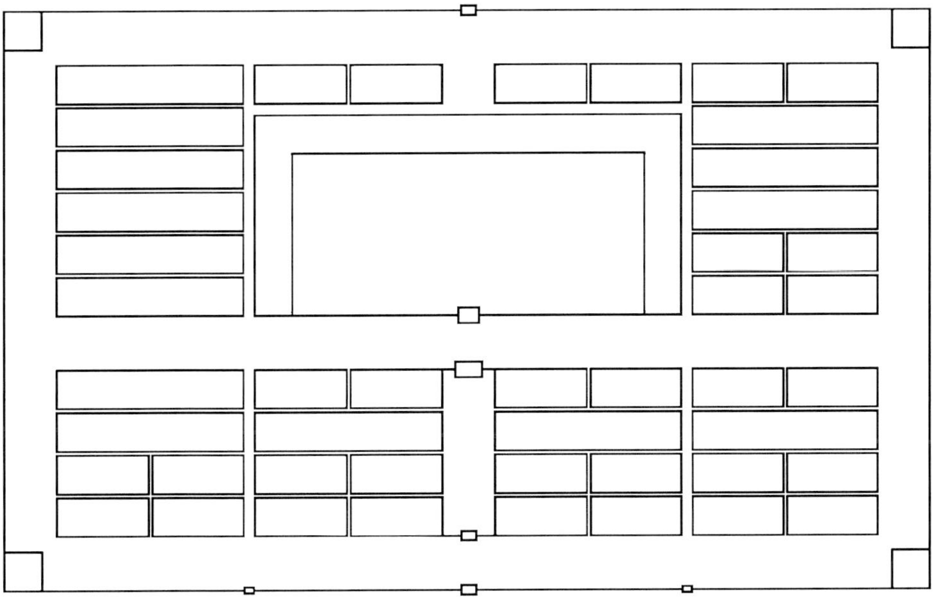

資料來源：作者自繪

如圖所示，A、B兩方案之不同之處在於「中佛院」與其東西兩個院落區域的大小。從中佛院的長寬比例及祇洹寺總平面的對稱性考慮，B方案更加合理。本文對祇洹寺總平面的復原研究即採用方案B。此方案中「中佛院」東西兩個院落區域內各院落均占2院之地，「中佛院」占20個標準院的面積。

下面將要進行「中佛院」內各部分的尺寸及相互關係的探討。已知「中佛院」佔地20個標準院，是一塊東西方向570步，南北方向260步的橫長形區域。結合3.3.3中所述中佛院之平面布局和4.1.4中設定的道路尺寸，可將繞佛一圈的僧院寬度定為50步，僧院與佛院之間永巷的寬度定為15步。這樣一來，真正「唯佛獨居」的佛院東西長440步，合220丈，約649米；南北寬195步，合97.5丈，約287米。

根據經文內容，佛院東北角和西北角各有一個佛庫，復原繪圖中可將其尺寸定為50×50步。如前文所述，中佛院縱向軸線上由南至北各大型建築物依次是：七重塔、大佛殿、第二大複殿和三重閣。假設位於軸線最北端的三重閣與北面院牆之間的距離為15步〔註47〕，在均勻分佈的情況下，上述建築物東西方向中軸線之間的距離即為（195步-15步）÷4=45步，合22.5丈，約66米。有了這一具體數據，就可以跟現實中各寺院進行尺度上的對比。為了文字敘述的方便，不妨將佛院內各建築物間的這一距離稱作「中佛院平均建築間距」。（圖5.7）

圖5.7　佛院內各主要建築物分佈距離示意圖

資料來源：作者自繪

〔註47〕因北院牆不開門，故僅需留出牆厚與臺基的距離。

　　所有進行過考古發掘的寺院中，出現局部組群，並能明確建築物間相互距離關係的唐代寺院是唐長安城中的青龍寺和西明寺。

　　青龍寺，位於唐長安城新昌坊東南隅，前身是隋代的靈感寺。中國社會科學院考古所於 1973～1980 年間對青龍寺進行了考古發掘，並將發掘成果整理爲《唐長安青龍寺遺址》一文，發表於 1989 年第二期的《考古學報》上。此次發掘共探得兩組院落遺址，西邊的塔院遺址存留較爲完整，由中三門、塔、殿、迴廊及兩側配房組成。根據考古報告和勘測總圖，此院縱向軸線上由南至北分別爲中三門遺址、塔基和殿基。中三門遺址形制不明。塔基爲方形，長寬皆 15 米。殿基分爲早期、晚期兩部分，早期臺基平面長方形，東西長 57.2 米，南北寬 26.2 米，面闊 13 間、進深 5 間，面闊與進深方向開間尺寸均爲 4 米，建築平面尺寸約爲東西 52 米、南北 20 米〔註48〕；晚期臺基東西長 40.4 米，南北寬 24.9 米，該建築利用了早期建築的中間部分，面闊 9 間、進深 5 間，開間尺寸與早期臺建築相同，建築平面尺寸約爲東西 36 米、南北 20 米〔註49〕。根據考古人員的推斷，早期建築當毀於唐武宗會昌五年（845）之滅法，次年唐宣宗恢復青龍寺，便在原址之上縮小規模重新建造了晚期建築〔註50〕。通過對勘測總圖的測量，可得到上述三組遺址之間的相互距離，中三門遺址與塔基之東西軸線，間距約爲 37 米，合 25 唐步。塔基之東西軸線與殿基之東西軸線距約爲 64 米，合 43 唐步，這一距離與上文推算出的「中佛院平均建築間距」非常接近。

　　西明寺，在唐長安城延康坊西南隅，是道宣曾經駐錫過的寺院。中國社會科學院考古所於 1985 年和 1992 年兩次對西明寺遺址進行發掘，發掘出了該寺最東面一組建築基址的局部。這一組群由南向北沿縱向軸線排列三座主要建築物，分別是南殿、中殿、北殿，並由迴廊和廊房相連接。南殿基址東西長 50.34 米，南北寬 32.15 米〔註51〕；中殿基址東西總長超過 68 米，南北寬 29 米〔註52〕；北殿因發掘部分過少尺寸不明。通過西明寺遺址已發掘部分

〔註48〕馬得志，唐長安青龍寺遺址〔J〕，考古學報，1989（02）：239。
〔註49〕馬得志，唐長安青龍寺遺址〔J〕，考古學報，1989（02）：236。
〔註50〕馬得志，唐長安青龍寺遺址〔J〕，考古學報，1989（02）：239。
〔註51〕安家瑤，唐長安西明寺遺址的考古發現//榮新江，唐研究，第 6 卷，北京：北京大學出版社，2000.12：340。
〔註52〕安家瑤，唐長安西明寺遺址的考古發現//榮新江，唐研究，第 6 卷，北京：北京大學出版社，2000.12：341。

的平面圖可知，這組建築南殿與其南側迴廊中距約 44.5 米，合 30 唐步，南殿與中殿東西軸線之間距約爲 60 米，合 41 唐步，該距離也與「中佛院平均建築間距」相當接近。

前文已述，祇洹寺佛院東西長 440 步，合 220 丈，約 649 米；南北寬 195 步，合 97.5 丈，約 287 米，該佛院東北角和西北角各有一個 50 步見方的佛庫，若在東西方向上減去這部分長度，則佛院內實際可建築面積東西長 340 步，約 501 米，南北寬 195 步，約 287 米。上圖兩寺院中青龍寺實測尺寸東西長 530 餘米，南北寬約 250 米〔註53〕。西明寺文獻記載其面闊三百五十步〔註54〕，約合 516 米；又該寺位於延康坊之西南隅，占 1/4 坊之地，已知延康坊東西長 1020 米，南北寬 520 米，則西明寺東西長約 500 米，南北寬約 250 米。顯然，祇洹寺之佛院與青龍寺和西明寺無論在尺度還是比例上都非常接近，而「中佛院平均建築間距」也與青龍寺和西明寺現存建築遺址之間距幾乎相等。這一方面說明上文計算得出的「中佛院平均建築間距」與佛院的尺度能夠匹配，另一方面似乎也在暗示前文對道宣以西明寺及其所在延康等八坊爲祇洹寺描繪藍本的推測可能並不只是係風捕影。

建立在寺院規模及各建築間距離都近似的基礎上，祇洹寺佛院內各主要殿閣的尺寸也可參照青龍寺與西明寺殿堂尺寸進行設定。鑒於西明寺殿堂已經無法獲知開間數據，僅有青龍寺西塔院內一座大殿作爲參考，樣本數過少，在當前的討論階段，可以將考察範圍稍微拓展，選取有一座以上早期建築〔註55〕或早期建築遺址留存〔註56〕，且其中主要建築之規模與青龍寺塔院大殿相近的寺院作爲研究對象，獲取其建築間間距和建築物尺寸作爲樣本數據，並整理爲後表。

洛陽永寧寺爲北魏熙平元年（516）孝明帝之母胡太后所立。中國社會科學院考古研究所於 1963 年探查了永寧寺遺址的平面布局。寺院整體南北長 301 米，東西寬 212 米，縱向軸線上由南至北依次爲南門、九層塔、大殿

〔註53〕 馬得志，唐長安青龍寺遺址，考古學報，1989（02）：231。
〔註54〕 「其寺面三百五十步，周圍數里」引自（唐）慧立，大慈恩寺三藏法師傳//大正新修大藏經，第 50 卷，史傳部，二，河北：河北省佛教協會，2009：275。
〔註55〕 此處將其定義爲元代之前。
〔註56〕 選擇含有一座以上早期建築或早期建築遺址留存的寺院作爲樣本，是爲保證其建築間距的形成與建築的營建大致在同一時期，以分析建築建造當時建築物間距離的規律。

和北門〔註57〕。該寺大殿殿基東西長 54 米,南北寬 25 米,推測應爲面闊九間、進深三間的大型建築〔註58〕,與青龍寺早期殿堂遺址規模相近。根據永寧寺遺址平面圖,九層塔與大殿東西軸線距離約爲 92 米,合 62 唐步;大殿東西軸線與北院牆距離約爲 80 米,合 54 唐步。

正定隆興寺創建於隋開皇六年(586),北宋時期寺院擴建,形成了一組南北縱深的大型建築組群。位於該寺中軸線之上的早期建築由南至北依次是天王殿、大覺六師殿遺址和摩尼殿。其中大覺六師殿臺基遺址面闊約 58 米,進深約 38 米,建築遺址面闊九間進深六間,通面闊 53 米,通進深 35 米;摩尼殿臺基通面闊約 46 米,通進深約 42 米〔註59〕;建築面闊七間進深七間,面闊 33.29 米,進深 27.12 米,加上四面抱廈,通面闊 43.6 米,通進深 34.9米。根據隆興寺實測總平面圖,天王殿與大覺六師殿遺址東西軸線間距離約爲 83 米,以宋代營造尺 0.305 米計算,約合宋步 54 步,唐步 56 步,大覺六師殿遺址與摩尼殿中距 88 米,約合宋步 58 步,唐步 60 步。

薊縣獨樂寺早期歷史不詳,唐大和年間已存在,遼時重修。現存山門和觀音閣均爲遼統和四年(986)遺構。觀音閣臺基長 26.7 米,寬 20.6 米,建築面闊五間進深四間,底層長 20.23 米,寬 14.2 米。山門與觀音閣中距約 38米,合 26 唐步。

應縣佛宮寺創建於遼清寧年間〔註60〕(1055〜1064)。寺內現存八角五級木塔爲遼清寧二年(1056)遺構。塔後有一高大磚臺東西長 60.41 米,南北寬41.6 米,推測爲寺內原大雄殿的臺基。〔註61〕這一臺基尺寸與華嚴寺大雄寶殿臺基尺寸相近。華嚴寺大雄寶殿面闊九間 53.7 米,進深五間 27.33 米,與青龍寺早期殿堂遺址規模相仿,佛宮寺大雄殿的尺寸當不小於此。根據實測圖,木塔與磚臺東西軸線距離約爲 57 米,合 38 唐步。

〔註57〕北門遺址已不存在,根據《洛陽伽藍寺》記載永寧寺院牆四面各開一門。「寺院牆皆施短椽,以瓦覆之,若今宮牆也,四面各開一門。」引自:(北魏)楊衒之,洛陽伽藍記//大正新修大藏經,第 51 卷,史傳部,三,河北:河北省佛教協會,2009:1000。

〔註58〕中國社會科學院考古研究所,北魏洛陽永寧寺 1979〜1994 年考古發掘報告,北京:中國大百科全書出版社,1996.06:13。

〔註59〕通進深數據不包括月臺。

〔註60〕「寶宮寺在應州城內西南隅,晉天福遼清寧間建。」(明)胡謐,山西通志,卷之五,民國二十二年景鈔明成化十一年刻本。

〔註61〕陳明達,應縣木塔,北京:文物出版社,1980.09:29。

大同善化寺創建於唐開元年間。寺內現存山門、三聖殿、普賢閣為金代建築，大雄寶殿為遼構。善化寺大雄寶殿臺基通面闊約 48 米，通進深約 33 米；建築面闊 7 間進深 5 間，通面寬 41 米，通進深 25 米，這一規模處於青龍寺早期與晚期殿堂遺址尺寸之間。三聖殿臺基通面闊約 37 米，通進深約 27 米；建築面闊五間進深四間，通面闊 32.68 米，通進深 20.50 米。根據平面圖，善化寺山門與三聖殿中距約為 46 米，合 31 唐步；善化寺三聖殿與大雄寶殿東西軸線距離約為 77 米，合 52 唐步。

朔州崇福寺創建於唐高宗麟德二年（665），金代擴建。寺內現存彌陀殿及其後觀音殿為金代遺構。彌陀殿臺基東西寬 48.72 米，南北深 29.64 米，建築面闊七間進深四間，通面闊 41.32 米，通進深 22.7 米。觀音殿臺基東西寬 25.89 米，南北深 17.88 米，建築面闊五間 21.58 米，進深三間 13.32 米。彌陀殿與觀音殿中距約 32 米，合 22 唐步。

大同華嚴寺始建年代不詳〔註 62〕，遼代道宗時期該寺曾經歷大規模擴建，又於遼代末期大部分毀於兵火。金代華嚴寺於遼舊址之上修繕，建有九間、七間之殿〔註 63〕，現存上華嚴寺大雄寶殿即為金代所建九間之殿，該殿臺基南北面闊 61.4 米，東西進深 34.3 米；建築面闊九間進深五間，東西 53.7 米，南北 27.22 米。在大雄寶殿前方鑽探出東西長約 40 米，南北殘寬約 13 米的夯土基礎，推測為「七間殿」的部分基礎遺跡〔註 64〕。根據圖紙大雄寶殿與其前方遺址中距約 81 米，合 55 唐步。鑒於該基礎殘寬僅有 13 米，當不應為該殿全部進深尺寸，故以遺址最遠端為測量點。大雄寶殿與遺址最遠點距離約 87 米，合 59 唐步。

〔註 62〕 明成化元年《重修大華嚴禪寺感應碑記》：「寺肇自李唐」；明萬曆九年《上華嚴寺重修碑記》：「唐尉遲敬德增修」；清茅世膺《重修上華嚴寺碑記》：「寺時稽史則肇自拓跋氏無疑爾」。轉引自梁思成，大同古建築調查報告，中國古建築調查報告 上，北京：生活・讀書・新知三聯書店，2012.08：207。

〔註 63〕 「乃仍其舊址，而特建九間、七間之殿，又構成慈氏、觀音、降魔之閣，及會經樓、山門、垛殿」（金）段子卿，西京大華岩寺重修薄伽藏教記，引自王新英，全金石刻文輯校，長春：吉林文史出版社，2012.12：115。

〔註 64〕 曹臣明，大同華嚴寺的歷史變遷，山西大同大學學報（社會科學版），2012（02）：36。

表 5.11　現存部分寺院殿堂尺寸與建築間距統計表（以間距由大及小排列）

建築名稱	年代	開間數	殿（塔）基面寬	建築面寬	與前殿（塔）中距	前殿（塔）年代
永寧寺大殿	北魏	九（？）	54 米	——	92 米	北魏
隆興寺摩尼殿	宋	七+二	46 米	43.6 米	88 米	宋
華嚴寺大雄寶殿	金	九	61.4 米	53.7 米	87 米（？）	金
隆興寺大覺六師殿遺址	宋	九	58 米	53 米	83 米	宋
善化寺大雄寶殿	遼	七	48 米	41 米	77 米	金
青龍寺塔院大殿	唐	十三	57.2 米	52 米	64 米	唐
西明寺中殿	唐	——	＞68 米		60 米	唐
佛宮寺大雄殿	遼	九（？）	60.41 米		57 米	遼
善化寺三聖殿	金	五	37 米	32.68 米	46 米	金
西明寺南殿	唐	——	50.34 米	——	44.5 米	唐（迴廊）
獨樂寺觀音閣	遼	五	26.7 米	20.23 米	38 米	遼
青龍寺塔院塔	唐	——	15 米		37 米	唐
崇福寺觀音殿	金	五	25.89 米	21.58 米	32 米	金

　　由上文及上表數據明顯可見如下兩點。一，以上各建築的臺基尺寸與其上殿（閣）的開間數目有比較明確的正比關係。九間殿堂臺基面闊多在 55 米以上，七間殿臺基面闊 45 米以上，五間殿臺基面闊 25 米以上。二，寺院殿堂間距與殿堂之規模相互對應，體量越大距離越遠。九間殿與其殿前建築間距離在 80 米以上，而五間殿堂則均在 50 米以下。表中第一個例外是佛宮寺大雄殿。該殿推測規模為九開間，但距前塔距離僅有 57 米，其原因尚待考證。第二個例外是青龍寺與西明寺。青龍寺大殿開間較小為 4 米，約合 1.35 唐丈，因而其 13 間殿僅相當於其餘殿堂 9 間的規模，儘管如此，該殿與前塔的距離 64 米也小於其他 9 間殿堂與前方建築的間距。西明寺南殿臺基寬 50.34 米，推測其上為七間殿，但該殿與前廊中距僅 44.5 米，相當於樣本中 5 間殿的距離。究其原因，概因唐長安里坊之橫長形狀，致使其中寺院南北方向距離受到限制，建築物間距遂較他處降低一個等級。然鑒於其餘樣本均非唐代寺院，此處僅為推測，上文已經闡述道宣之祇洹寺與唐長安城寺院的關係，故本研究中祇洹寺佛院之建築間距的設定仍會參考青龍寺與西明寺的建築間距尺寸。

　　根據以上數據，並結合經文描述，在當前的討論階段，可將「大佛殿」平面定爲面闊七間進深四間，開間平均值爲 20 尺，通面闊 140 尺約合 41 米，通進深 80 尺約合 23.5 米，此殿規模與善化寺大雄寶殿相接近。「大佛殿」之東西夾殿定爲面闊三間進深三間，開間平均值爲 12 尺，通面闊與通進深均爲 36 尺約合 10.5 米，與善化寺普賢閣規模相當。「第二大複殿」平面定爲面闊九間進深五間，開間平均值 20 尺，通面闊 180 尺約合 53 米，通進深 100 尺約合 29.4 米，與華嚴寺大雄寶殿規模相類似。其東西五重樓觀面闊五間進深三間，開間平均值 12 尺，通面闊 60 尺約合 17.6 米，通進深 36 尺約合 10.5 米。祇洹寺中軸線上最後一幢爲「三重閣」，此閣平面尺寸設定爲與大佛殿面相同，面闊七間進深四間，開間平均值爲 20 尺，通面闊 140 尺，通進深 80 尺。其東西大寶樓亦取面闊五間進深三間，通面闊 60 尺，通進深 36 尺。需要指出一點，根據《戒壇圖經》附圖，「大佛殿」之東西夾殿及「第二大複殿」之東西五重樓觀通過「飛廊」與主殿相連，三者處在一條直線之上；而「三重閣」兩側的大寶樓與主閣並無直接連接，僅在閣前形成東西對峙，但在經文中三座殿閣與其兩側樓觀之間均做「飛廊」。在當前階段的總平面圖的繪製中，暫以經文描述爲準。

　　據經文內容，祇洹寺中佛院縱向軸線上最南端是一座七重石塔，「方池正北有大佛塔。高下七層狀麗宏異純以異石。」〔註65〕現存唐代石塔以小型塔爲主，其尺寸數據無法用作本研究之復原依據。若將考察範圍拓展至磚塔，可將目前比較明確考證爲唐代所建的七層磚塔之尺寸數據列表如下。

表5.12　現存唐代七層磚塔之尺寸

名　稱	形　式	平　面	底層面寬	塔　高
河南登封少林寺無名塔	密簷式	方形	不詳	12.2 米
河南林州洪谷寺塔	密簷式	方形	4.6 米/1.6 丈/3.1 步	15.4 米/5.2 丈
陝西長安縣聖壽寺塔	樓閣式	方形	7.5 米/2.5 丈/5.1 步	23 米/8 丈
陝西西安華嚴寺塔	樓閣式	方形	不詳	約 13 米/4.4 丈
陝西西安仙遊寺法王塔	樓閣式	方形	7.3 米/2.5 丈/5.1 步	24 米/8.2 丈
甘肅永昌聖容寺大塔	密簷式	方形	不詳	16.2 米/5.5 丈
甘肅永昌毛不拉唐塔	樓閣式	八角形	不詳	約 21 米/7.1 丈

〔註65〕　（唐）道宣，中天竺舍衛國祇洹寺圖經，卷上//大正新修大藏經，第 45 卷，諸宗部，二，河北：河北省佛教協會，2009：885。

　　《祇洹寺圖經》中沒有關於七重塔塔內空間的描述，據經文記載七重塔下有過去七佛之一，迦葉佛的爪髮舍利。現存《祇洹寺圖》中此塔被繪為三開間樓閣式，塔身無斗栱，平面尺寸較其兩側鐘臺為小。本文取同為舍利塔，且在上表七座唐代磚塔中體量相對較大，建於唐開元十三年（725）的仙遊寺法王塔作為該塔的復原尺寸參考，設定祇洹寺中佛院七重塔底層面寬 2.4 丈，合 4.8 唐步。

　　祇洹寺中佛院縱軸線之上由南至北依次為三開間的七重塔、七開間的大佛殿、九開間的第二大複殿和七開間的三重閣。根據上文分析，將中佛院南門與七重塔、七重塔與大佛殿中距均設定為 35 步，約合 51.6 米；大佛殿與第二大複殿、第二大複殿與三重閣中距設定為 55 步，約合 81 米。以南北院牆為界，整個中佛院的幾何中心位於大佛殿與第二大複殿之間的空地上。若以中佛院南門為南界，大佛殿為北界，該部分之中心交於七重塔；以大佛殿為南界，北院牆為北界，該部分之中心交於第二大複殿。（圖 5.8）

圖 5.8　祇洹寺中佛院平面布置示意圖

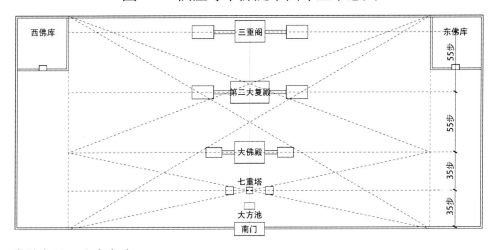

資料來源：作者自繪

　　祇洹寺標準院落東西 122.5 步，約合 180 米；南北 50 步，約合 74 米。道宣未對院落中任何一座殿堂做尺寸及朝向的描述。根據各院不同的院門方向，其中殿堂的朝向可能也不盡相同。根據從表十一中得出的結論，若標準院中殿堂為東西朝向，則該殿與院牆中距約為 90 米，是九間大殿的建築間距；若院中殿堂南北朝向，則該殿與院牆中距約為 37 米，只能做五間殿堂，若考

慮考橫長形院落南北方向長度受限，建築間距變短，則可做七間殿。在總平面的繪製階段，將各別院內佛殿定為面闊七間進深四間，開間平均值為 15 尺，通面闊 105 尺，通進深 60 尺。各別院之院門定為面闊三間進深二間，開間平均值取 12 尺，通面闊 36 尺通進深 24 尺。

最後需要討論祇洹寺之院牆。《營造法式》記載「築牆之制，每牆厚三尺則高九尺」〔註66〕。祇洹寺外牆高二丈〔註67〕，內院院牆〔註68〕高於外院院牆五尺，為二丈五尺。根據法式所載比例計算，外院院牆厚約 6 尺 6 寸，約合 2 米，取整為 7 尺，合 1.4 步；內牆牆厚 8 尺 3 寸，約合 2.4 米，取整為 8.5 尺，合 1.7 步。這一牆厚與唐長安城坊牆的厚度相差不遠。〔註69〕

結合以上分析及所得數據，可繪製出《祇洹寺圖經》中寺院完整的院落布局平面圖。（圖 5.9）

5.2 《戒壇圖經》寺院建築總平面復原

如 3.4.2 中所述，《戒壇圖經》所描繪之祇樹園總有 64 院，相當於《祇洹寺圖經》中祇洹寺的「道場」部分。《戒壇圖經》裏對寺院並且沒有規模與尺寸的記錄，本文對其所載寺院建築總平面的復原仍然參照《祇洹寺圖經》中寺院的面積，即祇洹寺「道場」的尺寸，東西長 1240 步，南北寬 750 步。兩本圖經裏各院落的名稱和數量略有不同，將通過以下各表予以說明。需要注意的是，《戒壇圖經》敘述院落區域方位的詞語，如「中門之左」，「中門之右」，分別對應《祇洹寺圖經》中的「大門之東」和「大門之西」。該描述所採用的是由北向南看的視角，這和現存《祇洹寺圖》的方向是一致的。

〔註66〕 （宋）李誡，梁思成，營造法式注釋，北京：中國建築工業出版社，1983.09：43。

〔註67〕 「大牆有三重，高可二丈施步檐」引自（唐）道宣，中天竺舍衛國祇洹寺圖經，卷上//大正新修大藏經，第 45 卷，諸宗部，二，河北：河北省佛教協會，2009：883。

〔註68〕 此處內院院牆應指中佛院之院牆。

〔註69〕 馬得志，唐代長安城考古紀略〔J〕，考古，1963（11）：603。

圖 5.9　《祇洹寺圖經》寺院總平面復原圖

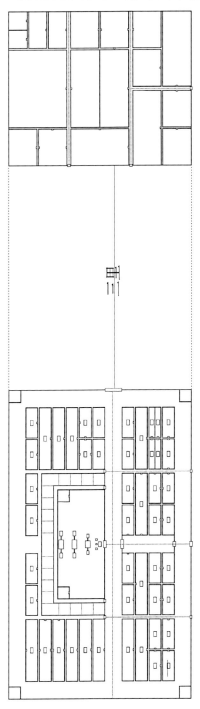

資料來源：作者自繪

表 5.13 《祇洹寺圖經》與《戒壇圖經》「大門之東」——「中門之左」
各院落名稱對照表

《祇洹寺圖經》	《戒壇圖經》
白衣菩薩之院	他方俗人菩薩院
他方菩薩之院	他方比丘菩薩院
比丘尼來請教授之院	尼請教誡院
教誡比丘尼院	教誡比丘尼院
他方諸佛之院	他方諸佛院
佛香庫院	——
諸仙之院	諸仙院

　　《戒壇圖經》中的祇樹園在中門之左共有 6 院。白衣，即俗人之別稱。
〔註 70〕《祇洹寺圖經》裏的「白衣菩薩之院」即為《戒壇圖經》中「他方
俗人菩薩院」。《戒壇圖經》在此區域沒有安排佛香庫院，其他與《祇洹寺
圖經》相同。

表 5.14 《祇洹寺圖經》與《戒壇圖經》「東門之東」——「東門之左」
各院落名稱對照表

《祇洹寺圖經》	《戒壇圖經》
大梵天王之院	大梵天王院
知時之院	維那知事院
魔王施物之院	——
大佛像院	——
龍王之院	大龍王院
複殿之院	——
居士之院	居士清信長者院
文殊師利菩薩之院	文殊師利院
僧庫院	僧庫院
——	僧戒壇

　　《戒壇圖經》中的祇樹園在東門之左共有 7 院。維那，梵語羯磨陀那，
司寺中事務者，寺中三綱之一。〔註 71〕《祇洹寺圖經》記載維那看相觀時在

〔註 70〕 丁福保，佛學大辭典，北京：文物出版社，1984.01：454。
〔註 71〕 丁福保，佛學大辭典，北京：文物出版社，1984.01：1259。

「知時之院」，所以《祇洹寺圖經》裏「知時之院」即為《戒壇圖經》的「維那知事院」。

　　《戒壇圖經》與《祇洹寺圖經》相比少了「魔王施物之院」、「大佛像院」和「複殿之院」，多了一個「僧戒壇」。由祇洹寺總平面可見，《祇洹寺圖經》裏「魔王施物之院」、「大佛像院」、「龍王之院」和「複殿之院」四院共占兩個標準院的面積，是整個祇洹寺中面積最小的院落。《戒壇圖經》裏這四院中只保留了一個「大龍王院」，可能是道宣寫作《祇洹寺圖經》後的一種調整。《祇洹寺圖經》所繪祇洹寺中，戒壇共有兩處，一在中佛院南門內西側，為佛依樓至比丘所請而立；二在佛院東門之東「戒壇律院」內，規模小於佛院中的戒壇。祇洹寺「道場」「中道」之南 29 院中均未曾設立戒壇。《戒壇圖經》裏將「僧戒壇」設立在「東門之左」，位於中佛院的東南方。前文已述，《釋氏要覽》記錄如來於祇園外院東南立壇為比丘受戒，此方位與《戒壇圖經》中新加入的「僧戒壇」方位一致，兩者之間可能有所關聯。

表 5.15　《祇洹寺圖經》與《戒壇圖經》「大門之西」──「中門之右」
　　　　各院落名稱對照表

《祇洹寺圖經》	《戒壇圖經》
菩薩四諦之院	菩薩四諦院
菩薩十二因緣之院	菩薩十二因緣院
緣覺十二因緣之院	緣覺十二因緣院
緣覺四諦之院	緣覺四諦院
無學人問法之院	無學人問法院
學人住止聽法之院	學人問法院
佛油庫院	佛香庫院

　　《戒壇圖經》中的祇樹園在「中門之右」有七院。除去《祇洹寺圖經》裏「佛油庫院」在《戒壇圖經》被換做「佛香庫」院以外，這一區域兩本經文所描繪之院落幾乎完全相同。

表 5.16　《祇洹寺圖經》與《戒壇圖經》「西門之西」──「西門之右」
　　　　各院落名稱對照表

《祇洹寺圖經》	《戒壇圖經》
他方三乘學人八聖道之院	他方三乘八聖道院

學人四諦之院	三果學人四諦院
學人十二因緣之院	學人十二因緣院
角力之院	四天下我見俗人院
外道來出家院	外道欲出家院
凡夫禪思之院	凡夫禪師十一切入院

《戒壇圖經》中的祇樹園在「西門之右」有六院。《祇洹寺圖經》云，「角力之院門向西巷。諸四天下我見之及諸魔王欲與佛角道力者住此院中。」可見「角力之院」即爲《戒壇圖經》中的「四天下我見俗人院」。《祇洹寺圖經》又云「凡夫禪思之院南門向巷，修十一切入者之所止住」，則「凡夫禪思之院」也與《戒壇圖經》裏「凡夫禪師十一切入院」相對應。由此即知，這一區域內兩圖經的寺院排布也基本相同。

表 5.18 《祇洹寺圖經》與《戒壇圖經》「中院東門之東」各院落名稱對照表

《祇洹寺圖經》	《戒壇圖經》
持律院	律師院
戒壇律院	戒壇院
論院	諸論師院
修多羅院	修多羅院
佛洗衣院	佛洗衣院
佛經行所	佛經行院
佛衣服院	佛衣服院

表 5.19 《祇洹寺圖經》與《戒壇圖經》「中院西門之西」各院落名稱對照表

《祇洹寺圖經》	《戒壇圖經》
無常院	無常院
聖人病坊院	聖人病院
佛病坊	佛示病院
四天王獻佛食坊	四天王獻佛食院
浴坊	浴室院
流廁	流廁院

　　《戒壇圖經》中的祇樹園在「中院東門之東」有七院，在「中院西門之西」有六院，這兩個區域中院落名稱和位置關係都與《祇洹寺圖經》中相同。但從文字上可見，《戒壇圖經》裏各院落並沒有「院」和「坊」的區分，似不若《祇洹寺圖經》合理。

表 5.20　《祇洹寺圖經》與《戒壇圖經》「中院之北」各院落名稱對照表

《祇洹寺圖經》	《戒壇圖經》
違陀院	四韋陀院
書院	天下不同文院
陰陽書籍院	天下陰陽書院
醫方之院	天下醫方院
僧家淨人坊	僧淨人院
天童院	天下童別院

　　《戒壇圖經》中的祇樹園在「中院之北」有七院。《祇洹寺圖經》云「次西第二院名爲書院。大千界中不同文書竝集其中」〔註72〕，所以「書院」即《戒壇圖經》之「天下不同文院」。這一區域在《戒壇圖經》裏被稱作「中院北有六院」〔註73〕，也證明《祇洹寺圖經》經文中相對應的「佛院之東自分六所」〔註74〕的確爲一個筆誤。

　　根據《戒壇圖經》的描述，祇樹園在通衢大巷之南共有二十六院，環繞佛院共有十九院，皆如上表所列。其佛院之布局並與《祇洹寺圖經》中佛院的對比已在 4.1.2 裏展開詳細討論，此處不再重複。因兩本圖經中院落的設置相近，《戒壇圖經》雖未言明各個院落之間的位置關係及開門方向，復原時仍可根據《祇洹寺圖經》相對應院落的形態將其繪出。需要指出的是，《戒壇圖經》裏沒有描述祇洹寺「道場」四角的四個守衛院落，因此，在繪製總平面復原圖時將其寬度減去，則祇樹園東、西、南、北「順城街」的寬度爲 20 步。在這種情況下，《戒壇圖經》中各標準院尺寸爲東西（1240 步-70 步-2×20 步

〔註72〕　（唐）道宣，中天竺舍衛國祇洹寺圖經，卷上//大正新修大藏經，第 45 卷，諸宗部，二，河北：河北省佛教協會，2009：893。
〔註73〕　（唐）道宣，關中創立戒壇圖經//大正新修大藏經，第 45 卷，諸宗部，二，河北：河北省佛教協會，2009：811。
〔註74〕　（唐）道宣，中天竺舍衛國祇洹寺圖經，卷上//大正新修大藏經，第 45 卷，諸宗部，二，河北：河北省佛教協會，2009：893。

-2×15 步-4×5 步）÷8-135 步，南北（750 步-70 步-2×20 步-8×5 步）÷10=60 步，比《祇洹寺圖經》標準院稍微偏大。其中佛院則爲東西 490 步，南北 245 步。如前文所述，《戒壇圖經》佛院內比《祇洹寺圖經》中在「第二大複殿」〔註75〕和「三重閣」間多一個「三重樓」，而《戒壇圖經》中佛院的南北寬度比《祇洹寺圖經》中佛院的南北寬度多 50 步，恰巧接近一個 4.1.5 中的「中佛院平均建築間距」。前文對祇洹寺之復原結合了道宣圖經中的描述與唐長安城里坊、街道的研究成果，復原圖中的院落和道路尺寸雖或爲類比設定或爲計算所得，但從文中屢次出現的「巧合」來看，這一結果也許與道宣對祇洹寺的想像和他當時所繪之祇洹圖樣相距並不遙遠。

　　將「三重樓」設定爲面闊七間進深四間，開間平均值爲 20 尺，通面闊 140 尺，通進深 80 尺，與「前佛殿」相同。則《戒壇圖經》中佛院縱軸線之上由南至北依次是七開間前佛殿、三開間七重塔、九開間後佛說法大殿、七開間三重樓和七開間三重閣。在間距規劃上，將中佛院南門與前佛殿、前佛殿與七重塔中距設定爲 40 步，約合 59 米；七重塔與後佛說法大殿中距定爲 55 步；後佛說法大殿與三重樓中距定爲 40 步；三重樓與三重閣中距定爲 55 步。以南北院牆爲界，整個中佛院的幾何中心位於後佛說法大殿臺基前沿。（圖 5.10）

圖 5.10　《戒壇圖經》中佛院平面布置示意圖

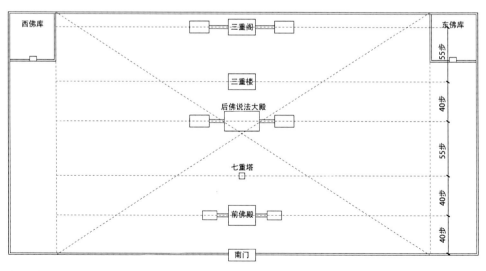

資料來源：作者自繪

〔註75〕在《戒壇圖經》裏爲後佛說法大殿。

根據以上討論並結合圖經內容可繪出《戒壇圖經》中所示寺院的總平面圖。（圖 5.11）

圖 5.11　《戒壇圖經》寺院總平面復原圖

資料來源：作者自繪

5.3　《祇洹寺圖經》中單體建築可能形象研究

本節的主要內容是展開對《祇洹寺圖經》中重要建築物的示意性復原，復原對象包括「中佛院」之端門、七重塔、大佛殿、三重閣以及標準院中的殿堂。

歷史建築的復原研究是建立在文獻記載、遺址發掘、實物圖像等基礎之上，依據同時代建築的結構、空間、造型及材料邏輯，通過嚴謹科學的推演，對歷史上曾經存在過的建築物做出的理論層面的推測，其內容涵蓋建築物的平面形式、立面外觀、結構類型、細部做法等各個方面。歷史建築復原研究的主要目的一是在學術層面上對某一時期建築的樣式、形制和做法進行探討和研究，拓展並加深該領域的研究成果，二是通過實物及圖像的展示對歷史上曾經存在過的城市與建築進行可視化再現，使公眾能夠直觀感受到某一歷史時期的社會環境與建築文化。

在中國建築歷史上，作爲一個承前啓後的重要時期，唐代曾經進行過規模空前的建設活動，創造了一個高度發達的建築文明。然而目前存留的唐代木構建築數量卻屈指可數，且建築年代集中在中、晚唐時期。對唐代建築進行復原研究，不僅可以加深對這一時期各類型建築的瞭解，同時也可在一定程度上彌補唐代建築實例遺存較少的遺憾。從上世紀 60 年代劉致平、傅熹年的論文《麟德殿復原的初步研究》開始，陸續出現了一批有價值的唐代建築復原研究成果。其中比較重要的有傅熹年《唐長安大明宮含元殿原狀的探討》、《唐長安大明宮玄武門及重玄門復原研究》、《唐長安明德門原狀的探討》；楊洪勳《唐長安青龍寺密宗殿堂（遺址 4）復原研究》、《唐長安大明宮含元殿復原研究報告（上）（下）——再論含元殿的形制》以及王貴祥《唐總章二年詔建明堂方案的原狀研究》、《唐洛陽宮武氏明堂的建構性復原研究》和《隋大興禪定寺高層木塔形式探》等。通過對這些研究進行梳理，可將其復原邏輯大致概括如下。首先，依據考古發掘報告或文獻記載確定建築物的平面尺寸及柱網形式（在考古報告或文獻資料未記載柱網形式的情況下則根據平面尺寸及建築物功能進行推斷），其次按照已知的唐宋建築一般規律推斷其柱高、梁架結構和用材尺寸，最後再參照同時期的現存實例以及圖像資料復原其裝飾及細部做法。這一復原邏輯也將作爲本書最基本的復原方法和思路在下文中得到應用。

然而與上述研究不同，本文的復原對象並非歷史上眞實存在的建築，其平面和立面的基本尺寸在圖經中也沒有做出說明，因此並不具備建築復原的基本條件。但基於上文對祇洹寺基址規模和總平面的分析，本文已經明確圖經中主要建築物的平面尺度在眞實建築的尺度範圍內，且其建築間距離也與現存寺院中建築間距離相當。因此，建立在僅有的零散數據及合理推測之上，並依據上文所述之復原邏輯，還是可以將祇洹寺中主要建築物的形象做出示意性的設計研究，爲道宣心中這一理想寺院提供一個可視易讀的形象參考。因此，本文的復原設計採用如下思路：一、根據院落平面尺寸、建築物等級與功能，並參考歷史上相似類型建築物的記載與尺度確定建築的平面尺寸及柱網形式，二、採用現有唐宋建築做法，並基於唐宋建築一般規律推斷其剖面形式，三、根據現存實例及唐代建築圖像資料中確定建築細部特徵。以下各建築的復原研究即在此三點的基礎上展開討論。

5.3.1 《祇洹寺圖經》門樓可能形象研究

　　《祇洹寺圖經》中有具體形制描述的大門共有六個，分別是「對於中道，東西通徹，此門高大出諸院表，上下重沓一十二重，橫閣布地十七門」〔註76〕的大院東門，「在大巷之南，有七重樓，樓有九間五門，高廣可二丈許」〔註77〕的端門，「面對端門，亦有七重橫列七門，櫛枕高敞以表七覺意也」〔註78〕的中院南門以及「中央大門，有五間三重高樓映奪者」〔註79〕的大院南門和「東西二門，三重同上俱有三間」〔註80〕大院東南門和西南門。此六門中，大院東門和中院南門兩側均與院牆相接，且分別爲「橫閣布地十七門」和「橫列七門」，因此這兩門很可能採用的是城門的形式，大院東門門墩上開十七個木構門道，上爲十二重門樓，中院南門則是門墩上開七個木構門道，上爲七重門樓。與這兩座大門不同，端門坐落於中央大巷之上，兩側並無院牆，且經文中稱端門有七重樓，樓有九間五門，因此這座端門應該是一個樓閣型的大門，面闊九間，當中五間開門，每間高廣均爲二丈，整個樓閣共有七層。而大院中門及東南和西南門雖也與院牆相連，但從其五間三重和三間三重的描述來看應該亦爲樓閣型大門。

　　從尺度上看，大院東門、端門和中院南門的體量都大大超過了現存實例及文獻記載中的木構樓閣。在佛教典籍中，十二重樓見於劉宋時期求那跋陀羅所譯之《佛說樹提伽經》中「樹提伽家堂前有十二重高樓」〔註81〕，七重樓則見於玄奘譯出的《大般若波羅蜜多經》中「其城高廣七寶成就，於其城外周匝皆有七寶所成七重垣牆，七重樓觀」〔註82〕，《祇洹寺圖經》中出現的

〔註76〕　（唐）道宣，中天竺舍衛國祇洹寺圖經，卷上//大正新修大藏經，第 45 卷，諸宗部，二，河北：河北省佛教協會，2009：883。

〔註77〕　（唐）道宣，中天竺舍衛國祇洹寺圖經，卷上//大正新修大藏經，第 45 卷，諸宗部，二，河北：河北省佛教協會，2009：886。

〔註78〕　（唐）道宣，中天竺舍衛國祇洹寺圖經，卷上//大正新修大藏經，第 45 卷，諸宗部，二，河北：河北省佛教協會，2009：886。

〔註79〕　（唐）道宣，中天竺舍衛國祇洹寺圖經，卷上//大正新修大藏經，第 45 卷，諸宗部，二，河北：河北省佛教協會，2009：883。

〔註80〕　（唐）道宣，中天竺舍衛國祇洹寺圖經，卷上//大正新修大藏經，第 45 卷，諸宗部，二，河北：河北省佛教協會，2009：883。

〔註81〕　（宋）求那跋陀羅，佛說樹提伽經//大正新修大藏經，第 14 卷，經集部，一，河北：河北省佛教協會，2009：825。

〔註82〕　（唐）玄奘，大般若波羅蜜多經//大正新修大藏經，第 6 卷，般若部，二，河北：河北省佛教協會，2009：1060。

十二重樓和七重樓或許是受到這兩部經文的影響，亦或許只是道宣為了凸顯其壯麗宏偉而特意為之。雖然現存材料無法證明歷史上曾經出現過七重樓或者十二重樓，但從唐代及以前文獻中關於木塔的記載〔註83〕判斷這種高度的樓閣在技術層面上也並非無法實現，只是在穩定性上矩形平面的高閣自然不如正方形平面的高塔穩固。折中考慮，在本文的復原研究中對此三門僅做外觀復原，不進行尺寸的詳細推導，並將各層樓均設為重簷，這樣一來大院東門六層高，端門和中院南門四層高〔註84〕〔註85〕。

對大院東門和中院南門的復原首先涉及到門墩的尺度。根據文獻記載，隋唐長安外郭城的城門有一道、三道、五道之制，同樣，皇城、宮城和大明宮的城門也是如此。顯然，道宣將大院東門和中院南門設定為十七道和七道採用的是超現實尺度用以強調其神聖和莊嚴。根據考古報告，唐長安城羅城正門明德門以及唐長安大明宮丹鳳門都是五門道，其中明德門門道淨寬 5 米，合唐尺一丈七尺，門道間隔墩厚度 2.9 米，約合唐尺一丈；丹鳳門門道淨寬 8.5 米，合唐尺二丈九尺，門道間隔墩厚度 3 米，約合唐尺一丈。上文已述，中院端門九間五門，門寬為二丈，這一寬度恰好在明德門與丹鳳門門道寬度之間，為簡便起見，本文將大院東門和中院南門的門道寬度均設置為二丈，門道間隔墩厚度設置為一丈，最外兩側隔牆厚度也設置為二丈。這樣一來大院東門門墩總寬度為 17×2 丈+16×1 丈+2×2 丈=54 丈，中院南門門墩總寬度為 7×2 丈+6×1 丈+2×2 丈=24 丈，門墩之進深因涉及到門樓的進深尺寸，此處暫且不做討論。其次是門墩高度，從北魏至唐的壁畫看，在沒有城垛口的

〔註83〕 如隋代禪定寺塔「崇三百三十尺，周回一百二十步」。引自：（宋）宋敏求，長安志，卷十，唐京城四，清文淵閣四庫全書本：14。

〔註84〕 文獻中的確有六層重樓的記載，《鄴中記》記石虎鄴宮鳳陽門，「上六層，反宇向陽」，「五層樓，去地三十丈」引自：（晉）陸翽，鄴中記，北京：中華書局，1985：1。

〔註85〕 在研究的過程中，筆者亦考慮過將此三門賦予其他形式，例如像宋畫中的閣樓般四面出抱廈，用多層、多屋脊的形態滿足圖經中七重及十二重的描述。然而首先經文中「上下重沓一十二重」已經明確了大院東門的屋頂形式為上下疊落而非平面組合，其次寺院的門樓均位於院牆中央，並非如江邊閣樓或宮城角樓有從四面觀賞及眺望四周的景觀要求，似乎也沒有充足的理由將平面繪為多角曲尺型。因此在本研究中，七重及十二重的門樓仍然設定為矩形平面疊落屋頂。事實上道宣在寫作經文時當並未考慮實際的建造和使用情況，本書的建築物可能形象研究也旨在於為道宣圖經中的祇洹寺提供一個可視易讀的形象參考，是圖經中祇洹寺的可能形象之一，而非寺院建築的復原設計。

案例中部分門墩與城牆同高，部分略高於城牆。本文的復原對象，大院東門兩側院牆高二丈〔註 86〕，中院南門兩側院牆高二丈五尺〔註 87〕，假定門墩比院牆高五尺，則大院東門門墩高二丈五尺，中院南門門墩高三丈。在門墩坡度上，《營造法式》築城制度規定城身高四收一，從明德門和丹鳳門遺址看其城敦坡度亦為高四收一。在本文復原設計中，大院東門高二丈五尺，其門墩總寬為 54 丈，以高四收一計算，則門墩臺頂總寬為 52.75 丈，約合 155 米，同理，中院南門臺頂總寬為 22.5 丈，約合 66 米，這大致就是大院東門和中院南門門樓基座的總寬度。

大院東門和中院南門的城門道參考唐宋時期城門的通用做法，即在門道兩側壁處石礎上立排叉柱，柱上架承重坊和梯形構架並鋪木板，板上夯土至墩頂。其中各構件尺寸按照《營造法式》造城門石地栿之制中構件比例關係並參考丹鳳門遺址石礎尺寸繪出。

下面討論兩座城門樓，首先來看中院南門。中院南門臺頂總寬為 22.5 丈，約合 66 米，這一面闊尺寸與大明宮含元殿相近。根據現有復原研究，唐長安大明宮含元殿包括副階在內通面闊 67.33 米，合 22.8 丈，共分十三間，通進深 29.2 米，合十丈，共分六間〔註 88〕。中院南門門樓共四層，其進深方向尺寸應相應增加。因此，在本文的復原設計中，設墩台臺頂尺寸為 22.5 丈×14.5 丈，考慮到平坐所佔面積，則門樓平面尺寸應為 21.5 丈×13.5 丈左右。設門樓面闊十一間，中間九間面闊 2 丈，兩盡間面闊 1.75 丈，進深七間，中間五間進深 2 丈，最外兩間進深 1.75 丈，地盤形式為副階周匝身內雙槽。這樣一來，中院南門門墩總進深為 16 丈。

中院南門門樓木構部分，其形制為平坐之上面闊十一間進深七間的四層門樓，第一、二、三層為重簷，第四層為單簷，屋頂設為歇山頂。根據現有研究，唐代木構建築當心間面闊通常為斗栱用材之 250 分°〔註 89〕，由此反

〔註 86〕　「大牆有三重，高可二丈施步櫓」引自：(唐) 道宣，中天竺舍衛國祇洹寺圖經，卷上//大正新修大藏經，第 45 卷，諸宗部，二，河北：河北省佛教協會，2009：883。

〔註 87〕　「內院高出外院五尺，以表三寶因果出過五道故也」引自：(唐) 道宣，中天竺舍衛國祇洹寺圖經，卷上//大正新修大藏經，第 45 卷，諸宗部，二，河北：河北省佛教協會，2009：883。

〔註 88〕　傅熹年，唐長安大明宮含元殿原狀的探討〔J〕，文物，1973 (07)：30～49。

〔註 89〕　傅熹年，中國古代建築史，第 2 卷，兩晉、南北朝、隋唐、五代建築，北京：中國建築工業出版社，2001.12：648。

推，則整座門樓斗栱材分值為每分°＝20尺÷250＝0.08尺，其用材材廣15分°1.2尺，材厚8寸，契4.8寸，一足材為16.8寸，出一跳為2尺4寸。本節討論的三座門樓均採用此數據。

下面討論其各層高度，在此涉及到兩個唐宋木構建築一般規律，一是柱高尺寸，根據營造法式記載：「若副階廊舍，下簷柱雖長，不越間之廣」〔註90〕，也就是說首層柱高應小於或等於當心間面闊，如佛光寺東大殿其當心間與次間面闊即與平柱高度相同，本節的討論對象祇洹寺端門「樓有九間五門，高廣可二丈許」〔註91〕，體現的也是這一原則。其二是根據現存實例，唐宋建築外簷鋪作高度〔註92〕約為其下柱高的0.4至0.5〔註93〕。設首層副階柱高度與當心間間廣一致為2丈，其上鋪作層取柱高的0.5為一丈，根據上述用材尺寸推算大致是一組七鋪作的斗栱，可設為雙杪雙下昂。首層上簷柱標高取副階層2倍設為4丈〔註94〕，其上斗栱亦採用七鋪作。這組斗栱之上承托二層平坐斗栱及平坐地面板，根據《營造法式》之造平坐之制，平坐設為五鋪作出雙杪。其上二、三層採用重簷做法，上下簷柱高逐層遞減2尺，上簷柱以叉柱造立於下簷鋪作層上，鋪作層與第一層柱頭鋪作相同。第四層為單簷，柱高較三層下簷再減2尺，扔取七鋪作雙杪雙下昂。因其結構較為複雜，在復原繪圖中忽略柱子的生起及側腳。門樓平坐設為四鋪作。

在立面上，外簷部分只施柱頭鋪作，補間位置用人字栱，形制參考大雁塔門楣石刻佛殿圖。門窗方面設中間五間為板門，其餘用直櫺窗。屋頂依據大明宮含元殿設置為黑色陶瓦作綠色琉璃剪邊，鴟尾則參照渤海國上京宮殿遺址中出土的綠釉琉璃鴟尾予以繪出〔註95〕。由此可以繪製中院南門可能形象立面示意圖。（圖5.12）

〔註90〕（宋）李誡，梁思成，營造法式注釋，北京：中國建築工業出版社，1983.09：153。
〔註91〕（唐）道宣，中天竺舍衛國祇洹寺圖經，卷上//大正新修大藏經，第45卷，諸宗部，二，河北：河北省佛教協會，2009：886。
〔註92〕即從櫨斗底至橑簷枋或撩風槫上皮。
〔註93〕王貴祥，隋大興禪定寺高層木塔形式探//賈珺，建築史，第31輯，北京：清華大學出版社，2013.06：43～73。
〔註94〕傅熹年，中國古代城市規劃、建築群布局及建築設計方法研究〔M〕，北京：中國建築工業出版社，2001。
〔註95〕傅熹年，唐長安大明宮含元殿原狀的探討〔J〕，文物，1973（07）：30～49。

圖 5.12　中院南門可能形象立面示意圖

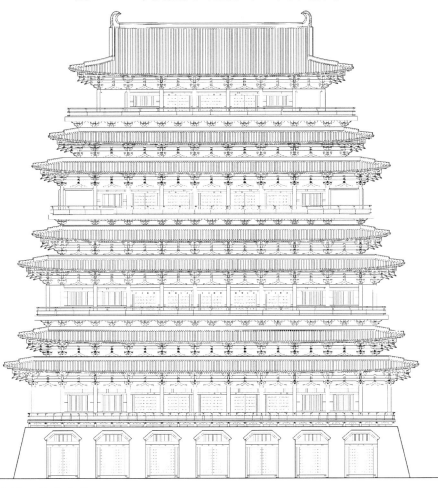

資料來源：作者自繪

　　大院東門臺頂總寬為 52.75 丈，約合 155 米，此面闊過於巨大，樓閣無法占滿臺頂，設其主閣面闊十三間，每間面闊 2 丈，總面闊 26 丈，進深方向七間均為 2 丈總進深為 14 丈，設其臺頂總進深為 15 丈，則其墩臺總進深為 16.25 丈。

　　大院東門門樓木構部分高六層，其用材與大院南門取值相同，材廣 1.2 尺，材厚 8 寸。各層高度、鋪作數及遞減規律均依照中院南門之設定，其立面細部亦參照中院南門門樓繪製。（圖 5.13）

圖 5.13　大院東門可能形象立面示意圖

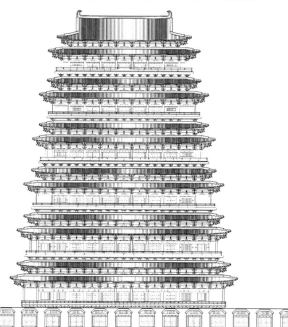

資料來源：作者自繪

　　與大院東門和中院南門不同，端門爲樓閣形式，面闊九間，當中五間開門，每間高廣均爲二丈。由此可以假設其梢間盡間面闊爲 1.8 丈，則總面闊爲 17.2 丈，約合 50.6 米。端門共高四層，與中院南門門樓相同，第一、二、三層爲重簷，第四層爲單簷，屋頂爲歇山頂。其用材亦取材廣 1.2 尺，材厚 8 寸。各層高度、鋪作數及遞減規律與中院南門相同。立面細部參照中院南門門樓繪製。（圖 5.14）

　　大院中門五間三重，東南和西南門三間三重，此三門尺度與現實世界中的樓閣相近，可做略微詳盡的尺寸推導，因後文有大殿兩側樓觀以及最北三重高閣的可能形象研究，故此處不再對這三座閣樓進行文字和圖像的說明。

圖 5.14　端門可能形象立面示意圖

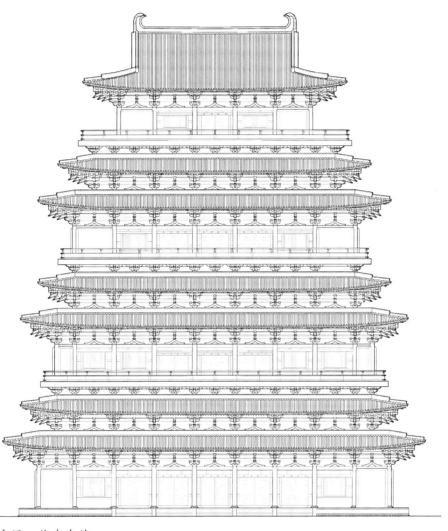

資料來源：作者自繪

5.3.2　《祇洹寺圖經》七重塔可能形象研究

　　前文已述，祇洹寺七重塔的復原尺寸將以建於唐開元十三年（725）的仙遊寺法王塔爲依據，現將法王塔實測數據列爲下表。

表 5.21　法王塔實測尺寸〔註96〕

層數	邊長	高度	出簷
塔基	9.36 米/3.18 丈	4.83 米/1.64 丈	
第一層	7.27 米/2.47 丈	4.32 米/1.47 丈	1.11 米/0.38 丈
第二層	6.96 米/2.37 丈	3.85 米/1.30 丈	1.05 米/0.36 丈
第三層	6.59 米/2.24 丈	3.51 米/1.19 丈	1.10 米/0.38 丈
第四層	6.22 米/2.12 丈	2.86 米/0.97 丈	0.85 米/0.29 丈
第五層	5.9 米/2.01 丈	2.62 米/0.90 丈	0.80 米/0.27 丈
第六層	5.52 米/1.88 丈	2.53 米/0.86 丈	0.69 米/0.23 丈
第七層	5.3 米/1.80 丈	1.95 米/0.66 丈〔註97〕	2.50 米/0.85 丈
塔頂		2.15 米/0.73 丈〔註98〕	

　　根據上表數據，法王塔收分規律大致為高十收一，其層高逐層遞減規律非線性，本文只做基礎參考。假設祇洹寺七重塔首層高度為 1.5 丈，第二層遞減 0.2 丈，高 1.3 丈。第三、四、五、六層逐層遞減 0.1 丈，分別高 1.2 丈、1.1 丈、1 丈和 0.9 丈，第七層遞減 0.2 丈，高 0.7 丈。由此該塔塔身（不包括塔頂）總高度為 7.7 丈，設其塔底邊長 2.4 丈，以高十收一計算，其塔頂邊長為 1.63 丈。塔基高度設為 1.8 丈，邊長 3.2 丈。

　　祇洹寺七重塔的外觀復原為每層疊澀出簷，出簷尺寸參考法王塔。四面塔壁均做仿木結構，每面三開間，隱出柱和闌額。依據《祇洹寺圖》所繪形象，該塔當心間隱刻出板門，另外兩間為直欞窗。塔不設斗栱，並置相輪塔剎，剎高設為 0.55 丈。（圖 5.15）

〔註96〕　該表數據除注明外均引自：高大峰,蘇軍,鄭燦揚,仙遊寺法王塔抗震性能的研究〔J〕，長春工程學院學報（自然科學版），2007（02）：1～4。
〔註97〕　此數據作圖得出，底圖來自：國家文物局，中國文物地圖集，陝西分冊 上，西安：西安地圖出版社，1998.12：455。
〔註98〕　此數據作圖得出，底圖來自：國家文物局，中國文物地圖集，陝西分冊 上，西安：西安地圖出版社，1998.12：455。

圖 5.15　七重塔可能形象示意圖（單位：唐尺）

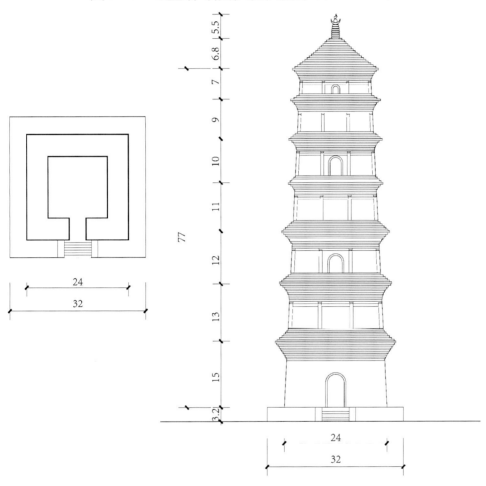

資料來源：作者自繪

5.3.3　《祇洹寺圖經》大佛殿及第二大複殿可能形象研究

　　在 5.1.5 中本文已根據建築物間距對大佛殿及第二大複殿的平面尺寸做出過假設，「大佛殿」面闊七間進深五間，開間尺寸 2 丈，通面闊 14 丈，通進深 10 丈，與善化寺大雄寶殿規模相近。其東西夾殿面闊三間進深三間，開間尺寸 1.2 丈，通面闊與通進深均為 3.6 丈，與善化寺普賢閣規模相當。「第二大複殿」面闊九間進深五間，開間尺寸 2 丈，通面闊 18 丈，通進深 10 丈，與華嚴寺大雄寶殿規模相近。其東西五重樓觀面闊五間進深四間，開間平均值 1.2 丈，通面闊 6 丈，通進深 4.8 丈。第二大複殿本身及其兩側樓觀尺度均

大於大佛殿和其兩側夾殿，符合經文中「第二大複殿高廣殊狀信加前」〔註99〕
的描述。

　　首先來看大佛殿，在《祇洹寺圖》中大佛殿被繪製爲五開間的單層殿堂，
立於三層臺基之上，屋頂形式可能爲廡殿頂或歇山頂。其兩側夾殿高三層，
各層間設有平坐，第一、二層五開間，第三層三開間，屋頂亦爲廡殿或歇山
頂。從圖面效果看，當大佛殿及其東西夾殿均爲五開間時，大佛殿的體量顯
得過於矮小，並非如圖經中所述的那般「高廣映奪諸院」。並且由經文內容可
知，大佛殿正中爲高一丈八尺的大立像，大象東西各另有佛像兩鋪，這五尊
佛像及其侍衛和八部眷屬至少應佔據五個開間的面積。鑒於以上兩點，並基
於前節推測出的建築物間距，本文將大佛殿定爲面闊七間進深四間，其兩側
夾殿面闊、進深均爲三間，中以飛廊連接。

　　大佛殿之木構部分，依據唐代木構建築當心間面闊通常爲斗栱用材之
250 分°〔註100〕的規律，其斗栱材分值爲每分°=20 尺÷250=0.08 尺，用
材材廣 15 分° 1.2 尺，材厚 8 寸，栔廣 4.8 寸，一足材爲 16.8 寸，出一跳
爲 2 尺 4 寸。其平柱柱高設爲 2 丈，與各開間尺寸相同，斗栱設爲七鋪作
雙杪雙下昂，斗栱高度約爲 1 丈，合平柱高度的二分之一，外簷鋪作橑簷
方上皮標高爲 3 丈。斗栱出跳 0.88 丈，前後橑簷方距離爲 9.76 丈。設其舉
高爲前後橑簷枋距離的 1/5，則脊槫上皮距橑簷枋上皮的高度是 1.95 丈，脊
槫上皮標高爲 4.95 丈。

　　大佛殿之柱徑尺寸，柱子的生起與側腳均按照《營造法式》之規定繪出。
其柱礎式樣參考隋仁壽宮遺址出土的寶裝蓮花石礎。大殿的梁架，外簷鋪作
裏轉雙杪承乳栿。內槽柱頭鋪作向殿外出兩跳承乳栿，向殿內出四跳華栱承
托六椽明栿。明栿加工成月梁形式。乳栿及六椽栿上設平闇，平闇之上爲草
栿，施四椽栿、平梁、叉手承脊槫。（圖 5.16～圖 5.18）

〔註99〕（唐）道宣，中天竺舍衛國祇洹寺圖經，卷下//大正新修大藏經，第 45 卷，
　　　　諸宗部，二，河北：河北省佛教協會，2009：889。
〔註100〕傅熹年，中國古代建築史，第 2 卷，兩晉、南北朝、隋唐、五代建築，北京：
　　　　中國建築工業出版社，2001.12：648。

圖 5.16　大佛殿可能平面示意圖（單位：唐尺）

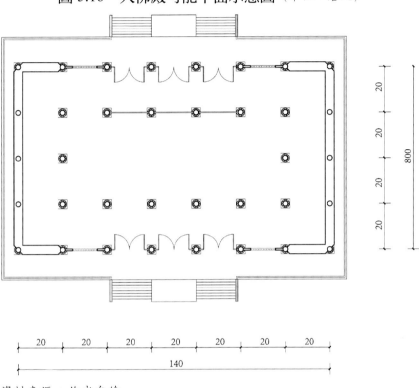

資料來源：作者自繪

圖 5.17　大佛殿可能剖面示意圖（單位：唐尺）

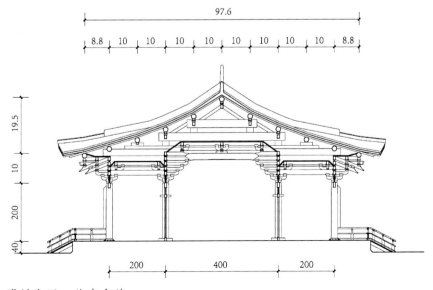

資料來源：作者自繪

圖 5.18　大佛殿可能立面示意圖（單位：唐尺）

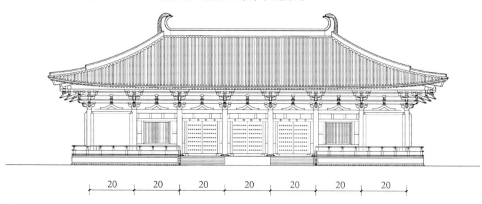

| 20 | 20 | 20 | 20 | 20 | 20 | 20 |

資料來源：作者自繪

　　東西夾殿的木構部分，其斗栱材分值為每分°=12 尺÷250=0.048 尺，用材材廣 15 分°合 7.2 寸，材厚 4.8 寸，契廣 2.88 寸，一足材為 10.8 寸，出一跳為 1 尺 4 寸 4 分。設其首層平柱柱高 1.2 丈，其上斗栱六鋪作雙杪單下昂，斗栱高度約為 0.57 丈，首層外簷鋪作撩風槫上皮標高約為 1.77 丈。斗栱之上以叉柱造的方式承托平坐柱。平坐柱柱頭標高設定為 2.16 丈，其上平坐斗栱為五鋪作出雙杪，斗栱高度約為 0.33 丈，再加上二層樓面板，則斗栱與樓板的總高約為 0.38 丈，二層樓面標高為 2.54 丈。二層柱高應略小於一層，定為 1.04 丈，斗栱及平坐與一層相同，二層平坐柱頭標高定為 4.53 丈，則二層樓面板標高為 4.91 丈。三層柱高應較二層再減少 0.16 丈，其柱頭標高為 5.79 丈，斗栱仍取六鋪作雙杪單下昂，則三層外簷鋪作撩簷方上皮標高約為 6.36 丈。考慮到結構的穩定性，本復原方案中二層與三層簷柱均向內側做出 0.72 尺（即一材高）的偏移，在通進深 3.6 丈的基礎上，第三層簷柱共向內收進 2.88 尺，故三層簷柱間距離為 3.312 丈，加上前後簷斗栱出跳的距離，前後撩簷枋之距為 4.176 丈。設其舉折為 1/4，則舉高為 1.04 丈，脊槫上皮標高為 7.4 丈。

　　東西夾殿的柱徑尺寸依照《營造法式》之規定繪出，因結構較為複雜，在繪圖時忽略柱子的升起與側腳，其柱礎形式參考佛光寺東大殿前簷柱礎。東西夾殿的梁架，外簷鋪作裏轉雙杪承乳栿，乳栿加工成月梁型，其上徹上明造，施六椽栿、四椽栿、平梁、叉手承脊槫。（圖 5.19～圖 5.21）

圖 5.19　東西夾殿可能平面示意圖（單位：唐尺）

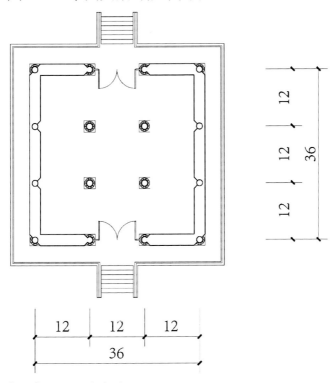

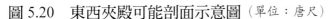

資料來源：作者自繪

圖 5.20　東西夾殿可能剖面示意圖（單位：唐尺）

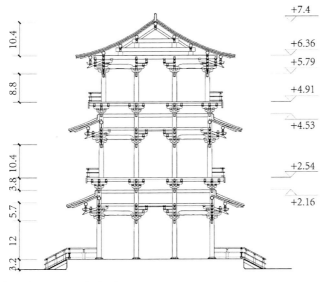

資料來源：作者自繪

圖 5.21　東西夾殿可能立面示意圖（單位：唐尺）

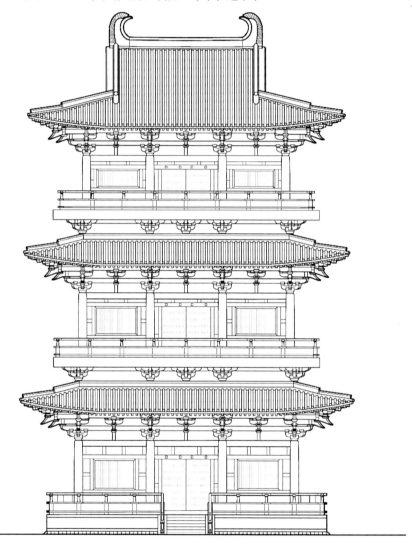

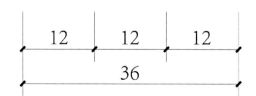

資料來源：作者自繪

連接大佛殿與其東西夾殿的飛廊，其形制和尺寸參考大明宮含元殿之飛廊進行復原。設其面闊 1 丈，進深 1.2 丈，東西面闊 15 間，其斗栱材分值為每分°=10 尺÷250=0.04 尺，用材材廣 15 分° 合 6 寸，材厚 4 寸，契廣 2.4 寸，一足材為 8.4 寸，出一跳為 1 尺 2 寸。其構造方式為地面立平坐永定柱，柱頭出一跳華栱承地面枋，枋上鋪地面板，再上是廊身。廊身柱高設為 1 丈，斗栱為四鋪作出單杪。根據《祇洹寺圖》所繪，東西夾殿橫列在大佛殿兩側，從中佛院之長寬比例判斷，東西夾殿之方位也應在大佛殿兩側而不是於其前方對峙而立，故本文將祇洹寺中飛廊設定為東西方向，而非如大明宮含元殿般作直角型。（圖 5.22）

圖 5.22　飛廊可能平、立、剖面示意圖（單位：唐尺）

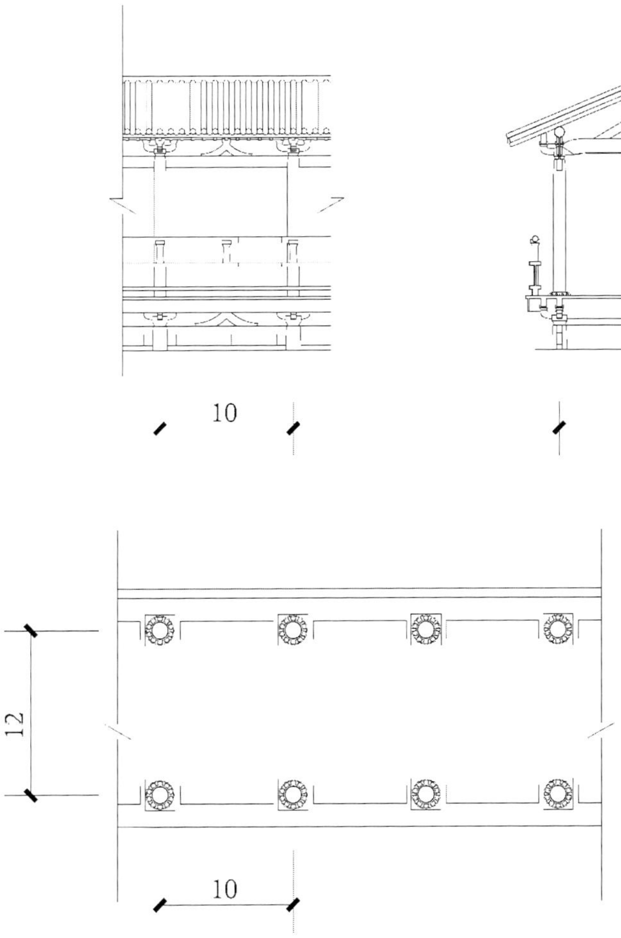

資料來源：作者自繪

　　在立面上，大佛殿及其東西夾殿外簷部分只施柱頭鋪作，補間位置用人字栱，形制參考大雁塔門楣石刻佛殿圖。大佛殿中間三間爲板門，其餘用直欞窗，東西夾殿中間一間爲板門，兩側兩間用直欞窗。其臺基高度依《營造法式》立基之制繪出。大佛殿做廡殿頂，其東西兩側夾殿做歇山頂，並按照大明宮含元殿設置爲黑色陶瓦作綠色琉璃剪邊。鴟尾形制則參照渤海國上京宮殿遺址中出土的綠釉琉璃鴟尾。

　　第二大複殿，在《祇洹寺圖》中亦被繪製爲五開間的單層殿堂，屋頂形式可能爲廡殿頂或歇山頂，其與大佛殿的不同之處是該殿立於須彌座形制的臺基之上，所以比大佛殿看起來更加高大。其兩側樓觀高五層，各層間設有平坐，第一、二層五開間，第三、四、五層四開間，屋頂亦爲廡殿或歇山頂。前文已述，圖經中稱第二大複殿「高廣殊狀信加前」〔註101〕，並且「殿簷相屬嵬峨重沓」〔註102〕，因此將其設定爲面闊九間進深五間的重簷殿堂。第二大複殿中有一四面佛像，尺寸不詳，殿身牆壁之上有釋迦如來自畫的八相變像，故將其地盤形式設定爲帶副階的金廂斗底槽，其東西五重樓觀面闊五間進深三間，中以飛廊連接。（圖5.23）

　　第二大複殿的木構部分，其用材設定爲與大佛殿相同，即材廣1.2尺，材厚8寸，出一跳爲2尺4寸。設其副階柱柱高爲2丈，斗栱爲五鋪作單杪單下昂，斗栱高度約爲0.82丈。上簷柱柱高設定爲副階柱的2倍，爲4丈，斗栱做七鋪作雙杪雙下昂，斗栱高度約爲1.15丈。外簷鋪作橑簷方上皮標高爲5.15丈。斗栱出跳0.864丈，前後橑簷方距離爲7.728丈。設其舉高爲前後橑簷枋距離的1/4.5，則脊槫上皮距橑簷枋上皮的高度是1.72丈，脊槫上皮標高爲6.87丈。第二大複殿之柱徑、生起、側腳、柱礎形式均與大佛殿相同。其梁架形式上簷柱頭鋪作外跳雙杪雙下昂，裏跳出華栱兩跳承乳栿，內槽柱頭鋪作向殿外出雙杪承乳栿，向殿內出四跳承托四椽明栿，明栿均做月梁形式，上施平闇，平闇之上爲草栿，施平梁、叉手承脊槫。（圖5.24～圖5.26）

〔註101〕（唐）道宣，中天竺舍衛國祇洹寺圖經，卷下//大正新修大藏經，第45卷，諸宗部，二，河北：河北省佛教協會，2009：889。

〔註102〕（唐）道宣，中天竺舍衛國祇洹寺圖經，卷下//大正新修大藏經，第45卷，諸宗部，二，河北：河北省佛教協會，2009：889。

圖 5.23　大佛殿及其東西夾殿可能立面示意圖

資料來源：作者自繪

圖 5.24 第二大複殿可能平面示意圖（單位：唐尺）

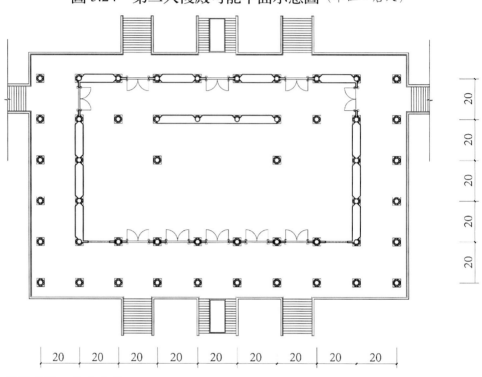

資料來源：作者自繪

圖 5.25 第二大複殿可能剖面示意圖（單位：唐尺）

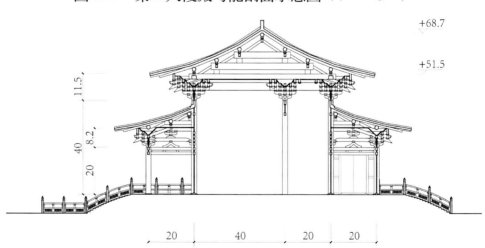

資料來源：作者自繪

圖 5.26 第二大複殿可能立面示意圖（單位：唐尺）

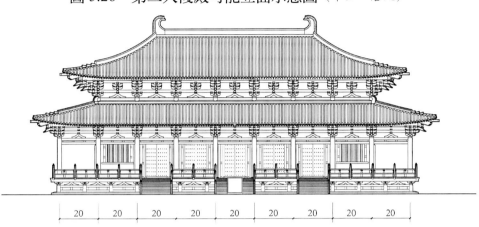

20　20　20　20　20　20　20　20

資料來源：作者自繪

　　東西五重樓觀的木構部分，其用材設定與大佛殿兩側夾殿相同，即材廣 7.2 寸，材 4.8 寸，出一跳為 1 尺 4 寸 4 分。設其首層平柱柱高 1.2 丈，二、三層逐層減高 0.16 丈，柱高分別為 1.04 丈和 0.88 丈，四、五層逐層減高 0.08 丈，柱高為 0.8 丈和 0.72 丈。斗栱方面五重樓觀一、二、三層設為六鋪作雙杪單下昂，其間兩層平坐斗栱五鋪作出雙杪，四、五層外簷鋪作設為五鋪作單杪單下昂，其間平坐四鋪作出一跳華栱，作圖可得其五層外簷鋪作橑簷枋上皮標高約為 10.21 丈。與大佛殿東西夾殿相同，此五重樓觀每層簷柱向內收進 0.72 尺，故第五層簷柱向內收進 5.76 尺，五層簷柱間距離為 4.224 丈，其前後撩風槫距離為 4.8 丈。設其舉折為 1/4，舉高為 1.2 丈，脊槫上皮標高為 11.41 丈。東西樓觀的柱徑尺寸依照《營造法式》之規定繪出，生起和側腳忽略不計。其柱礎和梁架形式與大佛殿之東西夾殿相同。（圖 5.27～圖 5.29）

　　連接第二大複殿與東西樓觀的飛廊也設定為東西方向，其形制與大佛殿飛廊相同，開間數增加至 24 間。第二大複殿、東西樓觀及飛廊的立面細部均以大佛殿為基準進行繪製。第二大複殿之屋頂設為廡殿頂，臺基設為須彌座，其形式參考《營造法式》予以繪出，臺基上設石勾欄。（圖 5.30）

圖 5.27　東西五重樓觀可能平面示意圖（單位：唐尺）

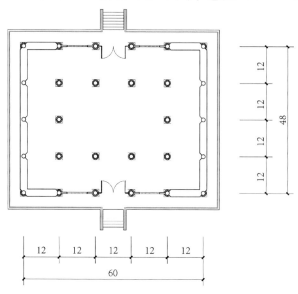

資料來源：作者自繪

圖 5.28　東西五重樓觀可能剖面示意圖（單位：唐尺）

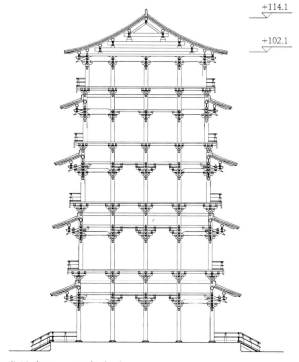

資料來源：作者自繪

圖 5.29　東西五重樓觀可能立面示意圖（單位：唐尺）

資料來源：作者自繪

圖 5.30　第二大複殿及其東西五重樓觀可能立面示意圖

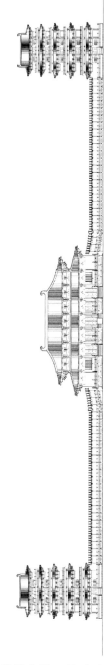

資料來源：作者自繪

5.3.4 《祇洹寺圖經》三重高閣可能形象研究

根據經文的描述，祇洹寺「中佛院」最北端的高閣共三重，高度大於第二大複殿，閣中只有寶座，沒有塑像或畫像。上節已根據「中佛院」建築間距離將三重閣的平面尺寸定為面闊七間進深四間，開間尺寸為 2 丈，通面闊14 丈，進深 8 丈。其東西大寶樓面闊五間進深三間，通面闊 6 丈，通進深 1.2丈。在《祇洹寺圖》中，軸線末端之三重高閣第一、二層面闊五間，第三層面闊四間，各層間設有平坐。其前方東西各有一座五重樓對峙而立，形象與第二大複殿兩側的東西樓觀相同。從圖面效果看五開間的三重閣與兩側大寶樓相比體量過於矮小，所以本文仍按照上節的假定，設三重閣面闊七間進深四間，其東西大寶樓面闊五間進深三間，因圖經未言明寶樓高度，故依照《祇洹寺圖》設為五層，該寶樓平面及高度都與第二大複殿兩側之東西樓觀相同，故本小節不再對其做可能形象研究的說明。

三重閣木構部分的復原首先需要闡明其結構形式，前章已述，「中佛院」之三重閣是祇洹寺的「重閣講堂」，如來在祇洹寺中居住二十五年，夏天就住在這個重閣裏，此閣中只有寶座，沒有塑像或畫像，因此該閣內部應逐層設置樓面板，而非中空的結構。（圖 5.31～圖 5.33）

三重高閣的用材尺寸，依據唐代木構建築當心間面闊通常為斗栱用材之250 分°〔註103〕的規律，其斗栱材分值為每分°＝20 尺÷250＝0.08 尺，用材材廣 15 分°1.2 尺，材厚 8 寸，栔廣 4.8 寸，一足材為 16.8 寸，出一跳為 2尺 4 寸。設其首層柱高為 2 丈，斗栱七鋪作雙杪雙下昂，斗栱高度約為 1 丈，合柱高的 1/2。斗栱之上以叉柱造的方式承托平坐柱，平坐柱頭標高定為 3.75丈。平坐斗栱設為五鋪作出兩杪，高度為 0.552 丈，加上樓板後二層樓面板標高為 4.375 丈。第二層柱高度設定為 1.8 丈，斗栱七鋪作雙杪雙下昂，平坐柱頭標高定為 7.92 丈平,三層樓面板標高為 8.55 丈。第三層柱高設定為 1.6 丈，斗栱七鋪作雙杪雙下昂，斗栱出跳 0.88 丈，第三層外簷鋪作橑簷枋上皮標高11.18 丈。考慮到結構的穩定性，本研究中二層與三層簷柱均向內側做出 1.2尺（即一材高）的偏移，在通進深 8 丈的基礎上，第三層簷柱共向內收進 4.8尺，故三層簷柱間距離為 7.52 丈，加上前後簷斗栱出跳的距離，前後橑簷枋之距為 9.28 丈。設其舉折為 1/4，則舉高為 2.32 丈，脊槫上皮標高 13.5 丈。

〔註103〕傅熹年，中國古代建築史，第 2 卷，兩晉、南北朝、隋唐、五代建築，北京：中國建築工業出版社，2001.12：648。

　　三重高閣的柱徑尺寸按照《營造法式》之規定繪出，生起、側腳忽略不計。其柱礎式樣參考隋仁壽宮遺址出土的寶裝蓮花石礎。高閣的梁架，外簷鋪作裏轉單杪承乳栿。內槽柱頭鋪作向殿外出一跳承乳栿，向殿內出一跳華栱承托四椽明栿。明栿加工成月梁形式。乳栿及四椽栿上設平闇，平闇之上為草栿，施四椽栿、平梁、叉手承脊槫。

　　在立面上，三重高閣外簷部分只施柱頭鋪作，補間位置用人字栱，形制參考大雁塔門楣石刻佛殿圖。其閣中間三間為板門，其餘用直欞窗，臺基高度依《營造法式》立基之制繪出。三層高閣屋頂設為歇山頂，並按照大明宮含元殿設置為黑色陶瓦作綠色琉璃剪邊。鴟尾形制則參照渤海國上京宮殿遺址中出土的綠釉琉璃鴟尾。

　　三重高閣之飛廊與東西大寶樓依照第二大複殿之飛廊與東西樓觀繪製，此處不再重複。需要指出的是，在《祇洹寺圖》中，三重閣兩側的大寶樓與主閣並無直接聯繫，僅在閣前形成東西對峙，但經文中明確指出「重閣東西有大寶樓……樓西飛廊連注重閣……閣西寶樓天帝所造……飛廊連閣如前不殊。」〔註104〕因此本研究的復原設計中仍將高閣與寶樓用飛廊連接。(圖5.34)

圖5.31　三重高閣可能平面示意圖（單位：唐尺）

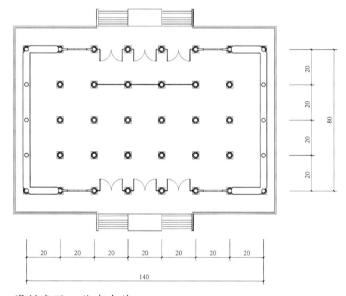

資料來源：作者自繪

〔註104〕　（唐）道宣，中天竺舍衛國祇洹寺圖經，卷下//大正新修大藏經，第45卷，諸宗部，二，河北：河北省佛教協會，2009：889。

圖 5.32　三重高閣可能剖面示意圖（單位：唐尺）

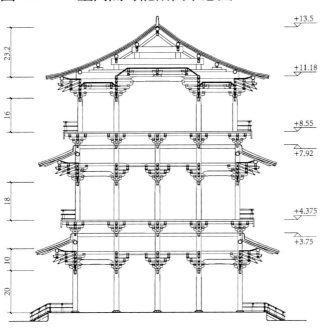

資料來源：作者自繪

圖 5.33　三重高閣可能立面示意圖（單位：唐尺）

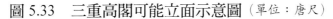
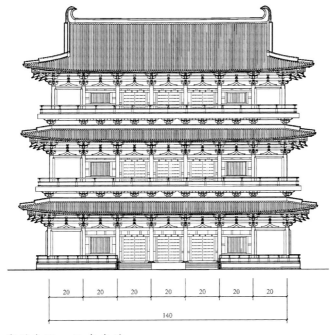

資料來源：作者自繪

圖 5.34　三重高閣及東西大寶樓可能立面示意圖

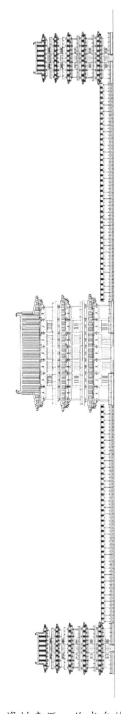

資料來源：作者自繪

5.3.5 《祇洹寺圖經》別院中主體殿堂及院門可能形象研究

　　爲了呈現祇洹寺的完整形象，還需要對圖經中各個別院的主體殿堂和院門進行可能形象研究。前節已述，祇洹寺標準院落東西 122.5 步，約合 180 米；南北 50 步，約合 74 米。統一起見，將各別院內殿堂定爲面闊七間進深四間，地盤形式爲金廂斗底槽，開間尺寸 1.5 丈，通面闊 10.5 丈，通進深 6 丈，尺寸約略與佛光寺東大殿相當，且小於「中佛院」之大佛殿，以符合大佛殿「高廣映奪諸院」的描述。各別院之院門定爲面闊三間進深二間，地盤形式爲單槽，開間尺寸 1.2 丈，通面闊 3.6 丈，通進深 2.4 丈。

　　別院主體殿堂之木構部分，其斗栱材分值爲每分°=15 尺÷250=0.06 尺，用材材廣 15 分°合 9 寸，材厚 6 寸，契廣 3.6 寸，一足材爲 12.6 寸，出一跳爲 1 尺 8 寸。設其平柱柱高 1.5 丈，其上斗栱七鋪作雙杪雙下昂，斗栱高度約爲 0.77 丈，則該殿外簷鋪作橑簷方上皮標高約爲 2.27 丈。斗栱出跳 0.66 丈，前後橑簷方距離爲 7.32 丈。設其舉高爲前後橑簷枋距離的 1/5，則脊槫上皮距橑簷枋上皮的高度是 1.464 丈，脊槫上皮標高爲 3.734 丈。該殿堂之柱徑尺寸，柱子的生起與側腳均按照《營造法式》之規定繪出。其柱礎式樣參考隋仁壽宮遺址出土的寶裝蓮花石礎。大殿的梁架，外簷鋪作裏轉雙杪承乳栿。內槽柱頭鋪作向殿外出兩跳承乳栿，向殿內出四跳華栱承托四椽明栿。明栿加工成月梁形式。乳栿及四椽栿上設平闇，平闇之上爲草栿，施四椽栿、平梁、又手承脊槫。（圖 5.35～圖 5.37）

　　別院院門之木構部分，其斗栱材分值爲每分°=12 尺÷250=0.048 尺，用材材廣 15 分°合 7.2 寸，材厚 4.8 寸，契廣 2.88 寸，一足材爲 10.08 寸，出一跳爲 14.4 寸。設其平柱柱高 1.2 丈，其上斗栱六鋪作雙杪單下昂，斗栱高度約爲 0.57 丈，則該殿外簷鋪作撩風槫上皮標高約爲 1.77 丈。斗栱出跳 0.432 丈，前後橑簷方距離爲 3.264 丈。設其舉高爲前後橑簷枋距離的 1/4.5，則脊槫上皮距橑簷枋上皮的高度是 0.725 丈，脊槫上皮標高爲 2.495 丈。該院門之柱徑尺寸，柱子的生起與側腳均按照《營造法式》之規定繪出。其柱礎式樣參考隋仁壽宮遺址出土的寶裝蓮花石礎。院門的梁架採用徹上露明造，外簷鋪作裏轉出一跳承四椽栿，四椽栿上平梁、又手承脊槫。

　　在立面上，別院主體殿堂及其院門外簷部分只施柱頭鋪作，補間位置用人字栱，形制參考大雁塔門楣石刻佛殿圖。別院主體殿堂中間三間爲板門，其餘用直櫺窗，院門開門三間與內槽之上。其臺基高度依《營造法式》立基之制繪出。別院主體殿堂及其院門均做廡殿頂，並按照大明宮含元殿設置爲

　　黑色陶瓦作綠色琉璃剪邊。鴟尾形制則參照渤海國上京宮殿遺址中出土的綠釉琉璃鴟尾。

　　依照上節的計算結果，別院類型中「坊牆型」與「房院型」院落的院牆高 2 丈，厚 7 尺。「廊院型」院落之迴廊設定與「中佛院」內飛廊形制和尺寸相同，但其簷柱直接立於臺基之上而非採用平坐。房院型的周房亦採用此形制與尺寸，惟於柱間設板門與直櫺窗爾。（圖 5.38～圖 5.40）

圖 5.35　別院主體殿堂可能平面示意圖（單位：唐尺）

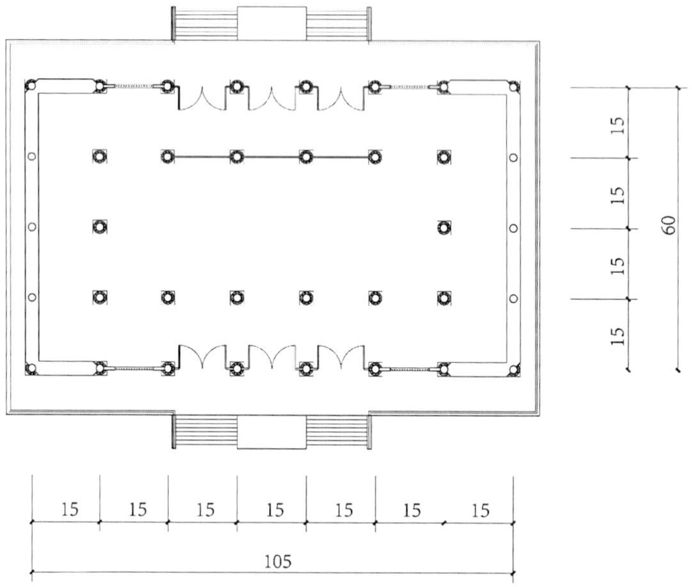

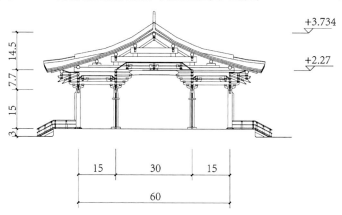

資料來源：作者自繪

圖 5.36　別院主體殿堂可能剖面示意圖（單位：唐尺）

資料來源：作者自繪

圖 5.37　別院主體殿堂可能立面示意圖（單位：唐尺）

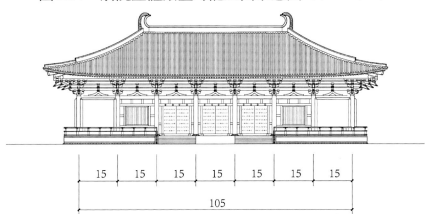

| 15 | 15 | 15 | 15 | 15 | 15 | 15 |

105

資料來源：作者自繪

圖 5.38　別院院門可能平面示意圖（單位：唐尺）

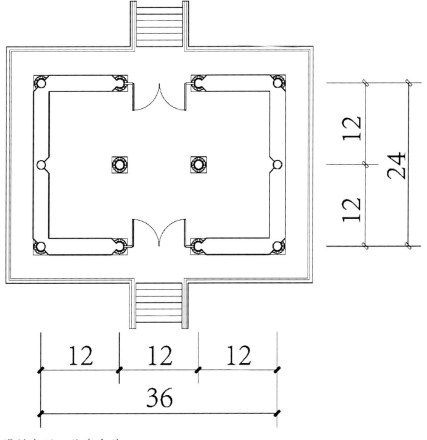

| 12 | 12 | 12 |

36

資料來源：作者自繪

圖 5.39　別院院門可能剖面示意圖（單位：唐尺）

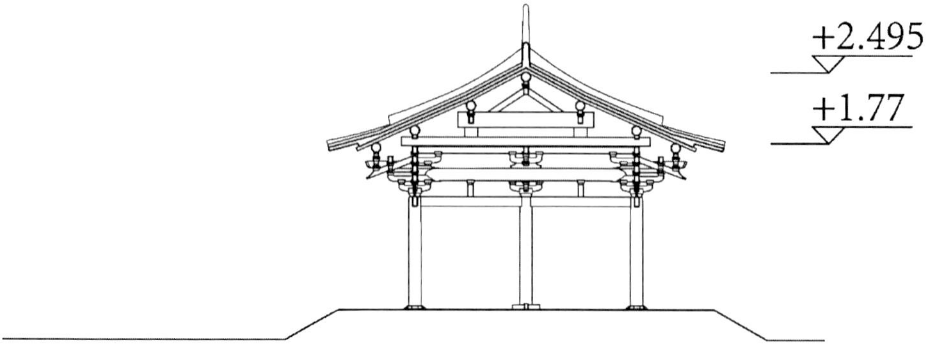

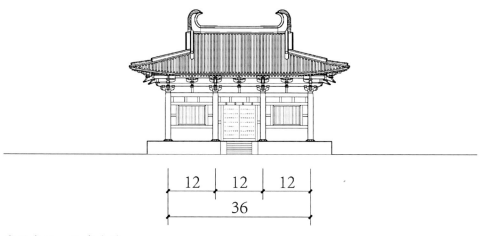

+2.495

+1.77

資料來源：作者自繪

圖 5.40　別院院門可能立面示意圖（單位：唐尺）

12	12	12
	36	

資料來源：作者自繪

5.4　本章小結

　　本章進行《祇洹寺圖經》和《戒壇圖經》中寺院建築可能形象的研究。首先，依據道宣經文中的描述判斷出其關於祇洹寺基址規模的記載很可能與道宣曾經駐錫過的西明寺所在之延康坊及其周圍七坊所圍合成的八坊之地有關。隨後，依照八坊之地的實測尺寸，最終取定祇洹寺東西方向 2760 步，合 9.2 小里，4069 米；南北方向 750 步，合 1105 米；佔地面積為 2760 步×750 步=2070000 平方步，合 86.25 頃地。

　　在上述基址規模的基礎上，通過對圖經中各個別院的相互位置以及面積關係的梳理，得出道宣所述 120 院的祇洹寺裏「道場」占 80 個標準院的面積，東大路之東的「供僧院」占 40 個標準院的面積。再將祇洹寺中道路進行分級，參照唐長安城坊間和坊內道路的尺寸設定各級別道路的寬度，最終確定祇洹寺標準院落的尺寸爲東西方向 122.5 步，約合 180 米，南北方向 50 步，約合 74 米，其中「唯佛獨居」的佛院東西長 440 步，合 220 丈，約 649 米；南北寬 195 步，合 97.5 丈，約 287 米。

　　接下來，通過跟現實中各寺院早期建築之間距相比較，依照殿堂間距與殿堂規模的正比關係確定中佛院內各建築物的具體尺寸。最後按照已知的唐宋建築一般規律，再參照同時期的現存實例以及圖像資料得出道宣兩部圖經中寺院建築的可能形象。

第6章 結 論

　　本文以唐代僧人道宣所撰《中天竺舍衛國祇洹寺圖經》與《關中創立戒壇圖經》為研究對象，結合相關史料，對圖經的寫作背景、創作目的及其中蘊含的規劃思想等進行了全面分析。同時根據已知的唐代建築信息，對這兩部作品中用文字構建出的龐大寺院進行帶尺寸的平面解析以及可能建築形象的推測研究，展示了這兩部圖經中寺院建築的面貌。在此基礎上，本文提出以下觀點：

　　第一，作為其臨終當年的兩部著作，《祇洹寺圖經》和《戒壇圖經》是道宣律學研究的組成部分之一。寫作圖經的目的在於通過對佛教建築空間、式樣及尺度做出規定，使寺院的建設有法可依，不至因競相奢靡橫遭統治者詬病，從而得以應對初唐時期統治者對佛教的打壓和佛教進入末法時代的危局。而道宣選擇以祇洹寺作為創作主體，不只是由於佛陀曾在該寺講經說法二十餘年，更是因為在漢地佛教界內，佛陀在世時期的祇洹精舍本來就是理想佛寺的一個重要範本，《四分律》、《五分律》和《十誦律》等佛教戒律書都以祇園為例作為佛教寺院建設的基本指南，「祇園」及其故事與傳說在漢地佛教界亦深入人心。

　　第二，道宣圖經中所描繪的祇洹寺，乃基於現實寺院模式寫作而成，可被視作是對南北朝以來漢地佛教寺院布局發展的一個總結。它並非印度大陸上佛陀講經說法二十餘年的祇洹寺，更不是作者本人的憑空想像。自佛教東傳以來，佛教及其寺院一直在進行著中國化的演變。到了道宣所在的初唐時期，佛教寺院已脫離最初重樓式佛塔居中，周閣環繞的四方式結構，形成了中心院落與別院相組合，主要建築物位於中心院落軸線之上的多院落式布局。道宣兩本圖經中的寺院格局正是這一布局複雜化、理想化的反映。

　　第三，圖經中的祇洹寺，與道宣曾經長期生活過的唐長安城有比較明顯的同構現象。道宣筆下的祇洹寺「道場」被東西方向大街劃爲南北兩部分，南部有三門，分四個區域，每個區域內有若干院；北部以居中的中佛院爲主體，中佛院東、西、北三個方向各成一個區域並包含數個院落。與之相對應的，唐長安城，以金光、春明二門所在橫街爲界，被分爲皇城所在的北部及皇城以南的南部兩部分，南城牆上開三城門，將南部分爲四個區域，每個區域內有若干里坊；北部以居中的皇城及其北側的東宮、太極宮、掖庭宮爲主體，主體部分東西兩個方向各成一個區域並包含若干里坊。除去唐長安城最北部是宮廷區而非里坊區這一點，祇洹寺的「道場」部分與唐長安城幾乎採用的是同一種結構模式。產生這一現象的原因一方面是因爲道宣對長安城十分熟悉，另一方面則可能是出於將佛陀與人間的帝王相類比的考慮。

　　第四，兩本圖經在一定程度上體現出了初唐時期寺院建築的規劃思想，如功能分區、中軸對稱以及寺院建築要體現佛法的內涵等等。與此同時，通過研究得知，唐宋時期有若干戒壇係參照《戒壇圖經》建設而成，唐代中後期超大型多院落寺院的流行可能與《祇洹寺圖經》有一定關係。

　　除此之外，對祇洹寺的總平面和主要單體建築進行帶有尺寸的復原也是本文的研究成果之一，這一部分集中體現在本文第五章中。

參考文獻

古籍

1. （唐）道宣，中天竺舍衛國祇洹寺圖經//大正新修大藏經，第 45 卷，諸宗部，二，河北：河北省佛教協會，2009：882～896。

2. （唐）道宣，關中創立戒壇圖經//大正新修大藏經，第 45 卷，諸宗部，二，河北：河北省佛教協會，2009：807～819。

3. （唐）道宣，四分律刪繁補闕行事鈔//大正新修大藏經，第 40 卷，律疏部・論疏部，一，河北：河北省佛教協會，2009：1～156。

4. （唐）道宣，釋迦方志//大正新修大藏經，第 51 卷，史傳部，三，河北：河北省佛教協會，2009：948～975。

5. （唐）道宣，律相感通傳//大正新修大藏經，第 45 卷，諸宗部，二，河北：河北省佛教協會，2009：874～882。

6. （唐）道宣，續高僧傳//大正新修大藏經，第 50 卷，史傳部，二，河北：河北省佛教協會，2009：425～708。

7. （唐）道世，法苑珠林//大正新修大藏經，第 53 卷，事匯部・外教部・目錄部，一，河北：河北省佛教協會，2009：269～1030。

8. （宋）元照，芝園遺編//續藏經，第 105 冊，中國撰述，戒律宗著述部，臺北：新文豐出版公司，1994：514～576。

9. （宋）贊寧，宋高僧傳//大正新修大藏經，第 50 卷，史傳部，二，河北：河北省佛教協會，2009：700～900。

10. （宋）宗鑒，釋門正統//續藏經，第 130 冊，中國撰述，禮懺部・史傳部，臺北：新文豐出版公司，1983：713～926。

11. （宋）道誠，釋氏要覽//大正新修大藏經，第 54 卷，事匯部・外教部・目錄部，二，河北：河北省佛教協會，2009：257～310。

12. （宋）志磐，佛祖統紀////大正新修大藏經，第 49 卷，史傳部，一，河北：河北省佛教協會，2009：129～476。

13. （宋）宋敏求，長安志，卷八，唐京城二，清文淵閣四庫全書本。

14. （隋）費長房，歷代三寶紀//大正新修大藏經，第 49 卷，史傳部，一，河北：河北省佛教協會，2009：22～128。

15. （唐）慧立，大慈恩寺三藏法師傳//大正新修大藏經，第 50 卷，史傳部，二，河北：河北省佛教協會，2009：220～280。

16. （元）駱天驤，類編長安志，西安：三秦出版社，2006.01。

17. （後秦）弗若多羅，鳩摩羅什，十誦律//大正新修大藏經，第 23 卷，律部，二，河北：河北省佛教協會，2009：1～470。

18. （後秦）佛陀耶舍，竺佛念.四分律//大正新修大藏經，第 22 卷，律部，一，河北：河北省佛教協會，2009：576～1014。

19. （宋）佛陀什，竺道生，五分律//大正新修大藏經，第 22 卷，律部，一，河北：河北省佛教協會，2009：1～194。

20. （宋）慧覺，賢愚經//大正新修大藏經，第 4 卷，本緣部，二，河北：河北省佛教協會，2009：349～446。

21. （東晉）法顯，高僧法顯傳//大正新修大藏經，第 51 卷，史傳部，三，河北：河北省佛教協會，2009：857～866。

22. （唐）玄奘，大唐西域記//大正新修大藏經，第 51 卷，史傳部，三，河北：河北省佛教協會，2009：867～947。

23. （梁）慧皎，高僧傳//大正新修大藏經，第 50 卷，史傳部，二，河北：河北省佛教協會，2009：322～424。

24. （梁）寶唱，比丘尼傳//大正新修大藏經，第 50 卷，史傳部，二，河北：河北省佛教協會，2009：934～948。

25. （梁）僧祐，弘明集//大正新修大藏經，第 52 卷，史傳部，四，河北：河北省佛教協會，2009：1～96。

26. （唐）法琳，辨正論//大正新修大藏經，第 52 卷，史傳部，四，河北：河北省佛教協會，2009：489～550。

27. （唐）道宣，廣弘明集//大正新修大藏經，第 52 卷，史傳部，四，河北：河北省佛教協會，2009：97～362。

28. （北魏）楊衒之，洛陽伽藍記//大正新修大藏經，第 51 卷，史傳部，三，河北：河北省佛教協會，2009：999～1022。

29. （唐）道宣，廣弘明集//大正新修大藏經，第 52 卷，史傳部，四，河北：河北省佛教協會，2009：97～362。

30. （唐）韋述，兩京新記，北京：中華書局，1985：3。

31. （後晉）劉昫，舊唐書，北京：中華書局，1975.05。

32. （北齊）魏收，魏書，北京：中華書局，1974.06。

33. （五代）義楚，釋氏六帖，杭州：浙江古籍出版社，1990.10。

34. 王新英，全金石刻文輯校，長春：吉林文史出版社，2012.12：65。

35. （唐）張彥遠，歷代名畫記，瀋陽：遼寧教育出版社，2001.02。

36. （唐）李延壽，南史，長沙：嶽麓書社，1998.06。

37. （唐）姚思廉，梁書，北京：中華書局，1973.05。

38. （清）徐松，唐兩京城坊考，北京：中華書局，1985.06。

39. （宋）張禮，遊城南記，北京：中華書局，1985。

40. （日）圓仁，入唐求法巡禮行記校注，石家莊：花山文藝出版社，2007.11。

41. （唐）義淨，南海寄歸內法傳//大正新修大藏經，第 54 卷，事匯部・外
    教部・目錄部，二，河北：河北省佛教協會，2009：204～234。

42. （宋）祝穆・方輿勝覽，北京：中華書局，2003.06。

43. （宋）黃休復，益州名畫錄，成都：四川人民出版社，1982.12。

44. （日）成尋，參天台五臺山記，石家莊：花山文藝出版社，2008.04。

45. （清）董誥，全唐文，北京：中華書局，1983.11。

46. （唐）李林甫，唐六典，北京：中華書局，1992.01。

47. （隋）夏侯陽，夏侯陽算經，北京：中華書局，1985。

48. （南宋）趙彥衛，雲麓漫鈔，上海：古典文學出版社，1957.04。

49. （元）李好文，長安志圖，清經訓堂叢書本。

50. （宋）李誡，梁思成，營造法式注釋，北京：中國建築工業出版社，
    1983.09。

51. （晉）陸翽，鄴中記，北京：中華書局，1985。

52. （朝）金富軾，三國史記，京城府：近澤書店，1928。

專著

1. 湯用彤，漢魏兩晉南北朝佛教史，上海：上海人民出版社，2015.07。

2. 湯用彤，隋唐佛教史稿，武漢：武漢大學出版社，2008.12。

3. 湯一介，季羨林佛教論集，太原：山西教育出版社，2010.01。

4. 任繼愈，漢唐佛教思想論集，北京：人民出版社，1963.10。

5. 任繼愈，中國佛教史，第 1 卷，北京：中國社會科學出版社，2009.06。

6. 任繼愈，中國佛教史，第 2 卷，北京：中國社會科學出版社，2009.10。

7. 任繼愈，中國佛教史，第 3 卷，北京：中國社會科學出版社，2010.05。

8. （美）威斯坦因，唐代佛教，上海：上海古籍出版社，2010.08。

9. （美）芮沃壽，中國歷史中的佛教，北京：北京大學出版社，2009.06。

10. （荷）許理和，佛教征服中國，南京：江蘇人民出版社，2005.08。

11. （日）礪渡護，隋唐佛教文化史，上海：上海古籍出版社，2004.11。

12. （日）常盤大定，關野貞，中國文化史蹟，京都：法藏館，1976。

13. （日）常盤大定，支那佛教史蹟踏查記：全，東京：國書刊行會，1972。

14. （日）小野勝年，中國隋唐長安·寺院史料集成，京都：法藏館，2011。

15. 白化文，漢化佛教與佛寺，北京：北京出版社，2011.02。

16. 張弓，漢唐佛寺文化史，北京：中國社會科學出版社，1997.12。

17. 李芳民，唐五代佛寺輯考，北京：商務印書館，2006.07。

18. 龔國強，隋唐長安城佛寺研究，北京：文物出版社，2006.10。

19. 夏金華，中國佛教的制度與儀軌，上海：上海社會科學院出版社，2010.08。

20. 孫毅華，孫儒僩，中世紀建築畫，上海：華東師範大學出版社，2010.08。

21. 嚴耕望，魏晉南北朝佛教地理稿，上海：上海古籍出版社，2007.03。

22. 李映輝，唐代佛教地理研究，長沙：湖南大學出版社，2004.04。

23. 李崇智，中國歷代年號考，北京：中華書局，1981.06。

24. 李富華，何梅，漢文佛教大藏經研究，北京：宗教文化出版社，2003.12。

25. 常誦佛經生字注音手冊編注小組，常誦佛經生字注音手冊，上海佛學書局，1996.08。

26. 吳慧，新編簡明中國度量衡通史，北京：中國計量出版社，2006.12。

27. 丁福保，佛學大辭典，北京：文物出版社，1984.01。

28. （日）藤善眞澄，道宣伝の研究，京都：京都大學學術出版會，2002.5。

29. Laurence Sickman, Alexander Soper, The art and architecture of China, Harmondsworth, iddlesex : Pengiun Books, 1956.

30. Antonino Forte, Mingtang and Buddhist utopias in the history of the astronomical clock : the tower, statue, and armillary sphere constructed by Empress Wu〔monograph〕, Roma : Istituto Italiano per il Medio ed Estremo Oriente ; Paris : Ecole française d’ Extrême-Orient, 1988.

31. Koichi Shinohara, The moment of Death in Daoxuan's Vinaya Commentary // BJ Cuevas, JI Stone, ed., The Buddhist dead : Practices, Discourses, Representations, Honolulu : University of Hawai'i Press, 2007 : 105～133.

32. （日）牧田諦亮，諏訪議純，續高僧傳所引，上海：上海書店出版社，1989.10。

33. 弘一法師，李叔同全集02，哈爾濱：哈爾濱出版社，2014.05。

34. 梁思成，中國建築史，北京：生活‧讀書‧新知三聯書店，2011.01。

35. 梁思成，圖像中國建築史 關於中國建築結構體系的發展及其形制的研究，北京：生活‧讀書‧新知三聯書店，2011.01。

36. 梁思成，中國古建築調查報告，北京：生活‧讀書‧新知三聯書店，2012.08。

37. 傅熹年，中國古代城市規劃、建築群布局及建築設計方法研究〔M〕，北京:中國建築工業出版社，2001。

38. 傅熹年，中國古代建築史，第 2 卷，兩晉、南北朝、隋唐、五代建築，北京：中國建築工業出版社，2001.12。

39. 郭黛姮，中國古代建築史，第 3 卷 宋、遼、金、西夏建築，北京：中國建築工業出版社，2001.12。

40. 蕭默，敦煌建築研究，北京：機械工業出版社，2003.03。

41. 鄭炳林，敦煌地理文書匯輯校注，蘭州：甘肅教育出版社，1989.12。

42. 王貴祥，中國古代城市與建築基址規模研究，北京：中國建築工業出版社，2008.06。

43. 王貴祥，劉暢，段智鈞，中國古代木構建築比例與尺度研究，北京：中國建築工業出版社，2011.04。

44. 王貴祥，中國漢傳佛教建築史，北京：清華大學出版社，2016.05。

45. 王貴祥，中國古代人居理念與建築原則，北京：中國建築工業出版社，2015.02。

46. 遼寧省文物考古研究所、朝陽市北塔博物館，朝陽北塔——考古發掘與維修工程報告，文物出版社，2007。

47. 中國科學院考古研究所，北魏洛陽永寧寺——1979～1984 年考古發掘報告，中國大百科全書出版社，1996。

48. 李崇峰，佛教考古——從印度到中國，上海：上海古籍出版社，2014.01。

49. 中國社會科學院考古研究所，河北省文物研究所，河北省臨漳縣文物旅遊局，鄴城考古發現與研究，北京：文物出版社，2014.08。

50. 陳明達，應縣木塔，北京：文物出版社，1980.09：29。

51. 中國社會科學院考古研究所，青龍寺與西明寺，北京：文物出版社，2015.12。

52. 尹張燮，韓國の建築，東京：中央公論美術出版，2003.12。

53. 李華東，朝鮮半島古代建築文化，南京：東南大學出版社，2011.01。

54. 常青，西域文明與華夏建築的變遷，長沙：湖南教育出版社，1992.10。

55. （日）關野貞，日本建築史精要，上海：同濟大學出版社，2012.1。

56. 張十慶，中日古代建築大木技術的源流與變遷，天津：天津大學出版社，2004.05。

57. 張十慶，五山十剎圖與南宋江南禪寺，南京：東南大學出版社，2000.01。

58. 張十慶，中國江南禪宗寺院建築，武漢：湖北教育出版社，2002.12。

59. 楊泓，中國古兵與美術考古論集，北京：文物出版社，2007.11。

60. 中國藝術研究院《中國建築藝術史》編寫組，中國建築藝術史，北京：文物出版社，1999.06。

61. 李百進，唐風建築營造，北京：中國建築工業出版社，2007.10。

期刊論文

1. Koichi Shinohara,（Unpublished a），"Imagining the Jetavana in Medieval China: An Exploratory Discussion of Daoxuan's Jetavana Diagram Scripture," pp, 1～58, Unpublished paper presented at the 34th International Congress of Asian and North African Studies, Hong Kong, August 1993.

2. Ho Puay-peng, The Ideal Monastery : Daoxuan's Description of the Central Indian Jetavana Vihara，East Asian History, Number 10, December 1995 : 1～18.

3. 何培斌，理想寺院：唐道宣描述的中天竺祇洹寺，建築史論文集，2002（02）：288。

4. 鍾曉青，初唐佛教圖經中的佛寺布局構想，建築師，第 83 期，1998：98～105。

5. 敖仕恒，唐道宣關中戒壇建築形制及其歷史影響初考//王貴祥，賀從容，中國建築史論匯刊‧第八輯，北京：中國建築工業出版社，2013：65～90。

6. 梁思成，中國的佛教建築〔J〕，現代佛學，1961（02）：3～28。

7. 梁思成，我們所知道的唐代佛寺與宮殿//張曼濤，中國佛教寺塔史志，大乘文化出版社，1978.10：97～130。

8. 郭黛姮，十世紀至十三世紀的中國佛教建築//張復合，建築史論文集‧第14 輯，北京：清華大學出版社，2001：71～92。

9. 王貴祥，佛塔的原型、意義與流變〔J〕，建築師，第 52 期，1993：10～15。

10. 王貴祥，佛教初傳至西晉末十六國時期佛寺建築概說//王貴祥，賀從容，中國建築史論匯刊‧第五輯，北京：中國建築工業出版社，2012：3～35。

11. 王貴祥，東晉及南朝時期南方佛寺建築概說//王貴祥，賀從容，中國建築史論匯刊‧第六輯，北京：中國建築工業出版社，2012：3～62。

12. 王貴祥，北朝時期北方地區佛寺建築概說//王貴祥，賀從容，中國建築史論匯刊‧第七輯，北京：中國建築工業出版社，2013：101～173。

13. 王貴祥，隋唐時期佛教寺院與建築概覽//王貴祥，賀從容，中國建築史論匯刊・第八輯，北京：中國建築工業出版社，2013：3～64。

14. 曹汛，獨樂寺認宗尋親——兼論遼代伽藍布置之典型格局//中國建築工業出版社《建築師》編輯部，建築師 21，北京：中國建築工業出版社，1985.03：30～41。

15. 宿白，隋唐長安城和洛陽城〔J〕，考古，1978（06）：401，409～425。

16. 宿白，東漢魏晉南北朝佛寺布局初探//鄧慶銘，慶祝鄧慶銘教授九十華誕論文集，石家莊：河北教育出版社，1997：31～49。

17. 宿白，隋代佛寺布局〔J〕，考古與文物，1997.02：28～33。

18. 宿白，試論唐代長安佛教寺院的等級問題〔J〕，文物，2009.01：27～40。

19. 王媛.《全唐文》中的唐代佛寺布局與裝飾研究〔J〕，華中建築，2009（03）：243～246。

20. 戴儉，禪與禪宗寺院建築布局研究〔J〕，華中建築，1996（03）：94～96。

21. 張弓，漢唐佛寺主體建築之型制的演變//鄭學檬，冷敏述，唐文化研究論文集，上海：上海人民出版社，1994.11：187～200。

22. 張弓，唐代佛寺群系的形成及其布局特點〔J〕，文物，1993（10）：40～45。

23. 王維仁，徐翥，中國早期寺院配置的形態演變初探：塔・金堂・法堂・閣的建築形制〔J〕.南方建築，2011（04）：38～49。

24. 李裕群，隋唐以前中國佛教寺院的空間布局及其演變//中山大學人類學系，中國社會科學院邊疆考古研究中心編，邊疆民族考古與民族考古學集刊 第 1 輯，北京：文物出版社，2009.11：287～311。

25. 何利群，北朝至隋唐時期佛教寺院的考古學研究：以塔、殿、院關係的演變為中心〔J〕.石窟寺研究,2010（0）：180～196。

26. 陳懷宇，以《量處輕重儀》為例略說道宣律師之義學//向晨，孫斌，復旦哲學評論，第 3 輯 Vol.3，上海：上海人民出版社，2006.06：78～90。

27. 宿白，隋唐長安城和洛陽城〔J〕，考古，1978（06）：409～426。

28. 安家瑤，唐長安西明寺遺址的考古發現//榮新江，唐研究，第 6 卷，北京：北京大學出版社，2000.12:337～352。

29. 米田文孝，祇園精舍遺跡の調查成果，關西大學通信，第 254 號，1997.05.17：12。

30. Yoshinori Aboshi, Koyu Sonoda, Fumitaka Yoneda，Akinori Uesugi，Excavations at Saheth Maheth 1986～1996, East and West, Vol.49, No, 1/4, 1999.12：119～173.

31. 楊曾文，佛教戒律和唐代的律宗〔J〕，中國文化，1990（02）：5～17。

32. 大同市博物館,大同北魏方山思遠佛寺遺址發掘報告〔J〕,文物,2007.04：4～26。

33. 馬得志,唐長安青龍寺遺址〔J〕,考古學報,1989,02：231～263。

34. 安家瑤,唐長安西明寺遺址發掘簡報〔J〕,考古,1990（01）：45～55。

35. 甘肅博物館,武威雷臺漢墓〔J〕.考古學報,1974（02）：87～141。

36. （韓）玄勝旭,南北朝至隋唐時期佛教寺院經樓、鐘樓布局變化初探〔J〕,華中建築,2013（10）：136～141。

37. 馮修齊.大聖慈寺九十六院新考〔J〕.文史雜誌,2009.02：18～20。

38. 湛如,戒壇流變史之研究//《華學》編輯委員會編,華學 第 2 輯,廣州：中山大學出版社：354～355。

39. 梅林,469 窟與莫高窟石室經藏的方位特徵〔J〕,敦煌研究,1994（04）。

40. 梅林,律寺制度視野：9 至 10 世紀莫高窟石窟寺經變畫布局初探〔J〕,敦煌研究,1995（01）：111～127。

41. 馬得志,唐代長安城考古紀略〔J〕,考古,1963（11）：595～611。

42. 賀從容,（隋大興）唐長安城坊內的道路//王貴祥,賀從容,中國建築史論匯刊·第二輯.北京：中國建築工業出版社,2009：219。

43. 曹臣明,大同華嚴寺的歷史變遷,山西大同大學學報（社會科學版）,2012（02）。

44. 劉致平,傅熹年,麟德殿復原的初步研究〔J〕,考古,1963（07）：385～402。

45. 傅熹年,唐長安大明宮含元殿原狀的探討〔J〕,文物,1973（07）：30～49。

46. 傅熹年,唐長安大明宮玄武門及重玄門復原研究〔J〕,考古學報,1977（02）：131～160。

47. 傅熹年,唐長安明德門原狀的探討〔J〕,考古,1977（06）：409～412。

48. 楊鴻勳,唐長安青龍寺密宗殿堂（遺址 4）復原研究〔J〕,考古學報,1984（03）：383～403。

49. 楊鴻勳,唐長安大明宮含元殿復原研究報告（上）：再論含元殿的形制〔J〕,建築學報,1998（09）：61～68。

50. 楊鴻勳,唐長安大明宮含元殿復原研究報告（下）：再論含元殿的形制〔J〕,建築學報,1998（10）：58～72。

51. 王貴祥,唐總章二年詔建明堂方案的原狀研究//賈珺,建築史,第 22 輯,北京：清華大學出版社,2006.08：34～57。

52. 王貴祥,唐洛陽宮武氏明堂的建構性復原研究//王貴祥,賀從容,中國建築史論匯刊·第 4 輯,北京：清華大學出版社,2011.04：369～455。

53. 王貴祥，隋大興禪定寺高層木塔形式探//賈珺，建築史，第 31 輯，北京：清華大學出版社，2013.06：43～73。

54. 王貴祥.關於隋唐洛陽宮乾陽殿與乾元殿的平面、結構與形式之探討//王貴祥，賀從容，中國建築史論匯刊·第 3 輯，北京：清華大學出版社，2010.09：97～141。

55. 高大峰，蘇軍，鄭燦揚，仙遊寺法王塔抗震性能的研究〔J〕，長春工程學院學報（自然科學版），2007（02）：1～4。

學位論文

1. Tan Zhihui, Daoxuan's vision of Jetavana : Imagining a utopian monastery in early Tang, The University of Arizona, 2002.

2. Chen Huaiyu, The revival of Buddhist monasticism in medieval China, Princeton University, 2005.

3. Wang Xiang, Reconstructing Ximing monastery : history, imagination and scholarship in medieval Chinese Buddhism, Stanford University.2012.

4. Wang Chen-shan, Quanzhou Kaiyuan Monastery : Architecture, iconography and social contexts, University of Pennsylvania, 2008.

5. 陳瑾淵，《續高僧傳》研究，復旦大學，2012。